中國主要城市環境
全要素生產率研究

張建升 著

財經錢線

前　言

　　改革開放以來，中國經濟進入了高速發展的快車道，但長期以來，中國的經濟增長呈現出粗放型增長方式的特點，主要表現為增長由大量資本、能源、原材料以及勞動力投入推動，而技術進步或全要素生產率（TFP）增長對經濟增長的貢獻比較低。因此，全要素生產率近年來成為中國學者研究的熱點之一。以往研究忽略了環境因素對經濟增長效率的影響，而忽略環境因素計算出的經濟增長效率不能正確衡量相關經濟體的可持續發展水平，這種傳統的TFP測度僅僅考慮市場性「好」產出的生產，並沒有考慮生產過程中產生的非市場性「壞」產出。因此，後來關於中國經濟增長效率的測算，逐漸將環境效應納入TFP測算框架。

　　在當前中國城市化進程、工業化進程加速推進的背景下，城市已經成為工業、服務業集聚的中心，已經成為區域經濟增長的核心動力區，城市生產率的變化走勢必然會對區域乃至全國生產率變化產生極為重要的影響。國內一些學者也從不同的角度來研究中國城市經濟效率的問題，雖然已有文獻較為豐富，但是，對城市經濟增長效率的研究還處於初步階段，以往研究較少將環境效應納入城市全要素生產率測算中。正確評價中國城市經濟發展績效就必須在傳統生產率研究基礎上考慮環境因素的影響，這也是中國城市經濟和城市化進程可持續發展的應有之意。故，本書研究將環境因素納入城市全要素生產率的分析框架，測度綜合考慮GDP增長和污染排放減少情形下中國城市TFP增長，從而合理評價環境約束條件下中國285個地級市的經濟發展績效。本書研究成果對於認清中國城市經濟增長中的環境代價、正確評估中國城市經濟增長狀況、實現中國城市化進程健康持續發展具有重要的理論和實踐意義。

　　本書研究的目的是在前期學者研究的基礎上運用最新發展的數據包絡分析法（DEA），對節能減排約束下中國地級城市經濟的全要素生產率進行研究，從而對城市經濟增長的可持續性、經濟發展方式轉變的動力給予進一步的解答。主要的研究內容如下：

（1）對不考慮環境因素的城市全要素生產率進行研究。本部分選擇了勞動力和資本兩個投入要素，以各城市的實際國內生產總值作為產出變量。對中國285個地級市2006—2014年的全要素生產率進行了測算並進行了比較分析。

（2）考慮環境因素的城市全要素生產率研究。本部分是研究的重點內容之一，採用最新發展起來的Malmquist-Luenberger生產率指數法，分別基於三個層面，即從省級層面、城市層面、流域層面對中國30個省份、285個地級市、長江流域沿線24個城市環境約束下的全要素生產率進行了測算，並與不考慮環境因素的測算結果進行了對比分析，最後對兩種情形下各地區的全要素生產率分佈動態進行了分析。

（3）對環境約束下中國城市全要素生產率的影響因素進行研究。本部分選擇了人力資本、基礎設施、外商直接投資、產業結構、財政支出比重、技術投入、經濟密度、環境規制水平等因素，採用城市面板數據進行迴歸分析，同時，為便於比較，將城市根據所屬地域劃分為東部、中部、西部三大區域，並對不同區域城市全要素生產率的影響因素進行了對比分析。

（4）對主要地級市進行分類研究，分析不同類型城市環境全要素生產率的主要影響因素及其發展模式。本部分從城市規模、經濟水平、產業結構、環境規制水平、經濟密度五個方面對地級市進行聚類分析，將所有城市劃分為8個類別。然後採用累積的環境全要素生產率作為因變量，人力資本、基礎設施、外商直接投資、產業結構、財政支出比重、技術投入、經濟密度、環境規制水平等8個變量作為自變量進行面板數據迴歸分析。最後根據各類型城市的特點和環境全要素生產率的影響因素，簡要分析了各類型城市應有的發展模式。

（5）對環境約束下地級市全要素生產率進行空間計量研究。在城市經濟發展過程中，鄰近城市的技術進步、產業結構、污染排放等都可能會對本城市產生重要影響，因此，對城市環境全要素生產率的研究，不應該忽略這種可能存在的空間效應。本部分在對空間計量相關文獻回顧的基礎上，以長江中遊城市群為例，構建空間自迴歸模型，運用MATLAB空間計量軟件包採用極大似然法對環境約束下全要素生產率的影響因素進行估計。

（6）結論與政策建議。本部分首先是研究的結論，然後根據實證研究結果，提出促進不同類型城市全要素生產率提高的對策建議，最後提出了未來的研究方向和思路。

目　錄

第1章　導論／1
  1.1　問題的提出／1
  1.2　研究的意義／5
  1.3　框架結構／5

第2章　文獻綜述／8
  2.1　全要素生產率理論／8
    2.1.1　全要素生產率理論的發展歷程／8
    2.1.2　全要素生產率的度量方法／10
  2.2　人力資本與全要素生產率／12
    2.2.1　關於人力資本能否促進全要素生產率增長的研究／12
    2.2.2　關於人力資本促進全要素生產率增長途徑的研究／16
    2.2.3　關於異質性人力資本對全要素生產率增長影響的研究／18
    2.2.4　對人力資本與全要素生產率研究的簡要評議／20
  2.3　R&D與全要素生產率／21
    2.3.1　關於R&D活動對全要素生產率影響的研究／22
    2.3.2　關於R&D溢出對全要素生產率影響的研究／24
    2.3.3　對已有研究的簡要評議／27
  2.4　農業全要素生產率／28
    2.4.1　農業全要素生產率及其影響因素／29

2.4.2 農產品全要素生產率 / 31

2.5 製造業全要素生產率 / 32

2.5.1 區域層面 / 32

2.5.2 行業層面 / 34

2.6 服務業全要素生產率 / 34

第3章 中國主要城市全要素生產率增長 / 37

3.1 研究方法 / 37

3.1.1 Malmquist 指數的定義 / 37

3.1.2 Malmquist 指數的分解 / 39

3.1.3 距離函數的求解 / 40

3.2 實證分析 / 41

3.2.1 投入產出指標 / 41

3.2.2 各城市變量變動分析 / 42

3.2.3 測算結果分析 / 50

3.3 結論 / 60

第4章 中國主要城市環境全要素生產率增長 / 62

4.1 研究方法 / 62

4.1.1 環境生產技術的數學表達 / 62

4.1.2 方向性距離函數 / 63

4.1.3 Malmquist-Luenberger（ML）生產率指數 / 64

4.2 環境約束下的省級全要素生產率測算 / 65

4.2.1 數據說明 / 65

4.2.2 測算結果分析 / 67

4.2.3 小結 / 70

4.3 環境約束下主要地級市全要素生產率測算 / 71

4.3.1 指標與數據說明／71

4.3.2 測算結果分析／72

4.3.3 環境 TFP 與傳統 TFP 的比較／84

4.3.4 小結／93

4.4 環境約束下長江流域主要城市全要素生產率測算／94

4.4.1 長江流域概況／95

4.4.2 數據說明與變量選擇／96

4.4.3 實證分析結果／98

4.4.4 小結／103

4.5 環境全要素生產率的時空演變／105

4.6 結論／108

第 5 章 城市環境全要素生產率的影響因素及其貢獻／111

5.1 理論分析／111

5.1.1 相關研究／111

5.1.2 環境全要素生產率的影響因素／113

5.1.3 數據描述／116

5.2 實證分析／118

5.2.1 主要城市環境 TFP 影響因素／118

5.2.2 不同區域環境 TFP 影響因素／120

5.3 結論／124

第 6 章 不同類型城市環境全要素生產率的影響因素與發展模式／126

6.1 城市的分類研究／126

6.1.1 研究方法／127

6.1.2 城市分類／128

6.2 不同類型城市環境全要素生產率的影響因素 / 133
  6.2.1 各解釋變量對不同類型城市的影響 / 135
  6.2.2 不同類型城市的影響因素與發展模式 / 138
6.3 結論 / 140

第 7 章 城市環境全要素生產率的空間計量分析 / 143
7.1 引言 / 143
7.2 文獻回顧 / 144
7.3 研究方法與數據處理 / 147
7.4 實證分析 / 149
7.5 結論 / 154

第 8 章 結論與政策建議 / 155
8.1 主要研究結論 / 155
8.2 城市環境全要素生產率提升的路徑選擇 / 161
8.3 不足與未來研究 / 166

參考文獻 / 168
 一、中文參考文獻 / 168
 二、英文參考文獻 / 179

第 1 章　導論

1.1　問題的提出

改革開放 30 多年以來，中國經濟經歷了年均近 10% 的高速增長，經濟總量位居世界第二位。從經濟增長速度來看，1978—2008 年，中國國內生產總值（GDP）年均增長率達到 9.9%。在受到國際金融危機衝擊影響的情況下，2008—2014 年，國內生產總值年均實際增長仍達到了 8.8%，遠高於世界同期年均 3.8% 的增長速度。從經濟總量來看，2008 年，中國國內生產總值超過德國，位居世界第三位；2010 年，國內生產總值超越日本，位居世界第二位，成為僅次於美國的全球第二大經濟體。

但中國在經濟高速增長的同時，對能源的需求量也越來越大，伴隨而生的便是越來越嚴重的環境污染。資源高消耗、環境高污染和生態破壞成為中國經濟高速增長的副產品。「高投入、高消耗、高污染、高產出」也成了這一時期中國經濟增長方式的主要特徵之一。

表 1-1 顯示了 2000—2014 年中國廢水、廢氣及工業固體廢棄物排放情況。從表中可以看出，整體而言，工業廢氣排放總量（億立方米）、工業固體廢物產生量（萬噸）、廢水排放總量（億噸）呈現出穩定上升的趨勢；而二氧化硫排放總量、氮氧化物排放總量、工業固體廢物排放量、化學需氧量排放總量、氨氮排放量（萬噸）雖然呈現出先上升後緩慢下降的態勢，但不可否認的是，這些「三廢」的排放絕對量仍然很大，中國面臨的環境污染問題短時間內仍然難以解決，節能減排的任務任重而道遠。

表 1-1 中國廢水、廢氣及工業固體廢棄物排放情況（2000—2014 年）

年份	工業廢氣排放總量（億立方米）	二氧化硫排放總量（萬噸）	氮氧化物排放總量（萬噸）	工業固體廢物產生量（萬噸）	工業固體廢物排放量（萬噸）	廢水排放總量（億噸）	化學需氧量排放總量（萬噸）	氨氮排放量（萬噸）
2000	138,145	1,995.1	--	81,608	3,186.2	415.2	1,445.0	--
2001	160,863	1,947.2	--	88,840	2,893.8	432.9	1,404.8	125.2
2002	175,257	1,926.6	--	94,509	2,635.2	439.5	1,366.9	128.3
2003	198,906	2,158.5	--	100,428	1,940.9	459.3	1,333.9	129.6
2004	237,696	2,254.9	--	120,030	1,762.0	482.4	1,339.2	133.0
2005	268,988	2,549.4	--	134,449	1,654.7	524.5	1,414.2	149.8
2006	330,990	2,588.8	1,523.8	151,541	1,302.1	536.8	1,428.2	141.4
2007	388,169	2,468.1	1,643.4	175,632	1,196.7	556.8	1,381.8	132.3
2008	403,866	2,321.2	1,624.5	190,127	781.8	571.7	1,320.7	127.0
2009	436,064	2,214.4	1,692.7	203,943	710.5	589.1	1,277.5	122.6
2010	519,168	2,185.1	1,852.4	240,944	498.2	617.3	1,238.1	120.3
2011	674,509	2,217.9	2,404.3	326,204	433.3	659.2	2,499.9	260.4
2012	635,519	2,117.6	2,337.8	332,509	144.2	684.8	2,423.7	253.6
2013	669,361	2,043.9	2,227.4	330,859	129.3	695.4	2,352.7	245.7
2014	694,190	1,974.4	2,078.0	329,254	59.4	716.2	2,294.6	238.5

註：（1）數據來源於《中國環境統計年鑒》2010—2015 年；（2）從 2006 年開始統計氮氧化物排放總量，生活排放量中含交通源排放的氮氧化物；（3）在廢氣排放統計方面，2011 年環境保護部對統計制度中的指標體系、調查方法及相關技術規定等進行了修訂，統計範圍擴展為工業源、農業源、城鎮生活源、機動車、集中式污染治理設施 5 個部分；（4）在工業固體廢棄物產生排放統計方面，2011 年環境保護部對統計制度中的指標體系、調查方法及相關技術規定也進行了重新修訂，故不能與 2010 年直接比較。

資源被大量消耗、環境被不斷污染的經濟發展方式，不僅使資源、環境難以支撐，而且會使經濟發展本身累積矛盾、難以持續。因為這種粗放式發展完全是投資驅動，依靠大量開採和利用不可再生的資源實現的，其結果是導致社會經濟陷入不良循環。中國政府充分認識到了這種發展方式是難以為繼的，提出了「科學發展觀」「和諧社會」等發展理念，把建設資源節約型、環境友好型社會作為加快轉變經濟發展方式的重要著力點，把節約資源和保護環境作為一項基本國策，並將節能減排的目標納入中長期發展規劃中。「十二五」規劃明確提出，「非化石能源占一次能源消費比重達到 11.4%，單位國內生產總值

能源消耗降低16%，單位國內生產總值二氧化碳排放降低17%，主要污染物排放總量減少8%」。「十三五」規劃也明確提到，「必須堅持節約資源和保護環境的基本國策，堅持可持續發展，堅定走生產發展、生活富裕、生態良好的文明發展道路，加快建設資源節約型、環境友好型社會，形成人與自然和諧發展的現代化建設新格局，推進美麗中國建設，為全球生態安全做出新貢獻」。這些規劃中關於可持續發展的表述表明中國政府把節能減排擺到前所未有的戰略高度，並將通過經濟發展方式的轉變，實現經濟的可持續發展。

經濟的增長，一方面可通過資本、勞動力等生產要素的投入來實現，但這種生產要素投入型的增長，因受制於資源、環境的關係不具備可持續性；另一方面可通過全要素生產率（Total Factor Productivity，簡稱TFP）的提高來實現，這也是經濟長期可持續發展的關鍵。全要素生產率是指除去資本、勞動等各要素投入之外的技術進步和能力實現等帶來的產出增加，主要反應資本、勞動力等所有投入要素的綜合產出效率。對全要素生產率的研究起始於丁伯根[1]和索洛在新古典框架下對於「索洛餘值」經濟增長貢獻度的研究。1957年，索洛在定量研究中，首次引入新古典生產函數 $Y_t = A_t K_t^\alpha L_t^\beta$，該函數建立在Hicks中性和規模報酬不變假定基礎上，在該函數中，技術進步因素被納入經濟增長分析模型，即經濟增長在扣除掉資本和勞動投入生產要素貢獻後未被解釋的部分，被稱為技術進步率，後來被稱為「索洛餘值」或「索洛剩餘」。此後，丹尼森[2]和喬根森[3]等學者對全要素生產率的測度做出了重要貢獻。

由於索洛餘值法測算模型簡單並且合乎經濟原理，因此很快被國內外經濟學者所認可並被廣泛用來測度一個國家或者地區、部門（產業）的全要素生產率。但由於索洛餘值法本身存在的不足，例如規模報酬不變假設、參數估計失真、技術進步外生性等，該方法也被後來的學者所批判並不斷將其改進。因此，後來測度全要素生產率的方法逐漸增多，包括擴展索洛模型分析、隨機前沿生產函數法、數據包絡分析法，等等。全要素生產率作為衡量一個國家或地區經濟增長質量的重要指標，已經被學者所廣泛接受。

改革開放以來，中國經濟進入了高速發展的快車道，但長期以來，中國的經濟增長呈現出粗放型增長方式的特點，主要表現為增長由大量資本、能源和

---

[1] 丁伯根. 生產、收入與福利 [M]. 何寶玉, 劉鋒, 譯. 北京：北京經濟學院出版社, 1991.

[2] DENISON E F. Why Growth Rates Differ: Post-war Experience in Nine Western Countries [M]. Washington Brookings Institution, 1967.

[3] W. 喬根森. 生產率（上、下冊）[M]. 李京文, 等譯. 北京：中國發展出版社, 2001.

原材料以及勞動力投入推動，而技術進步或全要素生產率（TFP）增長對經濟增長的貢獻比較低（吳敬璉，2005；林毅夫，蘇劍，2007）。因此，全要素生產率近年來成為中國學者研究的熱點之一。目前國內這方面的研究主要沿著以下兩個方向展開：一個方向是針對部門經濟生產率的檢驗，如農業、工業部門等（徐盈之，2007；方福前，2010；王珏，2010；陳詩一，2010；涂正革，2011），總的來看，針對工業部門的研究又是這方面的關注重點。另一個方向則是以區域為對象，考察全國及各省生產率的變化情況（顏鵬飛，王兵，2004；鄭京海，胡鞍鋼，2005；王志剛，2006；李國璋，周彩雲，2010）。前期實證研究得出了很多有意義的結論，但近幾年來，一些學者開始意識到以往研究忽略了環境因素對經濟增長效率的影響，而忽略環境因素計算出的經濟增長效率不能正確衡量相關經濟體可持續發展水平，這種傳統的 TFP 測度僅僅考慮市場性「好」產出的生產，並沒有考慮生產過程中產生的非市場性「壞」產出。因此，後來關於中國經濟增長效率的測算，逐漸將環境效應納入 TFP 測算框架。例如，吳軍（2009）測算分析了環境約束下中國 1998—2007 年地區工業 TFP 增長及其成分，並對其收斂性進行了檢驗。孫傳旺（2010）、汪克亮（2010）、朱承亮（2011）、張少華等人（2014）、胡建輝等人（2016）分別採用 DEA 方法、隨機前沿模型、Malmquist-Luenberger 生產率指數測算了環境約束下的中國經濟增長效率。

　　在當前中國城市化進程、工業化進程加速推進的背景下，城市已經成為工業、服務業集聚的中心，已經成為區域經濟增長的核心動力區，城市生產率的變化走勢必然會對區域乃至全國生產率變化產生極為重要的影響。國內一些學者也從不同的角度來研究中國城市經濟效率的問題，金相鬱（2006）利用數據包絡分析法（DEA）對全國 41 個主要城市在 1990—2003 年生產率的變化進行了研究；高春亮（2007）利用曼奎斯特（Malmquist）指數，分析了 1998—2003 年 216 個地級以上城市生產效率。雖然已有文獻較為豐富，但是，對城市經濟增長效率的研究還處於初步階段，以往研究都沒有將環境效應納入城市全要素生產率測算中。正確評價中國城市經濟發展績效就必須在傳統生產率研究基礎上考慮到環境因素的影響，這也是中國城市經濟和城市化進程可持續發展的應有之意。本書試圖將環境因素納入城市全要素生產率的分析框架，測度綜合考慮在 GDP 增長和污染排放減少的情形下中國城市 TFP 增長，從而合理評價環境約束條件下中國城市經濟發展績效。

1.2　研究的意義

2010年中國勞動年齡人口達到最高點，自2011年之後呈現為連續的負增長狀態，中國長期以來勞動力無限供給、勞動力過剩的狀況發生改變。人口紅利的消失意味著傳統的經濟增長源泉開始弱化，要保持經濟的中高速增長就必須找到新的經濟增長源泉（蔡昉，2016）。當前，中國經濟發展面臨「三期疊加」的矛盾，資源環境約束趨於緊張，勞動力、土地等生產要素成本不斷升高，原有的高投入、高產出、高消耗的偏重數量擴張的發展方式已難以為繼。而事實上，傳統經濟增長源泉的弱化和消失並不意味著新的經濟增長源泉能夠自然而然地產生。甚至一些新的、可持續的、支撐中國經濟未來發展的經濟增長源泉也在弱化，其中最典型的就是全要素生產率（蔡昉，2016）。2015年中國政府首次在工作報告中提出「提高全要素生產率」。

中國經濟的可持續性發展，首先，需要提高全要素生產率對產出增長的貢獻；其次，要有效控制生產活動中所產生的環境污染。本書即是圍繞環境全要素生產率展開，對中國主要地級市近年來考慮污染產出的全要素生產率進行測算。在理論方面，通過對現有經濟增長理論的繼承與發展，將環境因素納入城市經濟增長效率研究中可以豐富和完善現有理論，從而樹立更加全面、科學的城市經濟增長觀。在現實方面，對處於轉型期的環境約束下的中國城市經濟增長效率及其影響因素的研究，有利於認清中國城市經濟增長中的環境代價，有利於正確評估中國城市經濟增長狀況，以及與之相適應的城市發展模式，從而有利於中國城市化進程健康、持續發展。

1.3　框架結構

如前文所述，本書的目的是在前期學者研究的基礎上運用最新發展的數據包絡分析法（DEA），對節能減排約束下中國地級城市經濟的全要素生產率進行研究，從而對城市經濟增長的可持續性，經濟發展方式轉變的動力給予進一步的解答。內容安排如下：

第二章，文獻綜述。關於全要素生產率的研究文獻已較為豐富，無論是城市全要素生產率還是考慮環境效應的省際或工業、農業、服務業等行業的全要

素生產率，國內外學者都已經從不同角度進行了研究，總結以往研究的利弊得失可以使我們取長補短，從而對中國環境約束下的城市全要素生產率進行合理測算。本章首先分析了全要素生產率理論的發展歷程以及現有文獻中，學者們採用的主要研究方法，並對不同的方法進行了比較分析；其次對現有文獻中，人力資本、R&D 與全要素生產率關係的研究進行了總結；最後對農業全要素生產率、製造業和服務業全要素生產率進行了綜述分析。

第三章，對不考慮環境因素的城市全要素生產率進行研究。本章在對全要素生產率測度方法——Malmquist 指數法進行分析的基礎上，選擇了勞動力和資本兩個投入要素，以各個地級市「年末單位從業人員數」和「城鎮私營和個體從業人員」兩類數據加總表示勞動要素投入量，以資本存量作為資本投入要素，以各城市的實際國內生產總值作為產出變量，對中國 285 個地級市 2006—2014 年的全要素生產率進行了測算。

第四章，考慮環境因素的城市全要素生產率研究。本章是研究的重點內容之一，採用最新發展起來的 Malmquist-Luenberger 生產率指數法，分別基於三個層面，即從省級層面、城市層面、流域層面對中國 30 個省份、285 個地級市、長江流域沿線 24 個城市環境約束下的全要素生產率進行了測算，並與不考慮環境因素的測算結果進行了對比分析，最後對兩種情形下各地區的全要素生產率分佈動態進行了分析。

第五章，對環境約束下中國城市全要素生產率的影響因素進行研究。本章選擇了人力資本、基礎設施、外商直接投資、產業結構、財政支出比重、技術投入、經濟密度、環境規制水平等因素，採用城市面板數據對城市全要素生產率進行迴歸分析。同時，為便於比較，將城市根據所屬地域劃分為東部、中部、西部三大區域，並對不同區域城市全要素生產率的影響因素進行了對比分析。

第六章，對主要地級市進行分類研究，分析不同類型城市環境全要素生產率的主要影響因素及其發展模式。本章首先從城市規模、經濟水平、產業結構、環境規制水平、經濟密度五個方面對地級市進行聚類分析，將所有城市劃分為 8 個類別。然後採用累積的環境全要素生產率作為因變量，人力資本、基礎設施、外商直接投資、產業結構、財政支出比重、技術投入、經濟密度、環境規制水平 8 個變量作為自變量進行面板數據迴歸分析。最後根據各類型城市的特點和環境全要素生產率的影響因素，簡要分析了各類型城市應有的發展模式。

第七章，對環境約束下地級市全要素生產率進行空間計量研究。在城市經

濟發展過程中，鄰近城市的技術進步、產業結構、污染排放等都可能會對本城市產生重要影響，因此，對城市環境全要素生產率的研究，不應該忽略這種可能存在的空間效應。本章在對空間計量相關文獻回顧的基礎上，以長江中游城市群為例，構建空間自迴歸模型，運用 MATLAB 空間計量軟件包採用極大似然法對環境約束下全要素生產率的影響因素進行估計。

　　第八章，結論與政策建議。本章首先得出研究的結論，然後根據實證研究結果，提出提高不同類型城市全要素生產率的對策建議，最後提出了未來的研究方向和思路。

第 2 章　文獻綜述

2.1　全要素生產率理論

2.1.1　全要素生產率理論的發展歷程

從最初的古典經濟增長理論開始，經濟學家們就不斷探索勞動生產率對於經濟增長的重要性。之後，隨著經濟增長理論的發展，生產率理論也處於不斷發展之中。從其發展歷程來看，大致經歷了單要素生產率—全要素生產率—綠色全要素生產率理論這一過程。

從古典經濟學時期，生產率理論就已逐步興起。亞當·斯密在其經濟學理論中就已經強調勞動生產率的作用。古典經濟學者薩伊也闡述了社會生產所必需的三種要素，即勞動、土地和資本。從價值論出發，勞動和產出的比例為勞動生產率，資本與產出的比例為資本生產率，這也形成了單要素生產率理論的基本雛形（李玲，2012）。

通過單要素理論可以對不同時期、不同地區單一要素的生產效率進行比較，但是，對於投入要素的產出貢獻率，單要素理論則無法進行回答和解釋。在科布-道格拉斯生產函數基礎上，丁伯根於 1942 年用時間趨勢來表示效率水平，提出了多要素生產率。索洛（Solow）則於 20 世紀 50 年代末期在科布-道格拉斯生產函數基礎上，將規模報酬不變和技術中性的假定納入函數中，並將勞動和資本投入之外的其他所有要素對經濟增長的貢獻部分統稱為技術進步，也稱為全要素生產率。Solow 餘值提出之後，經濟學者關於全要素生產率理論的研究主要集中在測量方法的改進方面，比如 Aigner（1977）利用隨機前言生產函數測量 TFP，Charnes，Cooper 和 Rhoades 於 1978 年提出了數學規劃分析模型 CCR，Banker，Charnes 和 Cooper 於 1984 年提出了 BCC 模型等。

傳統全要素生產率的測算僅僅考慮了 GDP 等市場經濟指標，並未考慮對

環境污染產生影響的廢氣、廢水等的「壞」產出，從而影響了對社會福利變化和經濟績效的評價。因此，近些年來，許多學者開始考慮「壞」產出的影響，嘗試將環境因素納入效率和生產率的分析框架中。Chung 等人（1997）在測度瑞典紙漿廠的 TFP 時，介紹了方向性距離函數（Directional Distance Function），並提出了 Malmquist-Luenberger 生產率指數，該指數能夠測度存在「壞」產出（廢水、廢氣等）時的 TFP，同時考慮了「好」產出的提高和「壞」產出的減少，其具有 Malmquist 指數所有的良好性質。對綠色全要素生產率的測算成為經濟學界近年來的研究熱點之一。目前，中國學術界對於 TFP 的研究主要沿著兩個方向展開：一個方向是對農業、製造業、服務業等部門經濟生產率的檢驗（詳見本章 2.4、2.5、2.6）；另一個方向則是將環境因素納入 TFP 分析框架，研究環境約束下的部門 TFP 或地區 TFP。例如，劉林（2012）利用 Malmquist 指數將環境因素納入全要素生產率的分析中，對浙江省 2002—2009 年部分城市的全要素生產率進行了測算。結果表明浙江省區間內生產率水平有所增長，但增長類型和原因則因地區差異而不同，且不同區域間的全要素生產率差異逐步擴大。李春米和畢超（2012）採用 DEA-Malmquist 指數測算方法對環境約束下的西部地區工業全要素生產率增長情況進行了研究。實證分析顯示：中國西部地區污染排放效率提升緩慢，制約了工業 TFP 的提高；規模改善對於污染排放效率的提高具有正向作用，但原有技術的持續使用會使得污染排放效率降低；政府的環境規制措施對企業技術進步呈現出明顯的負面影響，從而在一定程度上制約了工業 TFP 的提升。因此，中國西部地區各地方政府應根據區情差異實行不同的環境規制措施，構建有利於經濟可持續發展的環境制度。陳麗珍和楊魁（2013）將能源消耗和二氧化碳排放量兩個環境因素納入傳統的生產函數分析框架中，利用超越對數生產函數對江蘇省工業全要素生產率的變化情況進行分析，認為江蘇省工業目前處於以技術驅動為特徵的集約型增長方式的轉變中，但隨著工業的快速發展，二氧化碳等環境污染因素逐漸成為江蘇省工業持續健康發展的重要阻礙因素。畢占天和王萬山（2012）利用 DEA 和方向性距離函數對碳排放約束下 2001—2009 年中國各省市的全要素生產率和能源效率進行了測算。實證分析結果顯示，在這一期間，由於經濟增長中能源投入較大，且污染排放嚴重，故大部分地區未能達到生產前沿面，全要素生產率和能源效率較為低下。屈小娥和席瑤（2012）將資源和環境因素納入全要素生產率的測算中，對 1996—2009 年中國各地區的全要素生產率進行了實證分析，進一步將 TFP 變動分解為技術效率與技術進步的變化。實證結果顯示，當將資源環境因素納入生產率分析中時，中國全要

素生產率總體較低，有很大的挖掘空間。TFP 增長的主要源泉在於技術效率的不斷提高，而技術進步和規模效率對於 TFP 增長的作用不明顯。從影響因素來看，工業產值比重、資本/勞動比率上升對於全要素生產率的提高有抑製作用。而降低國有經濟比重、減少政府對經濟的過度干預，以及增加環保投資對於提高全要素生產率具有促進作用。薛建良和李秉龍（2011）利用基於單元的綜合調查評價法計算了 1990—2008 年中國主要農業污染物排放數量，並在此基礎上度量了基於環境修正的中國農業 TFP。研究表明，1990—2008 年，中國經過環境調整後的農業生產率增長幅度呈現減小趨勢，農業環境污染使農業生產率增長降低 0.09%～0.6%。匡遠鳳和彭代彥（2012）對中國在考慮環境因素下的生產效率及 TFP 在 1995—2009 年的增長變動狀況進行了研究。研究認為，相比傳統生產效率，環境生產效率能夠體現環境問題給生產效率帶來的損失，且更能反應各省之間在資源利用上的效率差異。李小勝和安慶賢（2012）採用方向性距離函數方法和 Malmquist-Luenberger 生產率指數法，測算了中國工業 36 個行業的環境管制成本和綠色全要素生產率。研究認為，中國工業行業的環境管制成本相對較高，一定程度上降低了企業的競爭力，技術進步的不斷提高是綠色全要素生產率增長的主要動力。

從上面的文獻可以看出，中國學者近年來關於全要素生產率的研究，已經將資源、環境因素納入分析框架中，對於全要素生產率的研究，也逐步轉變成對綠色全要素生產率的研究。

2.1.2　全要素生產率的度量方法[①]

對於全要素生產率的度量方法，從現有文獻來看，主要可以歸為索洛餘值法、隨機前沿生產函數分析法（Stochastic Frontier Production Function Analysis，簡稱 SFA）、數據包絡分析法（Data Envelopment Analysis，簡稱 DEA）三大類。

索洛餘值法是在索洛提出「索洛餘值」的基礎上不斷發展而來的，索洛在「希克斯中性技術進步」假定基礎上，推導出經濟增長因素分析模型。假設生產可能性函數：

$$Y_t = f(K_t, L_t, A_t) \tag{2-1}$$

式（2-1）兩邊對 t 全微分可得：

$$dY_t = \frac{\partial Y_t}{\partial K_t} dK_t + \frac{\partial Y_t}{\partial K_t} dL_t + \frac{\partial Y_t}{\partial A_t} dA_t \tag{2-2}$$

[①] 參考了李京文、鐘學義（2007）和周彩雲（2010）對於全要素生產率研究方法的述評。

式（2-2）兩邊同時除以 Y_t，可得到：

$$\frac{dY_t}{Y_t} = \frac{K_t}{Y_t}\frac{\partial Y_t}{\partial K_t}\frac{dK_t}{K_t} + \frac{L_t}{Y_t}\frac{\partial Y_t}{\partial L_t}\frac{dL_t}{L_t} + \frac{A_t}{Y_t}\frac{\partial Y_t}{\partial A_t}\frac{dA_t}{A_t} \qquad (2-3)$$

$$= w_{kt}\frac{dK_t}{K_t} + w_{lt}\frac{dL_t}{L_t} + \frac{A_t}{Y_t}\frac{\partial Y_t}{\partial A_t}\frac{dA_t}{A_t} \qquad (2-4)$$

式（2-4）中，w_{kt}、w_{lt}分別表示資本產出彈性和勞動產出彈性。

式（2-4）進一步變形為：

$$\frac{A_t}{Y_t}\frac{\partial Y_t}{\partial A_t}\frac{dA_t}{A_t} = \frac{dY_t}{Y_t} - w_{kt}\frac{dK_t}{K_t} - w_{lt}\frac{dL_t}{L_t} \qquad (2-5)$$

從式（2-5）可以看出，索洛餘值即是從總產出增長中扣除資本、勞動力帶來的產出增長而剩餘的部分，用這一部分表示技術進步對總產出的貢獻，顯然，「索洛餘值」是利用理論生產函數推導增長方程得出的，並附加了規模報酬不變和希克斯中性等條件。

索洛餘值所包含的內容非常複雜，因為影響餘值的因素除了產出、要素投入、技術進步外，社會制度的變革、政府宏觀經濟政策的變化、開放條件下世界經濟的影響、分析期的差異等也都會影響到「餘值」的大小。即便是針對理論生產函數進行因素分解，所得到的「餘值」也不全是技術進步的貢獻，至少不能忽視規模報酬對餘值的影響。

隨機前沿生產函數分析法。該方法被大量運用主要始於 1977 年 Aigner 在隨機前沿生產函數分析法上取得的重大突破。運用隨機前沿生產函數分析法研究 TFP 的增長可以避免索洛餘值法在測度 TFP 方面的缺陷。Kumbhakar（2000）對隨機前沿生產函數分析法進行深化，並將 TFP 分解為技術進步、技術效率、配置效率和規模效率。隨著隨機前沿生產函數分析法理論的不斷完善，該方法被廣泛應用於地區或行業的全要素生產率測度及其分解。但是隨機前沿生產函數分析法也具有一定的缺陷，其運用過程中必須確定生產函數的具體形式，且只適合多個投入指標、單一產出指標的形式，因而在測度包含期望產出和非期望產出同時並存的全要素生產率方面就顯得無能為力（李玲，2012）。

數據包絡分析法（DEA）。該方法的原理是根據相同類型的單元投入產出值來估計生產前沿面，從而判斷生產單元是否處於該前沿面。DEA 方法的優點之一是不需要要素價格信息和具體的生產函數形式，可以對多個樣本進行跨期研究，所以在決策單元的效率評價中數據包絡分析法應用較為廣泛。Charnes，Cooper 和 Rhodes 等人（1978）提出了後來被廣泛應用的 C^2R 模型，

但該模型的缺點是規模報酬不變假定。Banker, Charnes 和 Cooper（1984）又進一步提出可變規模報酬的 DEA 模型，即 BC² 模型。對於有多種投入、多種產出情況下的距離函數的計算，主要有 Shephard 距離函數（Shephard, 1970）和能夠測算非期望產出的方向性距離函數（Chambers, et al., 1996; Chung, et al., 1997）。

目前，對於全要素生產率測算，應用最為廣泛的是 Malmquist 生產率指數。該指數是 Caves 等人於 1982 年將瑞典科學家 Malmquist 提出的縮放因子應用於生產率測算中而產生。之後，Fare 等人（1989, 1994）對其進行了改進和完善，使其應用更為廣泛。Chung 等人（1997）將其進一步擴展，使其測算生產率時能夠包含「壞」產出。1996 年，Chambers 等人發展了 Luenberger 生產率指標，該指標的顯著優點是不需要對投入還是產出進行角度選擇，且 Luenberger 生產率指標是與方向性距離函數相適應的具有相加結構的生產率測度方法（李玲，2012），這也是該方法能夠被廣泛應用於農業、工業、服務業等進行環境全要素生產率測算的主要原因。因此，本書選取 SBM 方向性距離函數和 Luenberger 生產率指標估算中國城市綠色全要素生產率。

2.2 人力資本與全要素生產率

在促進全要素生產率提高的諸多因素中，人力資本是極為重要的因素之一。對人力資本與生產率和經濟增長關係的研究源於 20 世紀 80 年代的內生經濟增長理論，該理論將索洛模型進一步擴展，使人力資本因素單獨分離出來，並用以解釋各國經濟增長的長期持續性和差異性，所以在 20 世紀 90 年代以後，對人力資本與全要素生產率和經濟增長關係的研究成為學術界探討的熱點問題之一。

總結國內外學者的研究，筆者主要圍繞以下幾個問題展開研究：人力資本是否能夠促進全要素生產率增長？如果能，其促進全要素生產率增長的途徑是什麼？人力資本對全要素生產率增長的影響是絕對的，還是不同類型人力資本對全要素生產率的影響存在差異？圍繞已有文獻研究的熱點，對學者們的研究進行歸納分析，並對其觀點和研究進展進行梳理如下：

2.2.1 關於人力資本能否促進全要素生產率增長的研究

從 20 世紀 50 年代開始，從舒爾茨（W. Schultz）的「人力資本投資理

論」到羅伯特·索洛的「技術進步殘差」理論，從保羅的「內生化的特殊知識」到盧卡斯的「專業化人力資本增長模型」，關於人力資本對全要素生產率和經濟增長的影響越來越引起學者們的關注。人力資本對全要素生產率和經濟增長的促進作用在理論上得到了廣泛的肯定，但在實證研究上並沒有取得一致意見。主要有兩種不同的結論：一是人力資本能夠顯著促進全要素生產率和經濟增長；二是無法證明人力資本能夠促進全要素生產率和經濟增長，實證檢驗中兩者之間甚至呈現負向關係。

（1）人力資本能夠促進全要素生產率增長。

整體而言，大多數研究都是圍繞人力資本累積、人力資本存量對全要素生產率和經濟增長的影響展開。國外學者的研究中，Schultz（1962）對人力資本與經濟增長的研究相對較早，認為在經濟增長中人力資本投資是一個非常重要的解釋變量，能夠在很大程度上解釋「相同投入要素帶來不同產出」差異的原因。Miller 和 Upadhyay（2000）的研究表明，人力資本對全要素生產率具有積極影響，但這種影響會因不同國家而有所差異。Aiyar 和 Feyrer（2002）通過構建動態面板數據模型，證明了人力資本能夠顯著促進全要素生產率增長。此外，Mankiw、Romer 和 Weil（1992）、Engelbrecht（1997）等眾多國外學者分別從理論和實證方面得出了人力資本能夠帶來經濟顯著增長的結論。Slam 等人（1995）對人力資本與 TFP 的關係進行分析。研究同樣表明，人力資本對 TFP 具有顯著影響，能夠促進 TFP 的快速增長。Ghosh S. 和 Mastromarco C.（2013）以經濟合作與發展組織（OECD）國家的數據，利用隨機前沿分析研究了跨境經濟活動（國際貿易、FDI、移民）的外部性。研究結果表明，和人力資本一樣，國際貿易、外商直接投資（FDI）是促進產出效率提高的重要渠道，而且國際貿易、FDI、移民對效率提高的積極影響程度取決於人力資本存量水平，從而佐證了人力資本對全要素生產率的促進作用。

從國內學者的研究看，多數實證文獻也是支持這一觀點。李小平和朱鐘棣（2004）在研究國際貿易的技術溢出門檻效應時發現，在制度、人力資本、出口、FDI 這四個和全要素生產率增長顯著相關的因素當中，人力資本僅次於制度因素，對全要素生產率增長的影響系數較大。進一步對人力資本分地區的影響研究表明，人力資本對東、中西部地區技術進步的影響顯著為正，說明人力資本在促進中國各地區技術進步方面發揮了重要的作用；並且西部地區的人力資本對技術進步的正影響最大，東部地區其次，中部地區最小。王德勁（2005）利用誤差校正模型，估計出中國 1952—1998 年的內生技術進步模型，認為人力資本對技術進步有顯著的正向影響。岳書敬和劉朝明（2006）以人

均受教育年限表徵人力資本水平,利用中國 1996—2003 年的省級面板數據分析了考慮人力資本情況下的全要素生產率增長。研究發現,在引入人力資本要素後,1996—2003 年區域全要素生產率的增長得益於技術進步;如果不考慮人力資本存量,則低估了同期的效率提高程度,而高估了期間的技術進步指數。彭昐、劉智勇和肖競成(2008)在考慮人力資本對勞動力投入質量的影響下,運用 DEA 方法測算了中國及各區域的技術進步指數,並將對外開放和人力資本放入統一的研究框架內分析其對技術進步的影響。結果發現,人力資本作為推動技術進步的重要因素,雖然在當期對技術進步的影響顯著為負,但在滯後一期不論是從全國還是分區域來看,都明顯地促進了技術進步的提高。劉智勇和胡永遠(2009)以要素投入及其使用效率作為切入點,並根據人力資本主要通過技術進步促進經濟增長的作用機制,構建了「人力資本—全要素生產率—要素邊際生產率—要素累積—經濟增長」綜合分析框架,並運用 1978—2005 年中國省際面板數據進行實證研究。結果表明,人力資本對全要素生產率具有重要的促進作用,相較於其他因素,人力資本對中西部地區全要素生產率的年均貢獻率是最高的。謝申祥、王孝松和張宇(2009)的研究表明人力資本的增加對中國技術水平的提高具有較大的提升作用,中等學校及其以上畢業生占就業人口比重所表示的人力資本水平每提高 1%,將導致全要素累計變動率的增長率增加 2.4%。

在前期關於人力資本與全要素生產率的研究中,多數文獻都將不同的經濟體視為相互獨立的個體,忽略了這些個體之間在地理空間上的依賴性。而事實上,隨著經濟全球化和區域一體化的不斷發展,經濟體之間的空間依賴性也必然客觀存在並不斷強化,因此,應當將空間溢出效應納入人力資本對全要素生產率影響的分析中。國內學者魏下海(2010)基於 Spatial Benhabib-Spiegel 模型(Valerien, et al., 2007),分別採用地理距離權重矩陣、0-1 權重矩陣和經濟距離權重矩陣等 3 種不同形式的空間權重矩陣對中國人力資本與省際全要素生產率增長的空間溢出效應進行實證檢驗。結果表明,3 種空間權重矩陣設定下的迴歸結果一致支持了人力資本對全要素生產率增長和技術進步具有顯著的正向空間溢出效應。

(2) 人力資本不能促進全要素生產率增長。

雖然人力資本對全要素生產率的促進作用得到了大多數學者實證研究結論的支持,但仍有少數學者提出了不同的觀點。Pritchett(2001)的研究認為全要素生產率增長與教育增長(人力資本水平的提升)存在顯著的負相關關係,教育增長不能帶來 TFP 的顯著提高。Sderbom 和 Francis Teal(2003)利用

1970—2000 年 93 個國家的面板數據，實證分析了貿易開放、人力資本與產出增長之間的關係。研究結果表明，在 10%的統計檢驗水平下，貿易開放度對生產率增長有顯著影響，而人力資本對生產率沒有顯著影響。Bils Mark 和 Klenow Peter（2000）利用聯合國教科文組織統計的相關數據，分析了教育與經濟增長的關係，認為教育僅僅解釋了經濟增長不到 1/3 的部分。Benhabib 和 Spiegel（1994）的研究認為產出增長率僅僅與人力資本存量有著顯著的正向聯繫，但與人力資本增量之間的聯繫並不顯著，甚至為負。Blomstrom 等人（1994）的研究同樣沒有得到高水平教育更有利於吸收外來技術的證據，卻發現收入水平較高的國家更易從技術外溢中受益。Krueger 和 Lindahl（2001）研究了人力資本與經濟增長之間的關係。結果表明，人力資本對經濟增長的影響受經濟水平差異這一條件的限制，在經濟發展較為落後的地區，人力資本水平的提升對經濟增長會產生顯著的正向促進作用，而在經濟發達地區，人力資本對經濟增長的作用則是極其有限的，甚至為負值。

國內學者的研究中，顏鵬飛和王兵（2004）運用 DEA 的方法測度了 1978—2001 年中國 30 個省（自治區、直轄市）的技術效率、技術進步及 Malmquist 生產率指數，並且對人力資本同技術效率、技術進步和生產率增長的關係進行了實證檢驗。從檢驗結果來看，人力資本對全要素生產率增長和技術進步具有負的作用。謝良和黃健柏（2009）採用增長核算法和基於 LA-VAR 模型的方法，利用 20 世紀 90 年代以來的數據，對中國創新型人力資本、全要素生產率與經濟增長的關係進行分析。結果顯示，經濟增長和全要素生產率增長都是創新型人力資本增長的 Granger 原因，但創新型人力資本增長不是全要素生產率和經濟增長的 Granger 原因。魏峰和江永紅（2013）基於安徽省第五次和第六次人口普查數據，以安徽省 17 個地級市為樣本，考察了安徽省地區勞動力素質狀況，並運用 Malmquist 指數法系統測算了安徽省 2000—2010 年的地區 TFP 增長率。研究發現，與勞動力素質的普遍提升相反，安徽省大多數地級市 TFP 近年來呈現負增長，勞動力素質的生產率增長效應未能顯現。

綜上所述，人力資本對全要素生產率的促進作用已得到學者們的廣泛認可，但實證結果卻相差巨大，甚至得出兩者之間呈現負向關係的結論。分析認為，這可能歸因於以下幾點：一是全要素生產率測算方法的不同。全要素生產率測算方法目前主要有索洛殘差法、隱性變量法、前沿生產函數法，不同方法的測算結果存在較大差異。二是與人力資本的衡量指標選取相關。由於人力資本水平並沒有具體的統計標準，在衡量指標上也沒有取得統一性意見，所以不同學者的研究中，也就產生了諸如人均受教育年限、大專及以上學歷人口占總

人口比重、企業家與專業技術人才比重等多種形式表徵的衡量指標。三是TFP測算往往會低估發展中國家特別是經濟體制轉型國家的技術進步水平，因此，在不同外部條件、不同制度環境下的測算結果沒有太大比較價值，由於經濟發展所處階段、人力資本邊際收益的週期性等客觀因素的影響，導致人力資本對全要素生產率的影響產生差異。

2.2.2 關於人力資本促進全要素生產率增長途徑的研究

20世紀80年代開始的新增長理論（內生增長理論）將知識和人力資本因素納入經濟增長模型，認為技術進步是經濟增長的源泉，而技術進步的主體是人，或者說技術進步取決於一個國家的人力資本水平、專業化的知識和人力資本的累積可以產生遞增的收益並使其他投入要素的收益遞增，從而總的規模收益遞增，說明了經濟持續和永久增長的源泉與動力。那麼，專業化的知識和人力資本水平的提高是如何影響技術進步、影響全要素生產率的？從Nelson（1966），Romer（1990）等學者的研究結論中可以找到答案，即人力資本促進全要素生產率增長的途徑主要有兩條（Benhabib et al.，1994）：一是一個國家的人力資本水平決定了其技術創新能力而直接影響全要素生產率增長（Romer，1990）；二是人力資本水平影響著該國對先進技術的引進、消化、吸收以及技術擴散的速度（Nelson et al.，1966）。

Nelson R.和E. Phelps（1966）較早就注意到人力資本對技術進步的影響，並認為技術進步主要由兩個因素決定：人力資本以及實際技術與潛在技術之間的差距，人力資本水平會顯著影響對外來技術的消化和吸收能力，模仿能力也會得到較大限制，從而使全要素生產率提升速度較慢。Borro（1991），Borro和Lee（1993）的研究認為，國際技術在從創新國家到模仿國家的轉移過程中，人力資本作為一個推動要素起了重要的作用。通過擴展索羅增長模型（在模型中增加了人力資本變量），Mankiw等人（1992）證實了人力資本對經濟增長存在直接的影響。Benhabib和Spiegel（1994）在Nelson R.和E. Phelps的研究基礎上進一步證明了人力資本對經濟增長的影響是通過全要素生產率來實現的，即人力資本並不是作為投入要素影響經濟增長，如果將人力資本變量直接進入增長方程會導致錯誤的結論。Benhabib和Spiegel認為，一個國家的全要素生產率增長情況取決於本國的創新能力以及對他國前沿技術的模仿吸收能力，而這些能力的提升又需要人力資本水平的提高，因此，當落後國家人力資本水平低於某一臨界值時，其創新能力和對外來技術的吸收能力都較低，必然與發達國家的差距進一步擴大。

國內學者關於人力資本與全要素生產率的影響研究也基本沿著這兩條路徑展開。夏良科（2010）使用數據包絡方法計算了中國各行業大中型工業企業的 Malmquist 生產率指數，考察了人力資本、R&D、前向和後向 R&D 溢出以及人力資本和 R&D 及 R&D 溢出之間的交互作用對全要素生產率、技術效率和技術進步的影響。研究認為，人力資本是全要素生產率增長的重要決定因素，人力資本和 R&D、前向和後向 R&D 溢出的交互作用顯著地促進了全要素生產率增長和技術效率的改進；但在控制了人力資本與各 R&D 變量的交互項之後，人力資本與技術效率之間呈現為負相關關係，從而證明了人力資本更多的是通過提升技術開發和吸收能力來促進 TFP 增長。梁超（2012）通過運用系統廣義矩估計（GMM）方法和脈衝反應研究了 FDI、非國有經濟投資及其人力資本吸收能力對全要素生產率、技術效率和技術進步的影響。結果表明，FDI 抑制了全要素生產率和技術進步的提高，而人力資本通過學習、吸收附著於進口產品和 FDI 的新技術顯著地促進了全要素生產率和技術進步的提高。鄒薇和代謙（2003）在標準的內生增長模型中分析了發展中國家對發達國家的技術模仿和經濟趕超問題，認為人力資本水平的提高一方面使得經濟中既有的資本存量能夠發揮更大的作用，另一方面又使得這些經濟體對發達國家先進技術的模仿能力和吸收能力大大增強，因此，要提高發展中國家對於發達國家先進技術的模仿能力就必須首先提升發展中國家的人均人力資本水平。許多發展中國家之所以不能通過模仿發達國家的先進技術實現經濟趕超，是因為其人力資本水平低下，無法吸收和利用發達國家的先進技術。張濤和張若雪（2009）從人力資本角度對珠三角技術進步緩慢的原因進行了分析，認為廠商技術採用和人力資本之間存在互補性，要打破珠三角的「低技術均衡」狀態，就必須依靠更高水平的人力資本來加快技術的創新和新技術的推廣。葉靈莉和王志江（2008）基於中國 1980—2006 年數據的經驗研究發現，資本品、中間品進口均對技術進步有長期穩定的促進作用，而人力資本結構和人力資本水平則直接決定了進口貿易技術溢出的效果。因此，應當進一步提升人力資本水平，促進對進口貿易技術的吸收，從而促進技術進步。劉智勇和張瑋（2010）的研究結果表明，創新型人力資本主要通過技術創新推動技術進步，因此，加大創新型人力資本培養力度，提高創新型人力資本配置效率是增強自主創新能力、加快技術進步的關鍵。黃文正（2011）認為發展中國家人力資本吸收能力是制約其技術進步的關鍵因素，只有充分依靠和發揮自己的人力資本比較優勢，提高人力資本吸收能力，方能加快技術進步的速度。

2.2.3 關於異質性人力資本對全要素生產率增長影響的研究

在關於人力資本與全要素生產率關係的研究中，大多數文獻都是把人力資本作為一個整體來分析，並沒有區分人力資本的不同組成部分對全要素生產率可能產生的影響，而一個不爭的事實則是人力資本的組成是複雜的，其不同構成部分對全要素生產率的影響也可能存在顯著差異，如果不加以區分來探討人力資本能否促進全要素生產率生長，得出的結論也就可能存在偏差。因此，後來的研究進一步考慮到了人力資本組成部分的異質性，把人力資本分解為不同的組成部分，分析不同類型、不同層次人力資本對全要素生產率分別產生的影響。

在關於對人力資本的分類上，Lucas（1990）依據人力資本所蘊含的知識差異，把人力資本劃分為兩種類型，一是社會共有的、以一般知識形式體現的人力資本，二是以勞動者的專有技能和特殊知識體現的專業化人力資本；姚樹榮（2001）依據人力資本的專業技能屬性，將其劃分為一般型人力資本、專業型人力資本和創新型人力資本。但由於依據知識和專業技能所劃分的人力資本類型界限不清、數據難以獲取等問題，因此，在後來關於人力資本與全要素生產率關係的研究中，大都依據所受教育程度對人力資本的類型進行劃分。

在國外學者的研究中，Grossman 和 Helpman（1991）認為勞動力的技術水平構成對於一個國家的技術創新活動有重要影響，相較於低技術勞動力，高技術勞動力的增加更有利於技術創新，進而促進經濟增長。Borensztein 等人（1998）的研究認為人力資本具有和研發相似的「兩面性」，由於不同人力資本水平的國家對技術的吸收和模仿能力存在差異，因此，具有較高教育水平的國家從技術外溢中獲利會更多。Vandenbussche 等人（2006）認為由於技術進步來自於創新和模仿，因此，對那些處在不同發展水平的國家和地區，不同水平的人力資本對於全要素生產率的作用必然會存在一定差異。進一步以 19 個 OECD 國家 1960—2000 年的數據為例，驗證了人力資本與全要素生產率之間的關係。結果表明，只有受過高等教育的人力資本組成部分才能對全要素生產率提升產生顯著促進作用，平均人力資本的影響並不明顯。

從國內文獻來看，彭國華（2007）在 Aiyar 和 Feyrer（2002）的基礎上，提出一個類似的人力資本與 TFP 的模型，但與 Aiyar 和 Feyrer（2002）的注意力主要集中於人力資本整體不同。該模型的假定是 TFP 的增長率和實際 TFP 與潛在 TFP 之間的差距正相關，而潛在 TFP 的大小則取決於人力資本各構成部分的作用，即允許人力資本的不同組成部分可以對潛在 TFP 起到不同的作

用。在充分考慮了人力資本組成部分的異質性情況下，運用動態面板數據（Dynamic Panel Data）一階差分 GMM 估計方法對 1982—2004 年中國 28 個省區市的面板數據進行了實證檢驗。實證結果表明，只有接受過高等教育的人力資本部分對 TFP 才有顯著的促進作用。華萍（2005）計算了中國 29 個省份生產率增長數據的 Malmquist 指數，然後通過面板數據計量經濟模型研究了不同教育水平對技術效率的影響。結果顯示，大學教育對效率改善和技術進步都具有有利影響，而中小學教育對於效率改善具有不利影響；而且，大學教育對效率改善的有利影響是通過具有大學教育水平的勞動者向更有效率的非國有企業再分配實現的。吳建新和劉德學（2010）利用動態面板數據一階差分廣義矩估計方法對 1985—2005 年中國 28 個省（自治區、直轄市）的面板數據進行了實證檢驗。研究結論表明，不同層次人力資本中只有高等教育人力資本促進了 TFP 水平的提高，總體平均人力資本、中等教育人力資本的迴歸系數均為負值。除此之外，易先忠和張亞斌（2008）基於拓展的以 R&D 為基礎的內生增長模型，同時基於內生模仿與自主創新，並考慮異質性人力資本（熟練勞動與非熟練勞動）在兩種技術進步模式中的不同效應，以自主創新相對於模仿更密集使用熟練勞動為基本假設，分析了在技術差距和人力資本約束條件下後發國技術進步模式的選擇及技術政策效應。分析表明，後發國技術進步模式的選擇取決於技術差距和兩種人力資本的構成比例，當經濟中熟練勞動與非熟練勞動的比例和技術水平不斷提高時，技術進步模式從模仿到自主創新逐步轉型；提高創新型高質人力資本的構成比例能夠加速技術進步模式從模仿到創新的轉型，但加速技術進步從模仿到創新的政策不一定有利於技術進步；並發現在人力資本總量的約束下，只有當技術差距縮小到某一臨界值、技術進步以自主創新為主導時，提高熟練勞動力的比例、制定對自主創新的補貼政策和較強的知識產權保護政策才有利於技術進步；當技術差距較大時，鼓勵以模仿為主的政策有利於技術進步。顏敏和王維國（2011）在考慮人力資本質量的基礎上，將人力資本分為熟練勞動資本和非熟練勞動資本，運用分位數迴歸技術研究了異質性人力資本對 TFP 增長不同階段的作用機制。結果表明，非熟練勞動只在全要素生產率增長的初級階段產生正向顯著的促進作用，當 TFP 增長到一定水平（80%分位數以上）抑制了全要素生產率增長，而熟練勞動資本從 TFP 增長的 20%分位數處對發達地區產生顯著正向拉動作用，並且這種作用持續增強。張玉鵬和王茜（2011）將人力資本分為高技術人力資本和低技術人力資本，利用 1987—2008 年的省級面板數據，實證研究了兩種人力資本分別對全要素生產率的影響。研究表明，在其他條件不變時，兩種層次的人力資本

對全要素生產率增長都有顯著的正向效應，但高技術人力資本的作用更大；高技術人力資本對全要素生產率的促進作用存在門檻效應，當地區全要素生產率與全國最高全要素生產率差距較小時，高技術人力資本對提高全要素生產率的作用較大，而當二者差距較大時，全要素生產率增長則主要依賴於低技術人力資本的累積。

綜合以上研究，可以看出，中國學者大都以受教育年限對人力資本水平進行衡量，並將接受過高等教育的人力資本作為熟練勞動資本或者高質人力資本，未接受過高等教育的人力資本作為非熟練勞動資本或者低質人力資本，研究結果也大都表明，只有接受過高等教育的人力資本（熟練勞動資本或高質人力資本）部分對 TFP 才有顯著的促進作用。當然，也有學者的研究結果與此不同，魏下海（2010）對中國人力資本與省際全要素生產率增長的空間溢出效應進行實證檢驗，認為就異質性人力資本而言，中等教育人力資本對全要素生產率增長和技術進步都具有顯著的正向空間溢出效應，小學教育人力資本也基本表現出正向空間溢出特徵，而高等教育人力資本對全要素生產率增長和技術進步有負向的空間溢出效應。

2.2.4 對人力資本與全要素生產率研究的簡要評議

根據現代經濟增長理論，經濟增長的源泉來源於要素投入的增長和生產率的提高兩個方面。同樣，中國改革開放 30 多年來經濟發展所取得的巨大成功也可以歸結為兩個方面：一是資本、勞動力、自然資源等使用數量的大幅度增長，二是包括技術進步、專業化分工等的全要素生產率的提高。隨著資源環境約束的加強，以全要素生產率提高為主要途徑的經濟增長方式將逐漸成為中國未來經濟發展的必然選擇。而根據新增長理論，全要素生產率的提高取決於一個國家的人力資本水平。那麼人力資本是否能促進 TFP 增長？其影響機制是什麼？本書對前期大量的研究進行綜述，這對於理解人力資本的功能以及更深入瞭解 TFP 具有重要意義。綜合學者們的分析來看，在理論層面上，基本形成了一致結論，即人力資本是知識技術的源泉，能夠通過加快技術創新、技術進步與擴散顯著促進整個社會全要素生產率的提高；但人力資本對全要素生產率影響的經驗研究結果卻出現了明顯差異，基於不同國家、不同層面的面板數據或時間序列研究出現了不同的結論；因此，後來關於兩者關係的研究又進一步考慮了人力資本的異質性，把人力資本分解為不同的組成部分，分析不同類型、不同層次人力資本對全要素生產率分別產生的影響，這既深化了對人力資本和全要素生產率關係的理解，又進一步對現有文獻中關於人力資本與 TFP

之間關係的爭議提供了一種解釋。

產儘前期文獻頗豐，但關於人力資本與全要素生產率關係的研究仍有一些薄弱環節。主要表現在以下幾個方面：

一是人力資本衡量指標的選取尚未取得一致。當前主要採用人均受教育年限、大專及以上學歷人口占總人口比重、企業家與專業技術人才比重等幾種表徵形式，其中，人均受教育年限又是採用最多的衡量指標。雖然人均受教育年限可以反應一個國家整體的人力資本水平，但也存在頗多爭議，趙立斌等學者（2013）就認為，異質型人力資本才是促進全要素生產率提高的源泉，普通人力資本只能作為一般投入要素對經濟增長產生作用。因此，以人均受教育年限衡量人力資本水平來分析其對 TFP 的影響，可能無法真實反應兩者之間的關係。

二是加強人力資本對 TFP 影響的動態性研究。從前期研究來看，大多數學者的實證研究都是靜態地說明總量人力資本或某類型人力資本對 TFP 的影響是正或負的影響，而對於人力資本對 TFP 影響的階段性、動態性等關注較少。

三是人力資本對 TFP 的影響是線性，還是非線性？前期關於人力資本對全要素生產率影響的研究，學者們多數使用線性模型進行估計，即分析人力資本對全要素生產率的「平均」影響。但如果人力資本對全要素生產率影響在受到外部因素干擾和制約時，這種影響則可能是非線性的，使用線性模型的估計結果則可能失真。雖然魏下海等極少數學者（2010）已經開始這一方面的研究，但其研究側重於對數量模型中的門檻值、門檻係數進行分析，而對不同人力資本水平、不同全要素生產率水平下，人力資本對全要素生產率的作用機制、外部條件等沒有進行深入研究。以上研究的不足也為未來研究指明了方向。

2.3　R&D 與全要素生產率

技術進步是一個國家或地區經濟增長的引擎，技術擴散是落後經濟體趕超發達經濟體的重要渠道。由於技術進步無法被直接統計，所以目前實證經濟增長文獻通常採用全要素生產率間接度量經濟體的技術進步，即技術進步被看作是經濟增長中無法被觀測到的變量所解釋的部分。全要素生產率在衡量經濟增長質量和效率方面具有重要的作用和功效，因而成為宏觀經濟研究和決策的重

要指標，也是當前經濟學界關注的熱點之一。

對於全要素生產率增長的原因，從前期學者的研究來看，總體可以歸結為三個方面：一是根據內生經濟增長理論，認為一個國家或地區的 R&D 投入是其技術進步和生產率提高的重要源泉（Romer，1990）；二是根據新貿易理論，認為 R&D 本身具有正外部性，這種外部性在開放經濟下可以突破國界的限制，通過國際貿易擴展到其他經濟體，國際貿易成為技術溢出的重要渠道（Coe & Helpman，1995）；三是根據國際投資理論，認為 FDI 的流入和對外直接投資也同樣會產生技術溢出，對國內企業的技術創新和生產率的增長產生重要影響（Kokko，1994）。但理論研究上的統一並未得到實證研究的支持，基於不同國家、不同層面的實證研究出現了不同的結論，那麼，R&D 投入、國際貿易和國際投資下的技術溢出究竟能否促進 TFP 提高？如果能，其作用路徑又是什麼？本部分圍繞已有文獻研究的熱點，對學者們的研究觀點和研究進展進行梳理。

2.3.1 關於 R&D 活動對全要素生產率影響的研究

（1）國外學者相關研究。

根據 20 世紀 80 年代的內生增長理論，R&D 活動不僅能夠促進本部門的技術創新，而且能夠產生技術外溢使公共知識存量增加，從而最終促進整個社會經濟增長和全要素生產率提高。國外許多學者通過實證方法對這一問題進行了分析，總體可分為兩類：一是對企業或行業數據的分析，B.Verspagen（2003）根據創新產出水平差異將製造業分為高、中、低三組進行研究。結果表明電子機械類、儀器類和化學工業類等高科技行業的 R&D 對 TFP 的彈性為 0.109，而其他行業的研發活動對 TFP 的影響並不顯著。Marios Zachariandis（2002）的研究也表明 R&D 創新對經濟增長和技術進步有顯著的正向促進作用。G. Cameron（2000）通過構建異方差動態面板模型，研究了不同行業 R&D 創新對 TFP 的影響。結果表明，R&D 的這種影響在不同的行業具有較大差異，具有高資本-勞動比、使用高技術產業的中間產品和高對外開放的行業，R&D 創新對 TFP 的影響較為顯著，這一彈性值大約為 0.24。Lesley Potters（2008）採用 2000—2005 年歐洲 532 個研發投資企業的數據分析了 R&D 活動對生產效率的影響。研究結果表明，企業 R&D 活動對產出具有正向積極影響，從低技術行業到中等技術行業再到高技術行業，R&D 活動的產出彈性值從最小值 0.05～0.07 不斷增長到最大值 0.16～0.18，進而說明了高技術行業的 R&D 活動有更高的產出效率。二是基於國家層面分析 R&D 活動對全要素生產率的影響。哈

佛大學的 Griliches（1994）以美國數據為例，研究表明 R&D 對全要素生產率具有顯著正向促進作用，R&D 創新對 TFP 的彈性為 0.07%。McVicar（2002）、Cameron 等學者（2003）以英國為例，估計了 R&D 活動對全要素生產率的產出彈性值分別為：0.015、0.29。此外，Dolores Anon Higon（2007）利用英國食品、飲料、菸草和木材產業等 8 個行業 1970—1997 年的面板數據，實證分析了 R&D 活動對全要素生產率的動態影響。研究結果表明，R&D 活動對 TFP 的產出彈性值平均為 0.331。Cameron 等人（2005）、Griffith 等人（2004）的研究表明，R&D 活動具有兩面性，即 R&D 活動既可以通過刺激創新，還可以通過提高企業學習和利用外部知識、技術的能力來促進全要素生產率的提高。

從國外學者的研究來看，研究結論基本一致，即認為 R&D 投入能夠顯著促進全要素生產率的增長，而且這種影響因不同的行業、不同的國家存在明顯差異。

（2）國內學者相關研究。

相比較於國外學者的研究，國內學者的研究結論似乎更為多樣化。總體可分為三種觀點：

第一，R&D 投入對 TFP 具有顯著的正向影響。支持這一觀點的文獻主要有：孟祺（2010）的研究表明，研發投入對裝備製造業生產率增長有正向影響。殷硯和廖翠萍（2010）的研究結果表明，中國的 CCS 技術取得了巨大的進步，這些進步主要來源於兩方面，即國外 FDI 的促進作用和國內研發創新的作用，其中，FDI 帶來的國外研發對中國的 TFP 彈性為 0.436，對國內研發存量的 TFP 彈性係數值為 0.544，國內研發創新的作用略大於國外 FDI 的作用。吳永林和陳鈺（2010）以北京市樣本數據構建了一個高技術產業對傳統產業的技術溢出研究框架，並將全要素生產率分解為技術進步和技術效率。研究結果表明，高技術產業的 R&D 投入對傳統產業的技術進步有顯著溢出效應，但不能提升傳統產業的技術效率。劉渝琳和陳天伍（2011）的研究認為國內研發支出顯著促進了全要素生產率的增長。白俊紅（2011）的研究結果表明，R&D 促進了中國全要素生產率的提升，這種提升主要是通過技術進步來實現的，對技術效率反而產生了顯著的負面影響。李靜、彭飛和毛德鳳（2013）基於 2005—2007 年全國工業企業微觀數據，運用傾向得分匹配方法（Propensity Score Matching，簡稱 PSM）考察了有研發投入行為的企業與其「反事實情形」下未實施研發狀態下的全要素生產率差異，發現研發投入對企業全要素生產率的溢出效應約為 16.5%，在增加更多的匹配變量，分組、逐年、分所有制、分地區的穩健性檢驗結果也均證明，研發投入對企業全要素生

產率表現出明顯的激勵作用。黃志基和賀燦飛（2013）以《中國工業企業數據庫》為數據基礎，基於 OP 方法對中國製造業企業全要素生產率進行全新估計。結果表明，城市製造業研發總投入和研發投入強度顯著正向影響城市 TFP。

第二，R&D 投入對全要素生產率的提升具有負向作用或無法證明兩者之間的正向關係。

R&D 投入對全要素生產率的正向影響並沒有獲得一致認同，金雪軍、歐朝敏和李楊（2006）的研究認為技術引進和 R&D 投入雖然大大增加了中國技術知識存量，但並沒有有效地轉化為全要素生產率的提高。李賓（2010）採用單方程計量迴歸模型對宏觀總量全要素生產率進行測算，並在進一步考慮了數據的穩定性、內生性、殘差相關性等問題後，得出了研發投入阻礙 TFP 提升的結論。湯二子等人（2012）的研究認為研發投入對企業生產率的影響並沒有預期的促進作用，甚至具有消極作用，其主要原因在於中國製造業企業研發效率時滯，且更關注產品質量而忽視提高生產效率。楊劍波（2009）採用 1998—2007 年中國東部、中部、西部三大區域的面板數據，分析了 R&D 創新對中國全要素生產率的影響。研究結果認為，整體而言，R&D 創新對中國 TFP 雖然有正面影響，但這種影響缺乏統計意義上的顯著性，從而無法判斷創新對中國 TFP 有促進作用。

第三，研發投入對全要素生產率的影響因主體差異而不同。不同投入主體在 R&D 投入強度等方面存在較大差距，使得研發投入對全要素生產率的影響可能因主體差異而有所不同，因此，分析 R&D 投入對全要素生產率的影響必須具體分析。劉建翠（2007）運用 C-D 生產函數測算了高技術產業大中型企業 TFP 及其主要影響因素，認為 R&D 投入對高技術產業 TFP 增長起到了積極作用，特別是高技術企業自身的 R&D 投入是提高 TFP 的主要因素，1996—2005 年，企業 R&D 投入對 TFP 的貢獻率是 95.89%，而公共 R&D 投入對 TFP 的貢獻率只有 8.91%，國外研發資本的貢獻率則為負值，說明技術引進並沒有促進中國高技術行業 TFP 的提高，而是阻礙了企業 TFP 的提高。曹澤、段宗志和吳昌宇（2011）研究了 R&D 投入及其溢出對 TFP 增長的貢獻。研究結果表明，不同類型的 R&D 活動對 TFP 影響的程度和方向不同，企業 R&D 投入對 TFP 作用的效果最大，且對於東部地區 TFP 的作用大於中部和西部。

2.3.2 關於 R&D 溢出對全要素生產率影響的研究

根據創新驅動型經濟增長理論，不僅一個國家內部的 R&D 活動可以帶來

生產率的提高，而且在對外開放中，通過進出口、FDI、對外直接投資等渠道產生的國際技術外溢也同樣能夠顯著促進一國經濟增長率的提高。

（1）國外關於國際 R&D 溢出對全要素生產率影響的研究。

Keller（1998）對 8 個 OECD 國家的研究表明，不僅產業自身的 R&D 能夠促進全要素生產率增長，而且外國的 R&D 對行業的全要素生產率也具有顯著的正向促進作用。Schiff 等人（2002）對多個國家產業層面數據的研究表明，北—南貿易和南—南貿易的國際 R&D 溢出對 TFP 都有明顯的促進作用，北—南貿易中產生的技術溢出要大於南—南貿易中的溢出強度，而且北—南貿易中的 R&D 溢出對高 R&D 密集型行業有主要影響，南—南貿易中的 R&D 溢出對低 R&D 密集型行業產生主要影響。Changsuh Park（2003）以韓國為例分析了國內外 R&D 對技術進步的影響。研究表明，國外 R&D 對韓國行業技術進步的影響要大於國內行業 R&D 產生的作用（唐保慶，2009）。Jakob B. Madsen（2007）以 OECD 國家 135 年的數據分析了技術溢出對全要素生產率的影響，認為在過去的一個多世紀中，技術溢出對全要素生產率的貢獻率達到了 93%，而且正是這種溢出效應促使 OECD 國家間全要素生產率差異的縮小。

（2）國內學者對 R&D 溢出與全要素生產率的研究。

國內學者對於 R&D 溢出對全要素生產率的影響主要從外商直接投資、對外直接投資和進出口三個角度進行研究：

第一，FDI 渠道下技術外溢對 TFP 的影響研究。改革開放以來，中國實施的「以市場換技術」的外資戰略吸引了大量外資的流入，這對於中國經濟的持續快速增長、人力資本的開發和利用、國際收支盈餘的增加等宏觀經濟目標都起到了非常重要的作用（張海洋，2005）。但對於內資部門是否獲得內含在外資中的先進技術卻有兩種不同觀點：一種觀點認為由 FDI 途徑的技術外溢推動了國內行業 TFP 的增長。何潔（2000）的研究認為外資企業對內資工業部門的總體正向外溢效應是現實存在的，而且這個正的效應還隨中國對外開放步伐的擴大，引進 FDI 增加速度的加快有不斷加強的趨勢。胡祖六（2004）的研究認為外國直接投資對中國工業的生產率提高和技術進步起到了不可低估的作用，是解釋中國經濟增長奇跡的重要變量之一。張宇（2007）使用 DEA 與協整方法，研究 FDI 與中國全要素生產率的關係，得出的結論是從長遠看，FDI 流入將有助於中國全要素的提高，但在短期內沒有影響。陳英、李秉祥和謝興龍（2011）研究了 FDI、全要素生產率與經濟增長相互作用的規律，結果表明，FDI、全要素生產率和經濟增長存在長期協整關係。

另一種觀點則認為，FDI 對中國的技術溢出效應並不顯著。相關研究包

括，姚洋和章奇（2001）利用1995年中國工業普查的39個行業37,769家企業的微觀數據進行研究，發現FDI在行業內並沒有產生顯著的技術外溢效應。陳繼勇和盛楊懌（2008）發現由於中國前期引資結構和質量的影響，FDI的知識溢出效應特別是通過外資企業在當地從事生產活動帶來的知識溢出效應並不明顯。沈坤榮和李劍（2009）採用專利數據發現技術溢出是從內資企業流向外資企業，而不是相反。王春法（2004）的研究認為大量外資流入使得國內自主研發和創新能力的提高進展緩慢，形成了嚴重的技術依賴，中國通過吸引外資推動本國工業的技術進步和產業成長的策略成效不彰。吳建新和劉德學（2010）的研究表明進口和國內研發都顯著地促進了TFP水平的提高，但沒有發現FDI對TFP的顯著促進作用。孟祺（2010）的研究表明，FDI對全要素生產率增長有一定的負向影響，並認為這主要是由於外商投資企業進口大量中間產品從事加工貿易，對國內相關的配套產業形成衝擊，導致國內產業的全要素生產率增長較慢。

　　第二，對外直接投資渠道下技術外溢對TFP的影響研究。對外直接投資（OFDI）是國際技術溢出的重要渠道之一，企業可以以對外直接投資的方式嵌入國外研發密集地區和行業技術前沿地區，利用當地研發機構的人力資源和技術資源快速提升自身的技術實力。趙偉、古廣東和何國慶（2006）的研究表明，中國對外投資尤其是對R&D要素豐裕國家和地區的投資具有較為明顯的逆向技術溢出效應。鄒明（2008）借鑑傳統的柯布-道格拉斯生產函數建立模型，對中國OFDI與全要素生產率之間的關係進行了實證研究。研究結果表明，OFDI對中國全要素生產率的提升有正向促進作用，雖然作用強度不大，但從長期看，對外直接投資能促進中國技術進步，尤其是通過對科技發達、研發投入豐裕國家的直接投資能使我們獲取國外的先進技術，從而提升中國的綜合實力。李梅（2010）的研究結果表明，OFDI對中國TFP的提升有顯著的促進作用，但是促進程度受人力資本和國內研發吸收能力因素的制約。屈展（2011）的研究結果表明，對外直接投資對全要素生產率的提升有正向的促進作用，中國對外直接投資存量每增加1%，國內全要素生產率將增長0.006%，雖然作用強度不大，而且它對全要素生產率增長的作用要低於國內研發支出，但從長期來看，對外直接投資能促進中國技術進步。

　　雖然對外直接投資的逆向技術溢出效應獲得了學者的普遍認同，但在實證研究上卻並未獲得一致的結果。Bitzer和Kerekes（2008）運用OECD中17個國家1973—2000年產業層面的數據對OFDI逆向溢出效應進行了檢驗。研究認為，FDI流入對國內有顯著的溢出效應，但OFDI的逆向溢出效應卻並不明顯，

並且西方七國（G7）的OFDI對國內生產率還有顯著的負面效應。國內部分學者的研究也支持了這一觀點，王英和劉思峰（2008）考察了OFDI、FDI、進口和出口四種渠道的國際技術溢出對中國技術進步的影響。結果表明，FDI和出口促進了中國全要素生產率增長，但是OFDI和進口傳導的國際R&D溢出並未對中國技術進步起到促進作用。白潔（2009）的研究發現，OFDI雖然對中國全要素生產率的增長有正向作用，但這種逆向溢出效應在統計上並不顯著。周遊（2009）的實證結果同樣表明，OFDI對全要素生產率並沒有產生直接推動作用。

第三，進出口渠道下技術外溢對TFP的影響研究。國際貿易渠道下的技術溢出，已經得到了學者的廣泛關注和證實，認為一個國家或地區往往通過國際貿易直接分享貿易夥伴國R&D投入的成果。例如韓國、日本、臺灣地區等都是成功消化、吸收進口商品所含的技術，並最終轉化為自主創新能力的典範。國內學者黃先海和石東楠（2005）認為，通過國際貿易渠道溢出的國外R&D資本存量對中國全要素生產率的提高有著明顯的促進作用，國外R&D資本存量每溢出1個單位，中國TFP水平就能提高0.08個單位。李小平和朱鐘棣（2006）採用6種計算外國R&D資本的方法和國際R&D溢出迴歸方法，就國際R&D溢出對中國工業行業的技術進步增長、技術效率增長和全要素生產率增長的影響作了實證分析，研究認為，通過國際貿易渠道的R&D溢出促進了中國工業行業的技術進步、技術效率的提高及全要素生產率增長。趙偉和汪全立（2006）以Lichtenberg和Potterie（1996）所提出的權重對國外研發存量進行加權，發現國內研發投入存量、貿易夥伴國溢出的研發與中國全要素生產率之間存在著穩定的長期均衡關係，即貿易夥伴國研發存量通過物化的進口品（中間投入品、機器、設備等）間接地推動了中國的技術進步。劉振興和葛小寒（2011）對發於中國不同省份之間、具有梯度溢出特徵的進口貿易R&D二次溢出進行了度量和分析，認為進口貿易R&D二次溢出隨著人力資本水平的提高對全要素生產率產生顯著的非線性提升效應，因此建議對利用進口貿易R&D一次溢出不具優勢的區域，應當通過提高本地的人力資本總體水平及優化人力資本結構來間接地獲取國際知識溢出。

2.3.3 對已有研究的簡要評議

根據現代經濟增長理論，經濟增長的源泉來源於要素投入的增長和生產率的提高兩個方面。同樣，中國改革開放30多年來經濟發展所取得的巨大成功也可以歸結為兩個方面：一是資本、勞動力、自然資源等使用數量的大幅度增

長，二是包括技術進步、專業化分工等的全要素生產率的提高。隨著資源環境約束的加強，以全要素生產率提高為主要途徑的經濟增長方式將逐漸成為中國未來經濟發展的必然選擇。那麼，哪些因素決定了全要素生產率的不斷增長？不管是內生經濟增長理論還是新貿易理論與國際投資理論，都無一例外地肯定了 R&D 對全要素生產率增長的促進作用。即不僅一個國家內部的 R&D 活動可以帶來生產率的提高，而且在對外開放中，通過進出口、FDI、對外直接投資等渠道產生的國際技術外溢也同樣能夠顯著促進一國經濟增長率的提高。本部分對前期國內外學者的研究觀點進行了系統梳理，有利於加深人們對 R&D 與全要素生產率關係的理解，對中國加快提升 TFP、轉變經濟增長方式也具有重要的啟示意義。從前期文獻來看，關於 R&D 與全要素生產率關係的研究仍有一些薄弱環節。主要表現在以下幾個方面：

一是衡量指標存在差異。對於 R&D 活動，現有文獻存在多種衡量指標，包括研發投入、研發存量、研發人員數量等等，而對於研發存量，其計算又因為使用不同的折舊率而使結果差異較大，這對於結果的分析產生一定的影響。

二是對於 R&D 與全要素生產率關係的研究忽略外部環境的影響。區域差異、人力資本水平、企業出口前的研發投入強度、產業自身技術水平、地區技術結構等都會顯著影響地區或產業對外來技術的吸收程度，從而影響生產率的提升。如果忽略這些外部環境，單純研究 R&D 對全要素生產率的影響可能使結果出現偏差。雖然近一年來已有學者開始注意到這一問題，但研究相對較少。

三是中國不同地區之間在經濟發展水平、經濟結構、技術水平等方面差異巨大，而且不同投入主體在 R&D 投入強度等方面同樣存在較大差距，使得研發投入對全要素生產率的影響可能因區域差異、主體差異而不同，因此，分析 R&D 投入對全要素生產率的影響必須考慮到其主體差異和區域差異。

2.4 農業全要素生產率

在中國經濟高速增長的同時，農業發展也取得了巨大的成功。中國糧食總產量由 1949 年的 11,320 萬噸增加到 2013 年的 60,193.5 萬噸，主要農產品已經基本滿足中國居民需求，用占世界不到 10% 的土地養活了占世界 20% 多的人口。在農業發展方式方面，農業發展也已由粗放生產到向集約化方向發展，科技對農業的貢獻率不斷提高，特別是農業機械化快速推進，2013 年耕種收

綜合機械化水平已經達到59.5%，比1978年提高了39.3個百分點。農業發展所取得的成就同樣歸功於兩個因素：一是農業生產要素投入的不斷增加，尤其是現代農用工業品（化肥、農藥、塑料薄膜等）投入量的大幅增長。二是農業全要素生產率的不斷提高。但當前中國農業發展也面臨著資源減少和環境污染日益嚴重的剛性約束，依靠增加農業投入獲得增長的空間越來越小，農業的可持續發展必須轉變為依賴於農業全要素生產率的提高。當前，中國學者對農業全要素生產率進行了大量研究，研究方法不斷增加，研究內容不斷深化。現有文獻總體可分為兩類：一類是對中國農業整體全要素生產率進行測算，對地區差異進行比較，並分析主要影響因素。另一類是對糧食、大豆、油菜等單個農產品的生產進行全要素生產率分析。

2.4.1 農業全要素生產率及其影響因素

綜合近年來關於農業全要素生產率的文獻來看，中國改革開放以來的農業TFP是不斷增長的，並且技術進步是農業TFP增長的主要來源，而技術效率則出現了輕微惡化；從地區差異來看，自東部向西部呈現逐漸減低的梯度分佈，與中國經濟空間佈局相似。

這方面典型的文獻包括：方福前和張豔麗（2010）分析了中國29個省區農業TFP變化情況，並對其影響因素進行了研究。結果表明，各地區間農業TFP差異較大；1991—2008年，中國農業TFP年均增長4.7%，其中技術進步年均增長5.0%，而技術效率則輕微惡化，年均降低0.04%，農業全要素生產率增長主要來自於技術進步；財政支農投入的增加對農業全要素生產率的變動有顯著影響，鄉村從業人員對農業生產效率值的影響較為明顯。趙文和程杰（2011）對中國1952—2009年的農業TFP的測算表明，農業TFP年均增長僅為1.2%~1.7%，並沒有高速增長的特徵，長期以來，農業的增長主要是由要素的大量投入所推動，技術進步的貢獻較小。鄭雲（2011）對中國農業TFP的研究結果表明，1992—2008年，中國農業TFP年均增長3.8%，對農業產出的貢獻率為60.8%，其中技術進步又是農業TFP增長的主要來源。從影響因素來看，地區間農業TFP差異主要是由於對外開放度、市場化程度、城市化率、公共投資、工業發展水平等差異所導致的。郭萍、餘康和黃玉（2013）的研究表明，中國農業全要素生產率地區差異呈現先下降後擴大的趨勢；從構成看，剩餘混合效率差異是農業TFP差異的主要貢獻者；從空間比較來看，中國東部地區省份農業TFP差異較大，對農業整體TFP差異貢獻率為31%，三大地區間的差異對農業整體TFP差異貢獻率為29%。金懷玉和菅利榮

（2013）採用非參數的 DEA-Malmquist 指數方法，對中國農業 TFP 進行了測算並對影響因素進行分析。結果表明，產儘不同時期農業 TFP 增長差異較大，但從趨勢來看，其是不斷增長的；農業 TFP 波動的原因是多方面的，但自然災害是主要原因；分區域來看，除了中部地區農業 TFP 提高外，其他地區近幾年均出現不同程度的降低。王珏、宋文飛和韓先鋒（2010）採用 Malmquist 指數法測算了 1992—2007 年的農業 TFP，從結果看，樣本期間，東部、中部、西部地區農業 TFP 平均增長分別為 1.4%、-3.3%和-6.0%，進一步通過空間計量模型對影響因素的檢驗表明地理位置、土地利用能力、工業化進程、對外開放和科技水平對農業 TFP 增長具有顯著影響，而電力利用水平、自然環境、需求因素對農業 TFP 增長的影響並不顯著。

在中國農業產出取得可喜成就的同時，農業污染問題卻越來越嚴重。現代農業發展中，農藥、化肥的大量使用，雖然增加了糧食產量，但是對生態環境所造成的嚴重破壞也與日俱增。第一次全國污染源普查已經表明，農業源污染已成為整個環境污染的重要來源，農業的發展已經不僅僅受到資源剛性約束，還必須考慮到環境保護問題。而傳統的農業全要素生產率測算並沒有考慮資源約束和環境污染，實際上是忽略了農業生產中可能會產生的對土壤、生態等的負面影響，從而也就無法真實反應農業產出績效。因此，近幾年來，中國部分學者開始將土地污染和生態破壞等問題納入對農業 TFP 的分析框架中，即在考慮農業產出增長的同時，也考慮到環境污染問題。在這方面的研究中，薛建良和李秉龍（2011）利用基於單元的綜合調查評價法計算了 1990—2008 年中國主要農業污染物排放數量，並在此基礎上度量了基於環境修正的中國農業全要素生產率。研究表明，樣本期間中國環境約束下的農業全要素生產率增長呈現逐漸降低趨勢，農業環境污染使農業 TFP 增長降低 0.09~0.6 個百分點；並認為對於環境污染所採用的評估法不同，所測算的環境對農業 TFP 的修正結果就必然存在較大差異，因此，進一步探索環境污染價值評估方法，從而能夠更準確地測算環境約束下的農業 TFP。李谷成、陳寧陸和閔銳（2011）應用清華大學環境科學與工程系的單元調查評估法核算了各地區農業污染排放量，並以此作為農業發展中的「壞產出」，將農業增長、資源節約與環境保護納入一個統一的框架，對 1978—2008 年各省區農業全要素生產率進行了測算。實證結果表明，考慮環境污染成本後所測算的農業 TFP 低於傳統農業 TFP，說明是否考慮環境污染問題對農業全要素生產率的核算結果會產生較大影響。潘丹和應瑞瑤（2013）計算了各地區的農業面源污染排放量作為「壞產出」，以第一產業總產值作為「好產出」，並將農作物播種面積、勞動力投入數量、役畜總

數量、化肥使用量、農業用水總量、機械總動力等變量作為投入變量，測算了中國各地區的農業 TFP。研究結果表明，1998—2009 年，不考慮環境污染的農業 TFP 年均增長 5.1%，而考慮環境污染後，年均增速則降為 2.9%，從而說明忽視資源環境約束而測算的農業全要素生產率是不準確的，並認為中國農業發展是以對資源的大量消耗和生態環境的破壞為代價的粗放型增長。

2.4.2 農產品全要素生產率

除了對中國農業整體進行全要素生產率進行測算外，還有部分學者對農產品，包括糧食、油菜、棉花等進行了研究。主要包括，魏丹、閔銳和王雅鵬（2010）採用 Malmquist 指數度量了中國糧食全要素生產率、技術進步及技術效率變化，並對其影響因素進行分析。研究認為，農業財政支出的增加、產業結構的變動對糧食生產率提高具有顯著促進作用；自然災害則對糧食生產率提高產生顯著的負向影響；人力資本通過影響技術效率進而促進糧食全要素生產率的提高。田偉和譚朵朵（2011）利用中國 13 個主要棉產區 1997—2009 年的數據，對棉花全要素生產率變動和區域差異進行了分析，得出以下結論：主要棉產區中 TFP 增長最快的是山東，最慢的是浙江；13 個地區棉花全要素生產率平均增長 5.49%，其中規模效率年均增長 10.7%，技術效率和技術進步年均增長分別為 2.01% 和 1.04%，出現嚴重退步的配置效率（-8.2%）成為棉花 TFP 增長的主要阻礙，同時也是棉產區之間 TFP 差異的主要形成原因。馬恒運、王濟民、劉威和陳書章（2011）採用距離生產函數和 Malmquist 生產率指數法對中國原料奶 TFP 進行了測算，得出以下結論：原料奶生產的全要素生產率增長較慢；原料奶全要素生產率增長的主要來源是技術效率，技術水平則出現了退步，並成為阻礙原料奶全要素生產率提高的主要原因。司偉和王濟民（2011）對 1993—2007 年中國 12 個大豆主產區的大豆 TFP 進行了研究，並分析了各主產區之間的差異，研究認為樣本期間，中國大豆 TFP 年均增長 1.5%，並呈現遞減趨勢；技術效率年均下降 0.52%；技術進步率年均增長 2.02%，從時間趨勢看，並沒有明顯的遞增或遞減趨勢。陳靜、李谷成等人（2013）採用隨機前沿生產函數法對中國油菜、大豆、花生三種油料作物 TFP 進行了測算並對其影響因素進行了分析。實證研究認為，油菜 TFP 增長最快，大豆全要素生產率增長波動劇烈，花生 TFP 則相對平穩；技術效率的改善是大豆和花生全要素生產率增長的主要來源，而油菜全要素生產率的增長主要是技術進步的貢獻。從影響因素來看，自然災害頻率、種植比例、區位等因素對生產技術的效率提升具有重要影響。

遵循農業產出增長的同時生態環境得到改善的思路，閔銳和李谷成（2011）測算了在考慮生態破壞情形下中國糧食全要素生產率，研究以勞動力、土地、水資源、農用機械總動力、化肥、役畜等作為投入要素，以糧食總產量作為好產出，以污染物化學需氧量、總氮、總磷等作為壞產出，計算了 Malmquist-Luenberger 生產率指數。研究表明，1978—2010 年，中國糧食 TFP 增長緩慢，不考慮生態破壞情形下計算的糧食 TFP 年均增長為 1.3%，而考慮生態破壞時，農業 TFP 年均增長僅為 0.93%；進一步的分解則表明，糧食生產存在技術進步和技術效率損失並存的現象。另外，吳麗麗、鄭炎成等人（2013）採用同樣的方法計算了碳排放約束下中國油菜生產的全要素生產率，並認為中國油菜 1985—2010 年 TFP 年均增長 1.76%；分區域來看，東部地區增長較快；當考慮碳排放因素時，呈現波特雙贏特徵，油菜 TFP 出現上升。

2.5 製造業全要素生產率

製造業全要素生產率的測算，是中國學者研究的重點，有關於這方面的文獻也最多。從現有文獻來看，有關中國製造業生產率的研究多數基於區域、行業兩個層面展開。

2.5.1 區域層面

區域層面上，多以比較分析中國不同省份製造業全要素生產率差異為主，並對全要素生產率的來源進行分解。這方面的研究包括：沈能（2006）基於非參數的 Malmquist 指數方法測算了 1985—2003 年中國製造業全要素生產率。研究表明，樣本期間中國製造業全要素生產率年均增長 1.5%，主要是由於技術進步的貢獻，技術效率則出現下降。分區域來看，東部、中部和西部地區製造業技術進步差異不斷擴大，進而導致了全要素生產率差異的擴大。吳玉鳴和李建霞（2006）基於 2003 年中國 31 個省、直轄市和自治區的工業企業統計數據，對省級區域工業全要素生產率進行了測算分析。結果表明，東部地區尤其是沿海地區省份的 TFP 較高，最高的是山東省（0.599），而西部內陸省份的 TFP 比較低，最低是青海（0.240），全要素生產率的地區差異與中國經濟整體分佈格局是基本一致的。宮俊濤、孫林岩和李剛（2008）基於非參數 Malmquist 指數方法構造區域製造業生產前沿，利用 1987—2005 年中國 28 個省區製造業數據，實證考察了製造業省際全要素生產率的增長來源、差異與變化

趨勢。研究結果表明，分析期內製造業的生產要素結構經歷了一個資本相對密集化的過程；製造業省際全要素生產率的增長來源於技術進步，技術效率變化表現為負作用；全要素生產率在 1988—1990 年和 1994—1997 年兩個時間段出現了負增長，1987—2002 年全要素生產率總體上沒有增長。劉勇（2010）的研究表明，從三大區域來看，工業全要素生產率最高的是中部地區，其次為東部地區，最低的是西部地區。在影響因素中，集聚經濟效應能夠對全要素生產率增長產生正向影響，而國有經濟比重則不利於全要素生產率的增長，人力資本的影響不顯著。呂宏芬和劉斯敖（2012）利用 Malmquist 指數測算了中國 29 個省市區和 17 個製造行業 1990—2009 年全要素生產率的增長情況。結果表明：東部地區全要素生產率增長較快，中西部地區相對滯後。

在工業全要素生產率的研究中，學者們同樣開始在實證研究中思考工業產出增長與環境污染問題。王兵和王麗（2010）選擇工業增加值作為合意產出的同時，選擇二氧化硫（SO_2）和化學需氧量（COD）作為非合意產出，並以固定資產淨值年平均餘額和勞動量作為投入指標，對中國 1998—2007 年各省區的工業全要素生產率進行了測算。結果顯示，在考慮環境因素後，工業全要素生產率年均增長率出現了輕微下降，由 10.06% 下降到 9.3%，技術進步是主要貢獻者，效率變動不大；環境技術效率和環境全要素生產率都呈現自東部向西部逐漸降低的特徵；外資直接投資、工業結構、能源結構對工業全要素生產率有負向影響，而人均 GRP、人口密度指標則產生了正向影響。楊鵬（2011）將碳排放量作為壞產出納入 TFP 框架，對上海市製造業全要素生產率進行了研究，認為上海市製造業 TFP 增長不存在顯著的絕對收斂，但存在較為明顯的條件收斂；行業集中度、創新程度和規模對多數製造業 TFP 具有相對顯著的影響，而行業外向度影響不明顯。李春米和畢超（2012）對陝西省環境約束下的工業 TFP 測算結果表明，不管是否考慮環境因素，陝西省工業全要素生產率都低於全國水平；而當考慮環境因素時，陝西省工業 TFP 年均增長率下降 4.3 個百分點，說明陝西省工業發展過程中存在著嚴重的環境污染，工業增長與生態環境破壞並存；並建議對中國西部地區環境規制工具進行優化組合併在不同地區實行差異性的環境規制。楊文舉和龍睿赟（2012）選取工業二氧化硫和工業廢水中的化學需氧量作為非合意產出，對中國各省份的工業 TFP 進行了研究。結果表明，如果不考慮非合意產出所測算的工業 TFP 被高估；工業綠色 TFP 變化存在較大的省際差異並呈現隨時間波動特點；技術進步是 TFP 增長的主要源泉，同時，技術效率的惡化則導致全要素生產率出現倒退；外商直接投資對環境 TFP 具有負向影響，證明了「污染天堂」假說。此外，

賀勝兵、周華蓉和劉友金（2011），陳麗珍和楊魁等學者（2013）都對環境約束下的中國工業全要素生產率進行了研究。

2.5.2 行業層面

李小平和朱鐘棣（2005）對中國製造業34個分行業的TFP進行了估算，研究表明，全要素生產率的增長和經濟增長之間明顯相關，但對大部分行業來說，生產率增長並不是產出增長的主要來源；並且各行業生產率增長存在較大差異。趙偉和張萃（2008）利用中國20個行業1999—2003年的數據對製造業全要素生產率進行了測算。結果表明，樣本期間全要素生產率平均增長12.2%，技術進步平均增長率為14.4%，而技術效率增長率則下降了2%，行業全要素生產率增長主要是技術進步的貢獻。陳柳（2010）利用1993—2003年中國製造業相關數據測算的全要素生產率則是年平均增長率為3.3%，技術效率平均增長率為0.7%，而技術進步平均增長率為2.6%，技術進步年均增長率遠大於技術效率。而基於不同樣本期間的研究則得出了不同的結果，江玲玲和孟令杰（2011）對中國2006—2009年工業全要素生產率的實證結果表明，中國工業全要素生產率年均增長率僅為4.3%，技術進步年均增長率為1.6%，技術效率年均增長率為2.7%，技術進步已失去其推動全要素生產率增長的主導性優勢地位，工業發展需注重同時提高技術效率和技術進步水平。吳獻金和陳曉樂（2011）對2000—2008年中國24個主要汽車生產省份的汽車產業全要素生產率進行測算和分解，發現技術效率對汽車工業全要素生產率增長的貢獻較大，對技術進步的影響較小。從影響因素看，人力資本、外商直接投資和科研投入對全要素生產率的增長有正向影響。

此外，還有部分學者測算了個別省份製造業全要素生產率。萬興、範金和胡漢輝（2007）測算了1998—2004年江蘇省製造業28個部門的全要素生產率，結果表明，隨機前沿分析法和Malmquist指數法所測算的TFP變動趨勢是相同的，技術進步都是全要素生產率增長的主要源泉。張戈、涂建軍等人（2012）運用Malmquist指數法，對重慶市2000—2010年11個主要製造業的全要素生產率進行了測算並分解。結果表明，技術進步對全要素生產率增長起到主要貢獻，醫藥、化學化工等部分行業技術效率阻礙TFP的提高。

2.6 服務業全要素生產率

隨著中國經濟的快速發展，產業結構也必然由「二、三、一」轉變為

「三、二、一」，服務業在經濟中的比重進一步提升。國家《服務業發展「十二五」規劃》中就明確提出，「到2015年，服務業增加值占國內生產總值的比重較2010年提高4個百分點，成為三次產業中比重最高的產業」。加快服務業發展既是推進經濟結構不斷調整、實現產業結構優化升級的重大任務，也是適應對外開放新形勢、提升綜合國力的有效途徑，同時，也能夠進一步增加就業崗位、滿足人民群眾日益增長的物質文化生活需求。根據現代經濟增長理論，經濟的可持續發展必須由要素投入依賴轉變為創新驅動，即由技術進步和技術效率的持續改善成為經濟持續增長的引擎。那麼，中國服務業發展中，要素投入和技術因素的貢獻如何？服務業發展的驅動因素是什麼？是要素投入還是技術進步所引起？圍繞這些問題，中國學者進行了深入研究。

楊勇（2008）測算了中國1952—2006年服務業的全要素生產率，並對全要素生產率的產出貢獻率進行了縱向分析和橫向比較。實證結果表明，中國全要素生產率對服務業的產出貢獻在改革開放前波動較大，而改革開放後逐漸趨於平穩。服務業的發展主要是由於要素投入的增加所推動。劉興凱（2009）的研究同樣支持了這一觀點，即中國改革開放以來服務業的發展中要素推動作用相當明顯，全要素生產率的貢獻逐漸降低。進一步從空間差異看，東部地區明顯高於中西部地區。鄭雲（2010）採用Malmquist指數法測算了中國服務業全要素生產率，認為服務業TFP的增長主要是由於技術的不斷進步所引起，技術效率的下降影響了服務業TFP的增長；各地區服務業TFP之間的差距正在逐漸縮小。孫久文和年猛（2011）對中國31個地區2005—2009年的服務業TFP進行了測算。研究認為，從整體來看，服務業表現為粗放型的增長，多數省份TFP出現了倒退，中西部地區10多個省份服務業全要素生產率下降了10%；從三大地區差異看，東部地區服務業發展水平高於中西部地區。

前期研究中，學者們除了對中國整個服務業TFP進行測算外，還有部分學者對服務業中的單個行業，諸如商業銀行、信息服務業、電信業等服務行業的全要素生產率進行了測算。主要文獻有：柯孔林和馮宗憲（2008）測算的中國14家商業銀行2000—2006年的全要素生產率年均增幅為4.9%，技術進步是主要來源，並認為自有資本比例的提高對於商業銀行生產效率的改善具有促進作用。徐盈之和趙玥（2009）對中國1997—2006年信息服務業全要素生產率的測算結果表明，中國信息服務業TFP年均增幅為10.5%；分區域看，東部地區高於西部地區，中部地區最低，人力資本、科研投入、信息化建設、城市化和政府行為因素都是影響地區差異的重要因素。趙樹寬、王晨奎和王嘉嘉（2013）對中國2003—2010年電信業的全要素生產率進行了研究，認為以

2008 年電信業重組為分界點，2008 年以後由於重組需要進行資源整合，短期內影響了全要素生產率的提高；從區域上看，中部地區電信業 TFP 高於東西部地區。

第 3 章　中國主要城市全要素生產率增長

本章討論中國地級以上城市 2005—2014 年的全要素生產率增長情況。首先總結中國主要地級市近年來的經濟發展情況和要素投入情況，然後利用 Malmquist 生產率指數測算城市全要素生產率隨時間的演進趨勢以及各城市間存在的差異及其動態變化，並對全要素生產率的增長來源進行分析。本章的研究內容一方面可以對以往學者的研究進行綜述並補充，另一方面能夠與下一章考慮環境因素的城市全要素生產率進行比較分析。

3.1　研究方法

全要素生產率的測算方法，目前應用較多的主要有增長核算和非參數方法兩大類。增長核算是一種根據計量經濟學的相關理論進行測算的參數方法。在應用過程中，首先要假定投入變量和產出變量間存在一定的函數關係，然後再利用迴歸分析確定相關參數，從而進行全要素生產率的測算。而非參數方法則是基於線性規劃等非參數理論而建立的，該方法無須設定投入與產出變量間的生產函數，也不需要引入較強的行為假設，從而避免了由於函數形式的設定差異所導致檢驗結果出現較大差異的可能性。

3.1.1　Malmquist 指數的定義

本書採用目前主流的 Malmquist 指數法測定中國主要城市的全要素生產率。Malmquist 指數最早由 Malmquist 於 1953 年首次提出，該指數最初是作為消費指數，後來 Caves 等人（1982）進一步拓展，將其應用於生產率的測算中。Fare 等學者（1994）構建的基於數據包絡分析法的 Malmquist 指數是目前被研究者廣泛採用的方法之一。該方法主要有三個方面的優點：一是不需要各指標

的價格信息，投入和產出指標的要素價格等信息往往難以獲取，因此，該優點使得實證分析更為簡便；二是可用於不同地區、不同國家跨時期的比較分析；三是能夠對全要素生產率的來源進行分解，主要為技術進步指數和技術效率指數（楊向陽，徐翔，2006）。Malmquist 指數本質是通過兩個時期距離函數的比值來反應生產率的演變，而距離函數的求解則可以通過數據包絡分析的線性規劃實現。數據包絡分析作為非參數前沿效率分析技術，有投入導向和產出導向兩種，通過構造最佳生產前沿面來計算每一個決策單元（Decision Making Units，簡稱 DMU）在不同時期相對於最佳生產前沿面的距離，並以此定義相對效率的變化。

假定 X 表示投入向量，$X = (X_1, X_2, \cdots, X_N)$；$Y$ 表示產出向量，$Y = (Y_1, Y_2, \cdots, Y_M)$，$P(X)$ 為產出可行集，則產出距離函數表示為：

$$D_0^t(x, y) = \inf_{\theta}\{\theta: (X, Y|\theta) \in P(X)\} \tag{3-1}$$

θ 可用來度量產出效率，如果 $\theta = 1$ 表示資源配置是有效率的；如果 $\theta < 1$ 表示資源配置無效。當規模效率不變時，可用一個投入、一個產出或者一個投入、兩個產出的情形對產出距離函數進行描述：

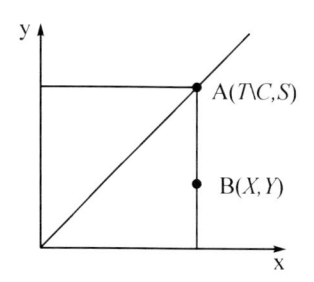

圖 3-1　一個產出的距離函數

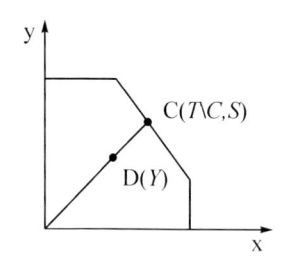

圖 3-2　兩個產出的距離函數

圖 3-1、圖 3-2 中，A 點和 C 點分別為一個和兩個產出情形下的生產前沿面，B 點和 D 點則分別為一個和兩個產出情形下的實際產出。在產出距離函數

中，投入被作為外生變量並保持不變，因此，最大產出即可以擴張到 $Y/D_0(X, Y)$，產出距離函數實際表示的是當投入不變時，產出向生產前沿面的最大擴張。

以時期 t 的技術 T_t 為參照，基於產出角度的 Malmquist 指數可表示為：

$$M_0^t = \frac{D_0^t(x^{t+1}, y^{t+1})}{D_0^t(x^t, y^t)} \tag{3-2}$$

以時期 $t+1$ 的技術 T_{t+1} 為參照，基於產出角度的 Malmquist 指數可表示為：

$$M_0^{t+1} = \frac{D_0^{t+1}(x^{t+1}, y^{t+1})}{D_0^{t+1}(x^t, y^t)} \tag{3-3}$$

為了避免在前沿技術參照系選擇時可能的隨意性，Fare 等學者採用了上述兩個公式的幾何平均值作為對 t 時期到 $t+1$ 時期生產率變化的衡量，即 Malmquist 指數。

以產出為導向的 Malmquist 指數為：

$$M_0(x^{t+1}, y^{t+1}, x^t, y^t) = \left[\frac{D_0^t(x^{t+1}, y^{t+1})}{D_0^t(x^t, y^t)} \times \frac{D_0^{t+1}(x^{t+1}, y^{t+1})}{D_0^{t+1}(x^t, y^t)}\right]^{1/2} \tag{3-4}$$

上式中，(x^t, y^t)、(x^{t+1}, y^{t+1}) 分別表示 t 時期和 $t+1$ 時期的投入與產出向量，而 $D_0^t(x^t, y^t)$、$D_0^t(x^{t+1}, y^{t+1})$ 則表示以 t 時期的技術前沿為參照的 t 時期和 $t+1$ 時期的距離函數，$D_0^{t+1}(x^t, y^t)$、$D_0^{t+1}(x^{t+1}, y^{t+1})$ 分別表示以 $t+1$ 時期的前沿生產技術為參照的 t 時期和 $t+1$ 時期的距離函數。同時，當該指數大於 1 時，表示全要素生產率不斷增長，大於 1 的部分即為增長的速度；如果小於 1，則說明全要素生產率是下降的；等於 1 說明了全要素生產率不變。

3.1.2 Malmquist 指數的分解

在規模報酬不變假定下，Malmquist 指數可進一步分解為技術進步指數（TC）和技術效率變化指數（EC），分解如下：

$$M_0(x^{t+1}, y^{t+1}, x^t, y^t) = \frac{D_0^{t+1}(x^{t+1}, y^{t+1})}{D_0^t(x^t, y^t)} \times \left[\frac{D_0^t(x^{t+1}, y^{t+1})}{D_0^{t+1}(x^{t+1}, y^{t+1})} \times \frac{D_0^t(x^t, y^t)}{D_0^{t+1}(x^t, y^t)}\right]^{1/2}$$
$$= EC * TC \tag{3-5}$$

EC 表示從 t 到 $t+1$ 生產技術效率的變化；TC 表示從 t 到 $t+1$ 期技術的變化。Malmquist 指數的分解也可以通過圖 3-3 來進一步描述：

圖 3-3 中，D（$Tt+1 \backslash C, S$）表示 $t+1$ 時期的生產前沿面，E 點表示 $t+1$ 時期的實際產出值；F 點為 t 時期的生產前沿面，G 點表示 t 時期的實際產出值。因此，從圖 3-3 可以顯示 Malmquist 指數的分解：

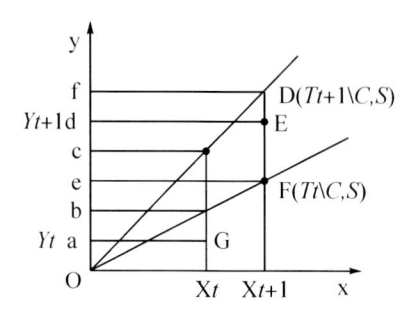

圖 3-3　Malmquist 指數

$$M_0(x^{t+1}, y^{t+1}, x^t, y^t) = \left[\frac{l_{of}}{l_{oe}} \times \frac{l_{oc}}{l_{ob}}\right]^{1/2} \times \left[\frac{l_{od}/l_{of}}{l_{oa}/l_{ob}}\right] \tag{3-6}$$

3.1.3　距離函數的求解

根據以上分析，如果要求解從 t 時期到 $t+1$ 時期的 Malmquist 指數，需要計算四個距離函數，通過 DEA 線性規劃求解：

$$[D_0^{t+1}(x^{j,t+1}, y^{j,t+1})]^{-1} = \theta_{\max}$$

$$s.t. \begin{cases} \sum_{j=1}^{J} \lambda_{j,t+1} X_{j,t+1} \leq X_{j,t+1} \\ \sum_{j=1}^{J} \lambda_{j,t+1} Y_{j,t+1} \geq \theta Y_{j,t+1} \\ \lambda_{j,t} \geq 0, j = 1, 2, \cdots, J \end{cases} \tag{3-7}$$

$$[D_0^t(x^{j,t+1}, y^{j,t+1})]^{-1} = \theta_{\max}$$

$$s.t. \begin{cases} \sum_{j=1}^{J} \lambda_{j,t} X_{j,t} \leq X_{j,t+1} \\ \sum_{j=1}^{J} \lambda_{j,t} Y_{j,t} \geq \theta Y_{j,t+1} \\ \lambda_{j,t} \geq 0, j = 1, 2, \cdots, J \end{cases} \tag{3-8}$$

$$[D_0^t(x^{j,t}, y^{j,t})]^{-1} = \theta_{\max}$$

$$s.t. \begin{cases} \sum_{j=1}^{J} \lambda_{j,t} X_{j,t} \leq X_{j,t} \\ \sum_{j=1}^{J} \lambda_{j,t} Y_{j,t} \geq \theta Y_{j,t+1} \\ \lambda_{j,t} \geq 0, j = 1, 2, \cdots, J \end{cases} \tag{3-9}$$

$$[D_0^{t+1}(x^{j,\,t},\ y^{j,\,t})]^{-1} = \theta_{\max}$$

$$s.\ t. \begin{cases} \sum_{j=1}^{J} \lambda_{j,\,t+1} X_{j,\,t+1} \leq X_{j,\,t} \\ \sum_{j=1}^{J} \lambda_{j,\,t+1} Y_{j,\,t+1} \geq \theta Y_{j,\,t} \\ \lambda_{j,\,t} \geq 0,\ j = 1,\ 2,\ \cdots,\ J \end{cases} \quad (3\text{-}10)$$

3.2 實證分析

3.2.1 投入產出指標

投入指標：對於全要素生產率的測算，投入指標往往選擇資本投入和勞動力投入兩個變量。在本部分的實證研究中，以各個地級市「年末單位從業人員數」和「城鎮私營和個體從業人員」兩類數據加總表示勞動要素投入量。對於資本投入，在前期研究中，學者們的選擇並不相同，常用的主要有年末固定資產淨值、固定資產投入額、資本存量三個指標，其中以資本存量作為投入要素採用的最多。在本部分研究中，同樣選擇資本存量作為資本投入要素。目前中國統計數據中，僅給出了固定資產投資的統計數據，因此，本書以「永續盤存法」計算各個地級市的資本存量。計算公式為：$K_{it} = K_{it-1}(1-\delta) + I_{it}/P_{it}$，其中，$I$ 為年度固定資產投資額，P 表示固定資產投資價格指數，δ 表示折舊率。對於折舊率，採用張軍等學者（2004）的研究結果，取值為 9.6%。而對於基年資本存量則借鑑 Young（2000）的方法，以 2005 年固定資產投資總額除以 10% 作為初始資本存量。由於無法獲得關於各城市固定資產投資價格指數的統計數據，因此，為剔除價格因素的影響，計算結果採用各城市所屬省份的固定資產投資價格指數折算為 2000 年不變價。

產出指標：採用各城市生產總值表示。同樣，為保持數據的可比性，將各地級市的名義 GDP 以其所在省份 GDP 平減指數折算為 2000 年不變價，剔除價格因素的影響得到實際 GDP。

數據說明：研究所用的樣本數據年份為 2005—2014 年，採用的地級市數量為 285 個（除沒有包含西藏地區的城市外，其他省份少數新設地級市或者地級市被合併的，均沒有納入本次分析範圍）；相關數據均來源於《中國城市統計年鑑》和《中國統計年鑑》。對於極少數城市中缺失的指標數據，採用該城

市該指標最近三年的平均值代替或者前後兩個年份的平均值表示。由於缺失數據量很少，所以對於整體全要素生產率的測算結果不會產生顯著影響。

3.2.2 各城市變量變動分析

（1）從業人員數量。從各城市從業人員的平均值來看，2005 年從業人員平均數量為 649,513 人，之後不斷增加，到 2012 年達到 1,022,467 人，2014 年為 1,199,379 人，平均每年增長 7.1%。年均從業人員增長率排名前十位的城市分別為：揭陽市（33.63%）、通遼市（32.41%）、池州市（27.97%）、北海市（25.19%）、百色市（23.07%）、隨州市（20.57%）、宣城市（19.52%）、常德市（18.53%）、佛山市（18.24%）、雲浮市（18.17%）。

（2）固定資產投資。2005—2014 年，中國固定資產投資總額不斷增長，按當年價計算，2005 年固定資產投資總額為 88,773.6 億元，而到 2014 年，投資額增長為 374,694.7 億元，平均每年增長 22.95%。從各個地級市投資情況來看，2005—2014 年，固定資產投資增長率變動較大，2006 年固定資產投資相較於 2005 年增長 24.83%，投資增速最高的年份是 2009 年的 39.21%，其次是 2008 年的 30.05%，到 2014 年則降為 10.96%。固定資產投資增速呈現先上升後下降的趨勢，與 2008 年金融危機以及中國政府採取的積極的財政貨幣政策有關。進入 21 世紀以來，中國基本奉行了積極的財政貨幣政策，在 2008 年金融危機的影響下，經濟下行壓力加大，由此帶來了中國於 2009 年開始的 4 萬億投資計劃，所以 2009 年投資增速達到最大。

從各個城市的比較來看，固定資產投資平均增長率排名前二十位的城市依次是：隴南市（49.53%）、平涼市（49.27%）、德陽市（45.05%）、安順市（44.30%）、防城港市（44.10%）、慶陽市（41.89%）、襄陽市（41.82%）、定西市（41.67%）、酒泉市（41.61%）、商洛市（41.19%）、北海市（40.86%）、渭南市（40.67%）、鐵嶺市（39.66%）、巴中市（39.33%）、忻州市（38.85%）、新餘市（38.78%）、柳州市（38.46%）、綏化市（38.40%）、崇左市（38.35%）、廣元市（38.26%）。增長幅度排名後二十位的城市依次是：上海市（5.95%）、菏澤市（7.73%）、梅州市（9.87%）、深圳市（10.14%）、東莞市（10.51%）、威海市（10.64%）、嘉峪關市（11.17%）、菏臺市（11.31%）、寧波市（11.82%）、河池市（11.90%）、金華市（12.46%）、潮州市（12.66%）、北京市（12.77%）、臺州市（12.88%）、嘉興市（13.09%）、湖州市（13.17%）、衡水市（13.37%）、麗水市（13.47%）、衢州市（13.53%）、天水市（13.87%）。

從各地級市的排名可以看出，投資增速排名前二十位的城市基本都屬於中西部地區，而排名後二十位的城市則包括了北京、上海等特大城市，絕大多數也都是東部地區城市。同樣，排名前100位的城市中，屬於東部地區的僅有不到10個城市。投資增速與地區經濟發展水平呈現明顯的負相關關係，說明了近年來國家不斷加大對中西部地區發展的支持力度，基本設施建設投資大幅增加，這從近幾年中西部地區經濟發展增速也可以反應出來。

（3）經濟發展水平。從全國總體來看，中國名義GDP總量從2005年的185,895.8億元增長到2014年的636,138.7億元，平均每年增長9.98%。從各城市平均增長率來看，年均增幅排名前十位的城市分別為：榆林市（29.04%）、鄂爾多斯市（23.59%）、朔州市（22.77%）、通遼市（20.39%）、合肥市（20.22%）、防城港市（20.07%）、蕪湖市（19.66%）、新餘市（19.41%）、遼源市（19.22%）、雙鴨山市（19.05%）、朝陽市（18.79%）、菏澤市（18.57%）、三亞市（18.54%）、宿遷市（18.20%）、赤峰市（18.08%）、烏海市（18.01%）、襄陽市（17.93%）、白城市（17.78%）、白山市（17.56%）、長沙市（17.30%）。排名後二十位的城市依次是：平涼市（0.09%）、衡水市（6.62%）、卡拉瑪依市（7.31%）、威海市（7.50%）、運城市（7.80%）、臨汾市（8.22%）、河池市（8.56%）、賀州市（8.56%）、南陽市（8.73%）、邢臺市（8.78%）、武威市（8.86%）、溫州市（9.09%）、大同市（9.34%）、吳忠市（9.77%）。

超過全國平均增速的城市為134個，低於全國平均增速的城市以東部地區居多。285個城市2005—2012年的地區生產總值增速相對穩定，最高為2007年的14.34%，最低為2012年的11.97%。但2013年和2014年，實際GDP增速明顯下滑，分別為8.24%和8.22%。對各城市的橫向比較看，與固定資產投資增速特徵類似，中西部城市的平均增速高於東部地區的城市。

表 3-1　285 個地級市 2005—2014 年固定資產投資年均增長率

（單位：%）

城市	年均增速	城市	年均增速	城市	年均增速	城市	年均增速	城市	年均增速
北京市	12.77	呼和浩特市	16.25	吉林市	23.93	蘇州市	15.62	馬鞍山市	30.11	九江市	28.50
天津市	28.16	包頭市	24.27	四平市	32.19	南通市	19.91	淮北市	30.89	新餘市	38.78
石家莊市	22.16	烏海市	24.79	遼源市	34.39	連雲港市	23.04	銅陵市	32.79	鷹潭市	28.04
唐山市	26.23	赤峰市	28.79	通化市	34.18	淮安市	23.74	安慶市	30.87	贛州市	28.58
秦皇島市	23.71	通遼市	30.12	白山市	34.20	鹽城市	22.72	黃山市	22.96	吉安市	37.68
邯鄲市	25.13	鄂爾多斯市	30.90	松原市	31.25	揚州市	23.69	滁州市	35.52	宜春市	24.15
邢臺市	19.75	呼倫貝爾市	21.39	白城市	30.21	鎮江市	21.43	阜陽市	23.53	撫州市	28.98
保定市	19.59	巴彥淖爾市	25.19	哈爾濱市	30.01	泰州市	21.85	宿州市	33.49	上饒市	25.21
張家口市	32.78	烏蘭察布市	18.91	齊齊哈爾市	32.31	宿遷市	34.02	六安市	29.67	濟南市	14.60
承德市	27.28	瀋陽市	22.67	雞西市	31.76	杭州市	15.25	亳州市	27.88	青島市	16.39
滄州市	27.45	大連市	26.25	鶴崗市	26.84	寧波市	11.82	池州市	27.78	淄博市	15.12
廊坊市	23.65	鞍山市	27.01	雙鴨山市	35.17	溫州市	23.83	宣城市	29.46	棗莊市	18.59
衡水市	13.37	撫順市	30.37	大慶市	24.62	嘉興市	13.09	福州市	27.39	東營市	19.32
太原市	17.19	本溪市	26.92	伊春市	33.83	湖州市	13.17	廈門市	20.50	煙臺市	11.31
大同市	28.33	丹東市	32.76	佳木斯市	35.86	紹興市	14.36	莆田市	34.42	濰坊市	15.96
陽泉市	27.48	錦州市	36.92	七臺河市	21.20	金華市	12.46	三明市	31.43	濟寧市	17.64

表3-1(續)

城市	年均增速	城市	年均增速	城市	年均增速	城市	年均增速	城市	年均增速
長治市	26.28	營口市	26.61	牡丹江市	36.33	衢州市	13.53	泉州市	24.54	泰安市	20.16
晉城市	26.04	阜新市	33.22	黑河市	35.24	舟山市	20.17	漳州市	33.24	威海市	10.64
朔州市	34.73	遼陽市	28.12	綏化市	38.40	臺州市	12.88	南平市	28.04	日照市	22.85
晉中市	25.87	盤錦市	28.32	上海市	5.95	麗水市	13.47	龍岩市	34.49	萊蕪市	19.38
運城市	26.70	鐵嶺市	39.66	南京市	18.41	合肥市	36.01	寧德市	24.32	臨沂市	20.05
忻州市	38.85	朝陽市	36.94	無錫市	15.35	蕪湖市	34.49	南昌市	24.63	德州市	13.91
臨汾市	27.88	葫蘆島市	27.85	徐州市	24.08	蚌埠市	32.52	景德鎮市	27.72	聊城市	20.91
呂梁市	24.83	長春市	26.24	常州市	19.31	淮南市	23.93	萍鄉市	31.74	濱州市	14.85
菏澤市	7.73	荊門市	33.27	佛山市	15.96	玉林市	33.36	雅安市	22.59	商洛市	41.19
鄭州市	23.58	孝感市	34.23	江門市	20.09	百色市	28.06	巴中市	39.33	蘭州市	25.36
開封市	28.50	荊州市	36.01	湛江市	18.12	賀州市	31.47	資陽市	35.08	嘉峪關市	11.17
洛陽市	25.41	黃岡市	31.85	茂名市	21.57	河池市	11.90	貴陽市	28.22	金昌市	25.43
平頂山市	27.24	咸寧市	36.96	肇慶市	25.30	來賓市	36.37	六盤水市	33.86	白銀市	25.72
安陽市	25.21	隨州市	36.57	惠州市	20.79	崇左市	38.35	遵義市	30.69	天水市	13.87
鶴壁市	28.75	長沙市	24.46	梅州市	9.87	海口市	20.82	安順市	44.30	武威市	31.23
新鄉市	24.12	株洲市	31.53	汕尾市	20.07	三亞市	36.96	昆明市	24.89	張掖市	20.09
焦作市	23.29	湘潭市	26.36	河源市	16.35	重慶市	24.62	曲靖市	20.18	平涼市	49.27

第3章 中國主要城市全要素生產率增長 | 45

表3-1(续)

城市	年均增速	城市	年均增速	城市	年均增速	城市	年均增速	城市	年均增速
濮阳市	25.41	衡阳市	28.50	阳江市	28.73	成都市	22.42	玉溪市	17.97	酒泉市	41.61
许昌市	22.05	邵阳市	28.22	清远市	16.43	自贡市	33.26	保山市	21.79	庆阳市	41.89
漯河市	26.33	岳阳市	28.07	东莞市	10.51	攀枝花市	25.30	昭通市	25.37	定西市	41.67
三门峡市	26.74	常德市	29.27	中山市	15.85	泸州市	31.35	丽江市	23.20	陇南市	49.53
南阳市	22.95	张家界市	15.67	潮州市	12.66	德阳市	45.05	思茅市[1]	27.46	西宁市	27.71
商丘市	24.20	益阳市	30.23	揭阳市	29.99	绵阳市	33.76	临沧市	36.93	银川市	24.14
信阳市	23.55	郴州市	30.07	云浮市	23.73	广元市	38.26	西安市	26.24	石嘴山市	27.38
周口市	23.32	永州市	25.68	南宁市	32.22	遂宁市	35.05	铜川市	29.99	吴忠市	29.19
驻马店市	26.00	怀化市	30.86	柳州市	38.46	内江市	29.60	宝鸡市	32.25	固原市	23.76
武汉市	25.13	娄底市	31.79	桂林市	35.25	乐山市	27.19	咸阳市	32.51	中卫市	25.02
黄石市	32.03	广州市	14.03	梧州市	40.86	南充市	30.83	渭南市	40.67	乌鲁木齐市	31.90
十堰市	30.73	韶关市	20.28	北海市	44.10	眉山市	24.83	延安市	28.29	克拉玛依市	15.98
宜昌市	27.20	深圳市	10.14	防城港市	31.03	宜宾市	26.09	汉中市	31.23		
襄阳市	41.82	珠海市	20.41	钦州市	23.62	广安市	25.85	榆林市	32.89		
鄂州市	35.19	汕头市	21.89	贵港市		达州市		安康市	30.29		

① 2007年更名为普洱市,下同。

表 3-2　285 個地級市 2005—2014 年實際 GDP 年均增長率

（單位：%）

城市	年均增速	城市	年均增速	城市	年均增速	城市	年均增速	城市	年均增速	城市	年均增速
北京市	9.78	呼和浩特市	14.77	吉林市	13.19	蘇州市	11.92	馬鞍山市	12.66	九江市	12.19
天津市	14.88	包頭市	14.59	四平市	12.84	南通市	11.94	淮北市	12.57	新餘市	13.40
石家莊市	10.46	烏海市	14.76	遼源市	13.55	連雲港市	12.26	銅陵市	12.81	鷹潭市	12.95
唐山市	10.57	赤峰市	14.73	通化市	13.01	淮安市	12.15	安慶市	12.48	贛州市	12.14
秦皇島市	10.61	通遼市	15.20	白山市	13.17	鹽城市	11.96	黃山市	12.70	吉安市	12.19
邯鄲市	10.50	鄂爾多斯市	16.12	松原市	13.58	揚州市	11.99	滁州市	12.48	宜春市	12.17
邢臺市	10.62	呼倫貝爾市	14.57	白城市	13.26	鎮江市	11.94	阜陽市	12.49	撫州市	12.16
保定市	10.46	巴彥淖爾市	14.53	哈爾濱市	10.71	泰州市	12.07	宿州市	12.52	上饒市	12.16
張家口市	10.61	烏蘭察布市	14.62	齊齊哈爾市	10.80	宿遷市	12.75	六安市	12.51	濟南市	11.61
承德市	10.92	瀋陽市	11.87	雞西市	10.87	杭州市	10.27	亳州市	12.65	青島市	11.60
滄州市	10.48	大連市	11.84	鶴崗市	11.17	寧波市	10.27	池州市	12.75	淄博市	11.64
廊坊市	10.54	鞍山市	12.24	雙鴨山市	12.06	溫州市	10.32	宣城市	12.52	棗莊市	11.62
衡水市	11.16	撫順市	11.86	大慶市	11.03	嘉興市	10.25	福州市	12.65	東營市	11.68
太原市	10.44	本溪市	11.88	伊春市	10.74	湖州市	10.25	廈門市	12.68	煙臺市	11.62
大同市	10.47	丹東市	11.80	佳木斯市	10.80	紹興市	10.24	莆田市	12.75	濰坊市	11.60
陽泉市	10.47	錦州市	11.88	七臺河市	11.67	金華市	10.25	三明市	12.80	濟寧市	11.63

第 3 章　中國主要城市全要素生產率增長　47

表3-2（續）

城市	年均增速	城市	年均增速	城市	年均增速	城市	年均增速	城市	年均增速
長治市	10.61	營口市	12.07	牡丹江市	11.42	衢州市	10.45	泉州市	12.65	泰安市	11.71
晉城市	10.50	阜新市	12.36	黑河市	11.05	舟山市	10.48	漳州市	12.69	威海市	12.28
朔州市	13.39	遼陽市	11.79	綏化市	11.01	臺州市	10.32	南平市	12.66	日照市	11.81
晉中市	10.40	盤錦市	12.00	上海市	9.61	麗水市	10.39	龍岩市	12.91	萊蕪市	11.76
運城市	10.76	鐵嶺市	12.15	南京市	11.91	合肥市	13.72	寧德市	12.68	臨沂市	11.63
忻州市	10.92	朝陽市	12.75	無錫市	11.91	蕪湖市	13.64	南昌市	12.14	德州市	11.61
臨汾市	10.67	葫蘆島市	12.27	徐州市	12.06	蚌埠市	12.53	景德鎮市	12.16	聊城市	11.75
呂梁市	11.38	長春市	13.06	常州市	11.93	淮南市	12.56	萍鄉市	12.13	濱州市	11.73
菏澤市	12.66	荊門市	12.76	佛山市	10.92	玉林市	12.45	雅安市	12.74	商洛市	13.68
鄭州市	11.89	孝感市	12.76	江門市	10.78	百色市	12.46	巴中市	12.75	蘭州市	11.04
開封市	11.65	荊州市	12.77	湛江市	10.86	賀州市	13.19	資陽市	13.05	嘉峪關市	11.19
洛陽市	11.62	黃岡市	12.77	茂名市	10.79	河池市	13.31	貴陽市	12.88	金昌市	12.51
平頂山市	11.73	咸寧市	12.84	肇慶市	11.28	來賓市	12.58	六盤水市	12.80	白銀市	11.03
安陽市	11.67	隨州市	12.78	惠州市	10.94	崇左市	12.59	遵義市	12.82	天水市	11.06
鶴壁市	11.66	長沙市	13.16	梅州市	10.75	海口市	7.51	安順市	12.84	武威市	11.47
新鄉市	11.69	株洲市	12.64	汕尾市	10.89	三亞市	10.28	昆明市	11.92	張掖市	11.12

表3-2(續)

城市	年均增速	城市	年均增速	城市	年均增速	城市	年均增速	城市	年均增速
焦作市	11.63	湘潭市	12.67	河源市	11.11	重慶市	14.45	曲靖市	11.79	平涼市	41.63
濮陽市	11.67	衡陽市	12.64	陽江市	10.99	成都市	12.83	玉溪市	11.81	酒泉市	11.83
許昌市	11.63	邵陽市	12.78	清遠市	11.91	自貢市	12.75	保山市	11.86	慶陽市	11.50
漯河市	11.71	岳陽市	12.66	東莞市	10.83	攀枝花市	12.84	昭通市	11.88	定西市	11.33
三門峽市	11.94	常德市	12.65	中山市	10.82	瀘州市	12.89	麗江市	11.98	隴南市	11.16
南陽市	11.91	張家界市	12.66	潮州市	10.72	德陽市	12.94	思茅市	11.94	西寧市	12.30
商丘市	11.66	益陽市	12.66	揭陽市	11.30	綿陽市	12.89	臨滄市	12.13	銀川市	11.56
信陽市	11.60	郴州市	12.69	雲浮市	10.74	廣元市	12.82	西安市	13.41	石嘴山市	11.56
周口市	11.60	永州市	12.73	南寧市	12.49	遂寧市	12.77	銅川市	13.43	吳忠市	11.68
駐馬店市	11.59	懷化市	12.65	柳州市	12.51	內江市	13.04	寶雞市	13.36	固原市	11.55
武漢市	12.77	婁底市	12.66	桂林市	12.59	樂山市	12.79	咸陽市	13.37	中衛市	11.52
黃石市	12.89	廣州市	10.76	梧州市	12.55	南充市	12.86	渭南市	13.62	烏魯木齊市	11.15
十堰市	12.83	韶關市	10.77	北海市	12.66	眉山市	12.75	延安市	13.49	克拉瑪依市	12.46
宜昌市	13.17	深圳市	10.76	防城港市	12.95	宜賓市	12.78	漢中市	13.36		
襄陽市	13.35	珠海市	10.77	欽州市	12.51	廣安市	12.75	榆林市	17.89		
鄂州市	12.89	汕頭市	10.88	貴港市	12.51	達州市	12.79	安康市	13.37		

3.2.3 測算結果分析

1. 整體分析

圖3-4顯示了中國285個地級市2006—2014年全要素生產率的變動情況,可以看出,這期間全要素生產率整體是不斷下降的,2006年最高,為9.243,4%,之後持續下降,2009年和2010年下降速度最快,分別下降了2.247,1%和2.352,5%,到2012年全要素生產率僅為0.967,99%,而2013年則出現了輕微的衰退,為-0.058,0%;2014年出現了反彈,285個地級市全要素生產率平均增速為1.678,0%。9年樣本期間,全要素生產率年均增長3.89%。從全要素生產率的分解來看,技術進步年均增長1.31%,技術效率則年均增長了6.3%,技術效率的貢獻大於技術進步的貢獻。而從各個年份的比較來看,2006年技術效率增長幅度較大,而自2008年以後技術進步基本都是大於技術效率的增長幅度的。

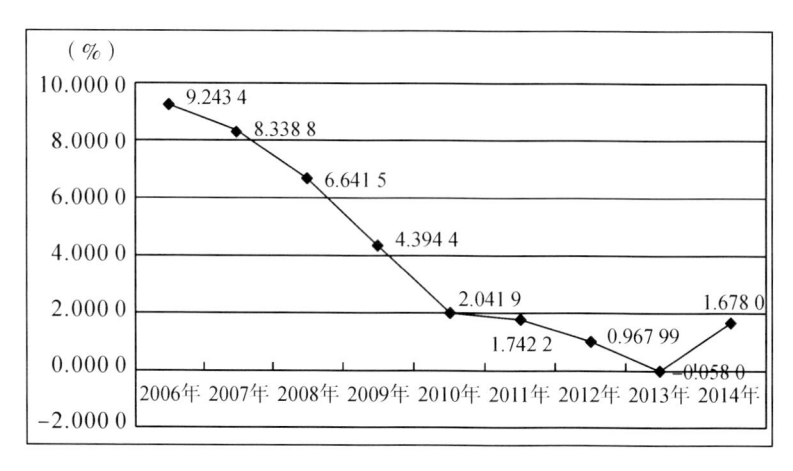

圖3-4 285個城市2006—2014年全要素生產率

2. 八大區域橫向和縱向比較

由於中國各地區經濟發展水平、資源禀賦、產業結構、自然地理環境等差異較大,從全國整體分析全要素生產率難以反應各個地區之間的差異。因此,現根據區位將285個樣本地級城市劃分為八個區域,分別為:東北地區(遼寧、吉林、黑龍江)、北部沿海地區(北京、天津、河北、山東)、東部沿海地區(上海、江蘇、浙江)、南部沿海地區(福建、廣東、海南)、黃河中遊地區(陝西、山西、河南、內蒙古)、長江中遊地區(湖北、湖南、江西、安徽)、西南地區(雲南、貴州、四川、重慶、廣西)、西北地區(甘肅、青海、

寧夏、新疆）。並對不同區域以及各個區域內部城市之間全要素生產率的增長差異進行比較分析。

表3-3顯示了中國八大區域2006—2014年全要素生產率的增長情況。可以看出，不同區域全要素生產率年均增長率差異較大，年均增長排名前三位的地區分別是：北部沿海地區（6.1%）、黃河中遊地區（5.6%）、南部沿海地區（5.0%）。排名後三位的地區則分別是：西北地區（2.1%）、西南地區（3.1%）、長江中遊地區（3.5%）。東北地區、東部沿海地區和長江中遊地區排名居中。整體而言，東部地區全要素生產率年均增長率大於中西部地區。

從八大區域全要素生產率差異的變動趨勢來看，各個區域之間全要素生產率增長差異逐漸縮小，變異係數由2006年的0.034逐漸下降為2014年的0.024；而以極差表示的變異值則由2006年的0.106逐漸下降為2014年的0.033。可以看出，各個區域之間全要素生產率的差異在逐漸縮小。

表3-3　　　　　八大區域2006—2014年全要素生產率

八大區域	2006年	2008年	2010年	2012年	2014年	平均值
北部沿海地區	1.116	1.123	1.039	1.011	1.009	1.061
黃河中遊地區	1.109	1.047	1.02	1.027	1.018	1.056
東北地區	1.116	1.085	1.008	0.999	1.015	1.044
東部沿海地區	1.06	1.044	1.036	1.046	1.042	1.043
長江中遊地區	1.087	1.063	0.977	1.005	1.010	1.035
南部沿海地區	1.097	1.063	1.069	1.001	1.021	1.05
西南地區	1.057	1.037	1.015	0.982	1.026	1.031
西北地區	1.01	1.059	0.985	0.977	1.011	1.021
平均值	1.081	1.065	1.018	1.006	1.019	1.043
變異係數	0.034	0.026	0.029	0.023	0.024	——
極差	0.106	0.085	0.092	0.07	0.033	——

圖3-5則顯示了八大區域內部各城市之間全要素生產率的變異係數，可以看出，不同區域內部各城市之間的全要素生產率差異演變趨勢不同，從2006年和2014年的比較來看，北部沿海地區和東北地區的全要素生產率差異演變趨勢出現了輕微擴大，而東部沿海地區、長江中遊地區、黃河中遊地區、西南地區、南部沿海地區和西北地區則逐漸縮小。

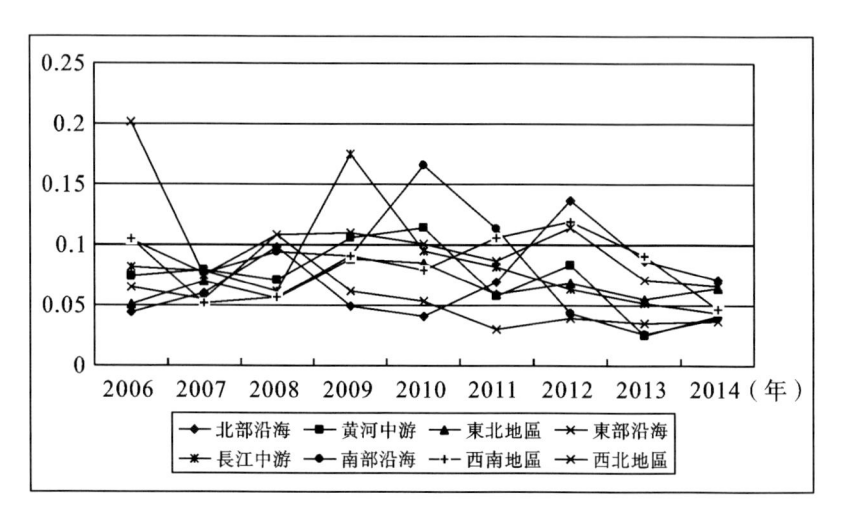

圖 3-5 八大區域內部各城市之間全要素生產率變異系數

3. 每個區域的分析

（1）北部沿海地區。該地區包括北京、天津、河北、山東兩市兩省，共計 30 個城市，土地總面積為 37 萬平方千米。該地區地理位置優越，交通便捷，科技教育文化事業發達，在對外開放中成績顯著，是中國三大經濟圈之一，全要素生產率年均增長率達到 6.1%，在八大區域中排名第一位。從各個年份的比較來看，增長最快的年份為 2008 年，各個城市全要素生產率平均增長 12.25%，最低的年份是 2011 年，30 個城市全要素生產率平均增長率僅為 0.36%。從北部沿海地區內部各城市比較來看，全要素生產率年均增長率排名前五位的城市分別是：菏澤市（14.25%）、濰坊市（10.58%）、德州市（9.61%）、青島市（8.67%）、聊城市（8.59%），5 個城市均為山東省所屬。年均增長率排名後五位的城市則分別是：張家口（2.01%）、邢臺市（2.16%）、威海市（3.19%）、滄州市（4.15%）、衡水市（4.26%），主要為河北省所屬城市。

北部沿海地區 30 個城市之間全要素生產率的變異系數值經歷了「上升—下降—上升」的波浪式變動，但整體是不斷上升的，由 2006 年的 0.044 逐漸上升到 2014 年的 0.071，變異系數的逐漸增大說明了北部沿海地區各城市間的差異是逐步擴大的。

表3-4 北部沿海地區30個地級市2006—2014年全要素生產率均值

城市	TFP	城市	TFP	城市	TFP
北京市	1.077	滄州市	1.043	濟寧市	1.074
天津市	1.051	廊坊市	1.051	泰安市	1.081
石家莊市	1.053	衡水市	1.044	威海市	1.031
唐山市	1.061	濟南市	1.062	日照市	1.069
秦皇島市	1.047	青島市	1.077	萊蕪市	1.042
邯鄲市	1.051	淄博市	1.075	臨沂市	1.075
邢臺市	1.023	棗莊市	1.062	德州市	1.094
保定市	1.046	東營市	1.071	聊城市	1.081
張家口市	1.027	菸臺市	1.068	濱州市	1.082
承德市	1.080	濰坊市	1.121	菏澤市	1.140

（2）黃河中遊地區。包括陝西、山西、河南、內蒙古四個省份及自治區，共計47個城市，土地總面積160萬平方千米。這一地區自然資源尤其是煤炭和天然氣資源豐富，地處內陸地區，對外開放相對落後，但隨著中國西部大開發戰略和中部崛起戰略的實施，這些地區依託於原有資源禀賦，經濟發展相對較快，因此，不考慮環境因素時，全要素生產率年均增長率達到了5.6%，在八大區域中排名第二位。

該地區2006年城市全要素生產率增長最快，為10.9%，最慢的為2010年的2.0%。從各個城市全要素生產率的增長率排名來看，排名前五位的城市分別是：鄂爾多斯市（19.15%）、榆林市（17.69%）、烏蘭察布市（15.99%）、通遼市（14.04%）、呼倫貝爾市（12.02%）。排名後五位的城市分別是：商洛市（0.44%）、南陽市（0.47%）、駐馬店市（0.91%）、臨汾市（1.02%）、大同市（1.08%）。可以看出，各個城市全要素生產率年均增幅差異較大，最快的鄂爾多斯市是最慢的商洛市的約44倍。

從內部各城市之間差異的變動趨勢來看，整體而言，變異系數也是不斷擴大的，由2006年的0.074逐步擴大到2010年的最高值0.114，之後又有所縮小，到2012年為0.041。

表 3-5　黃河中遊地區 47 個地級市 2006—2014 年全要素生產率均值

城市	TFP	城市	TFP	城市	TFP	城市	TFP
太原市	1.048	包頭市	1.075	安陽市	1.063	駐馬店市	1.009
大同市	1.011	烏海市	1.120	鶴壁市	1.019	西安市	1.044
陽泉市	1.023	赤峰市	1.107	新鄉市	1.068	銅川市	1.071
長治市	1.062	通遼市	1.140	焦作市	1.015	寶雞市	1.060
晉城市	1.077	鄂爾多斯市	1.191	濮陽市	1.021	咸陽市	1.102
朔州市	1.090	呼倫貝爾市	1.120	許昌市	1.038	渭南市	1.026
晉中市	1.033	巴彥淖爾市	1.075	漯河市	1.034	延安市	1.054
運城市	1.027	烏蘭察布市	1.160	三門峽市	1.085	漢中市	1.034
忻州市	1.061	鄭州市	1.057	南陽市	1.005	榆林市	1.177
臨汾市	1.010	開封市	1.027	商丘市	1.041	安康市	1.026
呂梁市	1.114	洛陽市	1.036	信陽市	1.030	商洛市	1.004
呼和浩特市	1.064	平頂山市	1.028	周口市	1.027	均　值	1.056

（3）東北地區。包括遼寧、吉林、黑龍江三省，共計 34 個地級市，土地總面積約 79 萬平方千米。東北地區是中國傳統的工業基地，既擁有豐富的自然資源，也擁有一定的物質技術基礎。改革開放以來，中國東部優先開放發展戰略的實施，使得東北地區繼續以計劃價格供應東部沿海地區經濟發展所需的大量原材料及其設備，為經濟發展做出了新的貢獻。從當前經濟發展現狀來看，東北地區經濟持續快速發展，產業結構不斷優化調整，裝備製造業發展水平不斷提高，但也面臨著產業結構單一、環境惡化、資源型城市轉型困難、裝備製造業產能過剩等諸多問題。

從 34 個地級市全要素生產率增長情況來看，2006—2014 年年均增長 4.4%，在八大區域中排名第四位。而從時間趨勢看，東北地區各城市全要素生產率年均增長率是不斷下降的，最高的是 2006 年的 11.6%，之後不斷下降，到 2011 年和 2012 年，出現了明顯的衰退，全要素生產率分別下降 0.3% 和 0.1%，說明了近幾年來，東北地區經濟增長主要是物質投入所推動。

從內部 34 個城市的比較來看，全要素生產率排名前五位的城市分別是：吉林市（11.72%）、遼源市（10.17%）、大慶市（8.85%）、長春市（8.39%）、沈陽市（8.26%）。排名後五位的城市分別是：伊春市（-2.09%）、佳木斯市（-0.44%）、四平市（0.79%）、葫蘆島市（0.88%）、

錦州市（0.98%）。進一步從各城市之間的變異系數看，2006年變異系數值為0.051，到2009年達到最大值為0.088，之後有所下降，到2012年變為0.068，相較於2006年，各城市之間的全要素生產率差異雖有所擴大，但擴大幅度並不大。

表3-6　東北地區34個地級市2006—2014年全要素生產率均值

城市	TFP	城市	TFP	城市	TFP
瀋陽市	1.083	朝陽市	1.037	雞西市	1.032
大連市	1.062	葫蘆島市	1.009	鶴崗市	1.067
鞍山市	1.030	長春市	1.084	雙鴨山市	1.064
撫順市	1.040	吉林市	1.117	大慶市	1.089
本溪市	1.076	四平市	1.008	伊春市	0.979
丹東市	1.062	遼源市	1.102	佳木斯市	0.996
錦州市	1.010	通化市	1.049	七臺河市	1.078
營口市	1.051	白山市	1.037	牡丹江市	1.028
阜新市	1.062	松原市	1.058	黑河市	1.035
遼陽市	1.034	白城市	1.056	綏化市	1.029
盤錦市	1.037	哈爾濱市	1.023	均值	1.045
鐵嶺市	1.052	齊齊哈爾市	1.024		

（4）東部沿海地區。包括上海、江蘇、浙江一市兩省，共計25個城市，土地總面積約為21萬平方千米。其中，上海市是中國的經濟、金融、貿易和航運中心之一，有力地帶動了「長三角」地區乃至整個長江流域經濟的發展。以上海為龍頭的江蘇、浙江經濟帶則構成了中國的三大經濟圈之一——長三角經濟圈。東部沿海地區地理位置優越、人力資本豐富、經濟開放先行，再加上傳統的經濟基礎，使該地區成為中國目前經濟總量規模最大、經濟發展速度最快、最具有發展潛力的經濟板塊。

從25個地級市全要素生產率增長情況看，2006—2014年年均增長4.3%，在八大區域中排名第五位，2006年增長速度最快，達到6.0%，2010年和2011年增長速度最慢，但仍達到了3.6%，遠遠超過其他地區金融危機後的經濟增長績效，可以看出，相較於其他地區而言，東部沿海地區全要素生產率年均增速是最為穩定的，這也充分反應了該地區經濟增長的抗衝擊性。

從內部25個城市的比較來看，全要素生產率排名前五位的城市分別是：麗水市（10.19%）、上海市（7.54%）、徐州市（6.90%）、南通市（6.64%）、連雲港市（6.60%）。排名後五位的城市則分別是：湖州市（0.69%）、寧波市（1.73%）、溫州市（1.92%）、紹興市（2.06%）、杭州市（2.10%）。增長最快的麗水市是最慢的湖州市的約14.76倍，說明了東部沿海地區內部各城市之間全要素生產率年均增幅也存在較大差異。進一步從各城市之間的變異係數看，2006年變異係數值為0.065，到2008年達到最大值為0.108，之後不斷下降，到2012年變為0.039。整體而言，各城市之間的全要素生產率差異隨著時間的演變而不斷縮小。

表3-7 東部沿海地區25個地級市2006—2014年全要素生產率均值

城市	TFP	城市	TFP	城市	TFP	城市	TFP
上海市	1.075,4	連雲港市	1.066,0	杭州市	1.021,0	衢州市	1.044,8
南京市	1.049,4	淮安市	1.044,2	寧波市	1.017,3	舟山市	1.044,1
無錫市	1.034,1	鹽城市	1.051,5	溫州市	1.019,2	臺州市	1.031,5
徐州市	1.069,0	揚州市	1.055,6	嘉興市	1.060,5	麗水市	1.101,9
常州市	1.048,7	鎮江市	1.038,1	湖州市	1.006,9	均值	1.043,0
蘇州市	1.045,0	泰州市	1.046,5	紹興市	1.020,6		
南通市	1.066,4	宿遷市	1.031,3	金華市	1.040,3		

（5）長江中遊地區。包括湖北、湖南、江西、安徽四個省份，共計52個地級市，土地總面積大約為68萬平方千米。長江中遊地區經濟發展雖然也在改革開放後的三十多年裡取得了長足進步，但與沿海地區相比較，兩者的絕對差距在不斷擴大；而與西部地區省份相比，差距卻在不斷縮小，同時，近鄰的重慶等地區經濟高速發展，長江中遊地區面臨著明顯的「中部凹陷」的問題。國家中部崛起戰略，以及長江中遊各個省份城市群、經濟帶戰略的實施，例如武漢城市群、長株潭一體化建設發展規劃等，有效地促進了中部地區尤其是長江中遊地區經濟的發展。

從52個地級市全要素生產率增長情況看，2006—2014年年均增長3.5%，在八大區域中排名第六位，2006年增長速度最快，達到8.7%，之後不斷下降，2010年增長速度最慢，衰退-2.3%，2013年和2014年也僅分別為0.5%和0.4%，可以看出，長江中遊地區城市全要素生產率增長率總體是不斷下降的。

通過長江中遊地區52個城市的對比分析看，全要素生產率年均增幅排名前五位的城市分別是：新餘市（19.32%）、池州市（12.18%）、合肥市（10.59%）、宜春市（8.83%）、銅陵市（8.83%）。排名後五位的城市都出現了年均衰退的情況，分別是：隨州市（-3.43%）、滁州市（-1.63%）、亳州市（-1.31%）、孝感市（-0.51%）、荊州市（-0.47%）。增長最快的新餘市是最慢的幾個城市的20多倍，說明了長江中遊地區內部各城市之間全要素生產率年均增幅也存在較大差異。進一步從52個城市之間的變異係數看，2009年各城市之間的差異較大，變異係數值為0.175，而其他年份則明顯較低且相對穩定。

表3-8　長江中遊地區52個地級市2006—2014年全要素生產率均值

城市	TFP	城市	TFP	城市	TFP	城市	TFP
合肥市	1.106	亳州市	0.987	上饒市	1.040	長沙市	1.084
蕪湖市	1.078	池州市	1.122	武漢市	1.061	株洲市	1.024
蚌埠市	1.008	宣城市	1.003	黃石市	1.014	湘潭市	1.054
淮南市	1.047	南昌市	1.042	十堰市	1.015	衡陽市	1.032
馬鞍山市	1.051	景德鎮市	1.056	宜昌市	1.063	邵陽市	1.011
淮北市	1.016	萍鄉市	1.009	襄陽市	1.022	岳陽市	1.039
銅陵市	1.088	九江市	1.027	鄂州市	1.030	常德市	1.024
安慶市	1.055	新餘市	1.193	荊門市	1.027	張家界市	1.071
黃山市	1.037	鷹潭市	1.068	孝感市	0.995	益陽市	1.035
滁州市	0.984	贛州市	1.022	荊州市	0.995	郴州市	1.032
阜陽市	1.065	吉安市	1.026	黃岡市	1.064	永州市	1.019
宿州市	1.011	宜春市	1.088	咸寧市	1.026	懷化市	1.017
六安市	1.024	撫州市	1.014	隨州市	0.966	婁底市	1.064

（6）南部沿海地區。包括福建、廣東、海南三省，土地總面積33萬平方千米，包含32個地級市。南部沿海地區地理位置緊鄰港、澳、臺，對外開放程度相對較高。廣東省是中國最早對外開放的省份之一，其發展速度、經濟規模、社會消費品零售總額、工業增加值、財政收入、固定資產投資等均居全國前列。而同區域的福建省和海南省經濟發展相對要落後，福建省經濟總量占廣東省經濟總量的比重由2010年的32%增長到2013年的35%，地區人均生產總

值則由89%增長到99%。而海南省經濟總量則僅占廣東省經濟總量的5%，地區人均生產總值由2010年的53%增長到2013年的60%。整體而言，福建省和海南省與廣東省之間的差距在縮小。

從南部沿海地區2006—2014年全要素生產率增長情況看，32個地級市年均增長5.0%，在八大區域中位列第三位。其中，2006年增長速度最快，達到9.7%，之後不斷下降，2011年增長速度最慢，衰退-0.1%，2012年僅為0.1%。整體而言，南部沿海地區城市全要素生產率增長率也不斷下降。

進一步從該區域內部各城市的比較來看，全要素生產率年均增幅排名前五位的城市分別是：佛山市（20.14%）、梅州市（9.24%）、中山市（8.31%）、河源市（8.24%）、深圳市（7.99%）。排名後五位的城市分別為：東莞市（-4.62%）、揭陽市（0.53%）、江門市（2.16%）、莆田市（2.32%）、龍岩市（3.00%），只有東莞市出現了全要素生產率增長率遞減的情況。從32個城市之間的變異系數看，2006年各城市之間的差異較大，變異系數值為0.104，之後有先擴大後縮小的趨勢，到2014年為0.039。

表3-9 南部沿海地區32個地級市2006—2014年全要素生產率均值

城市	TFP	城市	TFP	城市	TFP	城市	TFP
福州市	1.033	寧德市	1.041	湛江市	1.065	清遠市	1.067
廈門市	1.036	廣州市	1.051	茂名市	1.074	東莞市	0.954
莆田市	1.023	韶關市	1.038	肇慶市	1.079	中山市	1.083
三明市	1.057	深圳市	1.080	惠州市	1.050	潮州市	1.080
泉州市	1.045	珠海市	1.045	梅州市	1.092	揭陽市	1.005
漳州市	1.062	汕頭市	1.064	汕尾市	1.072	雲浮市	1.044
南平市	1.058	佛山市	1.201	河源市	1.082	海口市	1.044
龍岩市	1.030	江門市	1.022	陽江市	1.038	三亞市	1.063

（7）西南地區。包括雲南、貴州、四川、重慶、廣西三省一市一自治區，土地總面積大約為134萬平方千米，包含45個地級市。這一地區地處偏遠，土地貧瘠，貧困人口多，對南亞開放有著較好的條件。西南地區雖然腹地廣闊，水能、礦產、旅遊等資源富集，但由於交通建設相對落後，導致長期以來經濟發展處於緩慢增長的狀態，是中國經濟發展最為落後的地區之一。隨著20世紀90年代末期西部大開發戰略的實施和成渝經濟區建設，以及廣西、雲南等省份、自治區對南亞開放的力度不斷增強，西南地區經濟增速明顯加快。

從45個地級市全要素生產率增長情況看，2006—2014年年均增長3.1%，在八大區域中排名倒數第二位，2007年增長速度最快，達到7.3%，2013年增長速度最慢，僅為-1.8%。同其他地區一樣，西南地區城市全要素生產率增長率也是不斷下降的。

從內部45個城市的比較來看，全要素生產率年均增幅排名前五位的城市分別是：遵義市（8.52%）、貴港市（7.53%）、樂山市（7.48%）、重慶市（7.18%）、廣安市（7.09%）。排名後五位的城市分別是：北海市（-1.64%）、防城港市（-0.89%）、安順市（-0.58%）、來賓市（-0.46%）、巴中市（0.03%），北海市、防城港市、安順市、來賓市四個城市出現了全要素生產率的倒退。從各城市之間的變異系數看，2006年變異系數值為0.105，之後不斷下降，而到2011年和2012年分別變為0.106和0.119，說明城市之間的差異出現了先縮小後擴大的趨勢。

表3-10　西南地區45個地級市2006—2014年全要素生產率均值

城市	TFP	城市	TFP	城市	TFP	城市	TFP
南寧市	1.061	來賓市	0.995	樂山市	1.075	安順市	0.994
柳州市	1.002	崇左市	1.024	南充市	1.040	昆明市	1.023
桂林市	1.045	重慶市	1.072	眉山市	1.019	曲靖市	1.044
梧州市	1.032	成都市	1.055	宜賓市	1.049	玉溪市	1.042
北海市	0.984	自貢市	1.019	廣安市	1.071	保山市	1.047
防城港市	0.991	攀枝花市	1.042	達州市	1.022	昭通市	1.031
欽州市	1.056	瀘州市	1.051	雅安市	1.042	麗江市	1.058
貴港市	1.075	德陽市	1.010	巴中市	1.000	思茅市	1.035
玉林市	1.017	綿陽市	1.006	資陽市	1.059	臨滄市	1.032
百色市	1.027	廣元市	1.004	貴陽市	1.035		
賀州市	1.055	遂寧市	1.037	六盤水市	1.049		
河池市	1.023	內江市	1.066	遵義市	1.085		

（8）西北地區。包括甘肅、青海、寧夏、西藏和新疆五個省份及自治區，土地總面積約為398萬平方千米，由於西藏各城市數據缺失不在研究之列，故其他四個省份所包括的地級市數量為20個。西北地區長期以來由於自然條件惡劣、交通不暢、地處內陸，同樣成為中國較為落後的地區之一。西部大開發

戰略的實施，以及中國的向西開放政策使西北部省份成為開放的前沿，促進了西北地區經濟的快速增長，而且絲綢之路經濟帶戰略構想的不斷推進，必將進一步加快西北地區產業結構的提檔升級和經濟的高速增長。

從西北地區2006—2014年全要素生產率增長情況來看，20個地級市年均增速僅為2.1%，在八大區域中增速最慢。其中，2007年增長速度最快，達到8.2%，2010年和2012年都出現了倒退，分別為-1.5%和-2.3%。

進一步從該區域內部各城市的比較來看，全要素生產率年均增幅排名前五位的城市分別是：酒泉市（10.16%）、嘉峪關市（9.48%）、烏魯木齊市（8.50%）、慶陽市（6.61%）、吳忠市（6.21%）。排名後五位的城市分別為：平涼市（-14.67%）、定西市（-1.88%）、隴南市（-0.99%）、武威市（-0.15%）、金昌市（0.95%），平涼市、定西市、隴南市和武威市均出現了全要素生產率年均增長率遞減的情況。從20個城市之間的變異系數看，2006年各城市之間的差異最大，變異系數值為0.202，之後呈現先縮小後擴大的趨勢，2014年為0.066。

表3-11　西北地區20個地級市2006—2014年全要素生產率均值

城市	TFP	城市	TFP	城市	TFP	城市	TFP
蘭州市	1.036	武威市	0.999	定西市	0.981	吳忠市	1.062
嘉峪關市	1.095	張掖市	1.049	隴南市	0.990	固原市	1.031
金昌市	1.009	平涼市	0.853	西寧市	1.053	中衛市	1.028
白銀市	1.048	酒泉市	1.102	銀川市	1.057	烏魯木齊市	1.085
天水市	1.045	慶陽市	1.066	石嘴山市	1.050	克拉瑪依市	1.030

3.3　結論

本部分在對全要素生產率測度方法——Malmquist指數進行分析的基礎上，選擇了勞動力和資本兩個投入要素，以各個地級市「年末單位從業人員數」和「城鎮私營和個體從業人員」兩類數據加總表示勞動要素投入量，以資本存量作為資本投入要素。以各城市的實際GDP作為產出變量。對中國285個地級市2006—2014年的全要素生產率進行了測算。研究結果表明：

（1）2006—2014年中國城市全要素生產率年均增速呈不斷下降趨勢。

2006年最高，平均增長了9.24%，之後持續下降，2009年和2010年兩個年份下降速度最快，分別下降了2.25%和2.35%，到2014年全要素生產率僅增長了1.67%。樣本期間，全要素生產率年均增長3.89%。從全要素生產率的分解來看，技術進步年均增長1.31%，技術效率則年均增長了6.3%，技術效率的貢獻大於技術進步的貢獻。而從各個年份的比較來看，2006年技術效率增長幅度較大，而自2008年以後技術進步基本都是大於技術效率的增長幅度的。

（2）中國八大區域全要素生產率年均增長率差異較大。年均增長排名前三位的地區分別是北部沿海地區（6.1%）、黃河中遊地區（5.6%）、南部沿海地區（5.0%）；排名後三位的地區則分別是西北地區（2.1%）、西南地區（3.1%）、長江中遊地區（3.5%）。東北地區、東部沿海地區和長江中遊地區排名居中。整體而言，東部地區全要素生產率年均增長率大於中西部地區。

（3）從八大區域全要素生產率差異的變動趨勢來看，各個區域之間全要素生產率增長差異逐漸縮小，變異系數由2006年的0.034逐漸下降為2014年的0.024；而以極差表示的變異值則由2006年的0.106逐漸下降為2014年的0.033。可以看出，各個區域之間全要素生產率之間的差異在逐漸縮小。不同區域內部各城市之間的全要素生產率差異演變趨勢不同，從2006年和2014年的比較來看，北部沿海地區和東北地區的全要素生產率差異演變趨勢出現了輕微擴大，而東部沿海地區、黃河中遊地區、西南地區、長江中遊地區、南部沿海地區和西北地區則逐漸縮小。

第 4 章　中國主要城市環境全要素生產率增長

4.1　研究方法[①]

全要素生產率是衡量經濟增長績效的重要度量指標。但長期以來對全要素生產率的測算，僅僅是考察了利用投入要素獲得「好」產出（例如 GDP）的能力，並沒有考慮到可能的「壞」產出（例如環境污染等），實際上是忽略了經濟增長對社會福利的負面影響，難以反應出經濟增長的真實績效。例如上一章中通過 Malmquist 指數對全要素生產率的測度，並沒有考慮環境問題。直到 20 世紀末期，才在模型中加入了有「壞」產出情況下全要素生產率的測算。Chung 等人（1997）在測度瑞典紙漿廠的全要素生產率時，引入方向性距離函數，並對 Malmquist 指數進行修正，修正後的 Malmquist 指數也被稱為 Malmquist-Luenberger 指數（以下簡稱 ML 指數），這個指數可以測度存在環境約束時的全要素生產率。近年來，國內一些學者已經採用 ML 指數對考慮環境因素的全要素生產率進行實證研究。

4.1.1　環境生產技術的數學表達

區域經濟發展過程中，在實現「好」產出增加的同時，不可避免地要產生一些副產品，比如廢水、廢氣等，稱之為「壞」產出或者「非合意」產出。為實現資源、環境與經濟的協調發展，需要將資源與環境等要素納入生產函數中，構建既包括諸如 GDP 等「好」產出又包括環境污染等「壞」產出的生產

[①] 張建升. 環境約束下長江流域主要城市全要素生產率研究 [J]. 華東經濟管理，2014 (12)：59-63.

可能性集，即環境技術。假設一個城市為一個決策單元，各個城市使用 N 種投入 $X = (x_1, x_2, \cdots, x_N) \in R_+^N$，生產了 M 種「好」產出 $Y = (y_1, y_2, \cdots, y_N) \in R_+^M$，同時也生產了 I 種「壞」產出 $U = (u_1, u_2, \cdots, u_N) \in R_+^I$，則環境技術的生產可能性集為：

$$T = [(x, y, u): (y, u \in p(x), x \in R_+^N)] \quad (4-1)$$

生產可能性集 $p(x)$ 是一個有界的閉集，並具有以下特性：

（1）「好」產出與「壞」產出的聯合弱可處置性（Jointly Weak Disposability）。如果 $(y, u) \in p(x)$，且 $0 \leq \theta \leq 1$，則 $(\theta y, \theta u) \in p(x)$，表明在既定投入水平下，當「壞」產出減少時，「好」產出也要相應地減少。

（2）投入與「好」產出的強可處置性（Strong or Free Disposability）。如果 $x' \leq x$，則 $p(x') \subseteq p(x)$；如果 $(y, u) \in p(x)$ 且 $y' \leq y$，則 $(y', u) \in p(x)$。意味著「好」產出可以自由支配，但「壞」產出卻保持不變。

（3）「好」產出與「壞」產出的零結合性（Null-Jointness）。如果 $(y, u) \in p(x)$，且 $b = 0$，那麼 $y = 0$。表明在產生「好」產出的同時，不可避免地產生「壞」產出。根據 Fare 等學者的研究，$p(x)$ 滿足零結合性，還需滿足以下兩個條件：

$$\sum_{i=1}^{K} u_{ki} > 0, i = 1, \cdots, I \quad (4-2)$$

$$\sum_{i=1}^{I} u_{ki} > 0, k = 1, \cdots, K \quad (4-3)$$

式（4-2）表示至少一個生產單位在生產一種且「壞」產出；式（4-3）表示每一個生產單位至少生產一種「壞」產出。

4.1.2 方向性距離函數

為實現區域經濟增長過程中，「好」產出增加且「壞」產出減少的目標，本書引入方向性距離函數來表示。方向性距離函數表示在既定方向 $g = (g_y, -g_b)$、投入 x 和生產可能性集 $p(x)$ 下，「好」產出保持一定比例增加的同時，「壞」產出同比例減少的可能性。定義為：

$$\vec{D}_0^t(x^t, y^t, u^t; g_y, -g_u) = \sup[\beta: (y^t + \beta g_y, u^t - \beta g_u) \in p^t(x^t)] \quad (4-4)$$

式（4-4）是 t 時期內的方向性距離函數，比較的是 (y^t, u^t) 和 t 期的生產前沿，即每一產出在當期的方向性距離函數，$g = (g_y, -g_u)$ 為方向向量。而事實上，Shephard 的產出距離函數是方向性距離函數的一種特殊情況，兩種距離函數的關係可以表示為：

$$\vec{D}_0(x^t, y^t, u^t; g^t) = (1/D^t(x^t, y^t, u^t)) - 1 \qquad (4\text{-}5)$$

如果將「好」產出與「壞」產出同等對待，要求兩者按相同比例增加或減少，此時的方向向量是中性的 $g = (y, -u)$。生產單位 $k'(x_k^t, y_k^t, u_k^t)$ 在 t 時期的方向性距離函數可通過數據包絡分析轉化為線性規劃求解：

$$\vec{D}_0^t(x_{k'}^t, y_{k'}^t, u_{k'}^t; y_{k'}^t, -u_{k'}^t) = \max \beta$$

$$\text{s.t.} \sum_{k=1}^{K} z_k^t y_{km}^t \geq (1+\beta) y_{k'm}^t, \quad m = 1, \cdots, M$$

$$\sum_{k=1}^{K} z_k^t u_{ki}^t = (1-\beta) u_{k'i}^t, \quad i = 1, \cdots, I$$

$$\sum_{k=1}^{K} z_k^t x_{kn}^t \leq x_{k'n}^t, \quad n = 1, \cdots, N; \quad z_k^t \geq 0, \quad k = 1, \cdots, K \qquad (4\text{-}6)$$

4.1.3 Malmquist-Luenberger（ML）生產率指數

在方向性距離函數基礎上，根據 Chung 等人（1997）的研究，基於產出的從 t 時期到 $t+1$ 時期的 ML 生產率指數可通過四個方向性距離函數的求解得出：

$$ML_t^{t+1} = \left[\frac{1 + \vec{D}_0^t(x^t, y^t, u^t; y^t, -u^t)}{1 + \vec{D}_0^t(x^{t+1}, y^{t+1}, u^{t+1}; y^{t+1}, -u^{t+1})} \times \frac{1 + \vec{D}_0^{t+1}(x^t, y^t, u^t; y^t, -u^t)}{1 + \vec{D}_0^{t+1}(x^{t+1}, y^{t+1}, u^{t+1}; y^{t+1}, -u^{t+1})} \right]^{1/2}$$

$$(4\text{-}7)$$

如果 ML 指數大於 1，表明從 t 時期到 $t+1$ 時期的生產率是增長的，反之則下降。

進一步將 ML 指數分解為效率變化指數（MLEFFCH）和技術進步指數（MLTECH）：

$$ML_t^{t+1} = MLEFFCH_t^{t+1} \times MLTECH_t^{t+1} \qquad (4\text{-}8)$$

$$MLEFFCH_t^{t+1} = \frac{1 + \vec{D}_0^t(x^t, y^t, u^t; y^t, -u^t)}{1 + \vec{D}_0^{t+1}(x^{t+1}, y^{t+1}, u^{t+1}; y^{t+1}, -u^{t+1})} \qquad (4\text{-}9)$$

$$MLTECH_t^{t+1} = \sqrt{\frac{1 + \vec{D}_0^{t+1}(x^t, y^t, u^t; y^t, -u^t)}{1 + \vec{D}_0^t(x^t, y^t, u^t; y^t, -u^t)} \times \frac{1 + \vec{D}_0^{t+1}(x^{t+1}, y^{t+1}, u^{t+1}; y^{t+1}, -u^{t+1})}{1 + \vec{D}_0^t(x^{t+1}, y^{t+1}, u^{t+1}; y^{t+1}, -u^{t+1})}}$$

$$(4\text{-}10)$$

如果效率變化指數（MLEFFCH）大於 1，表明決策單元在向生產前沿面靠近，效率得到提升，反之則說明決策單元在遠離生產前沿面。技術進步指數

(MLTECH)大於1,說明決策單元生產技術進步,反之則表明技術退步。

4.2 環境約束下的省級全要素生產率測算

在本部分研究中,首先利用 ML 指數對中國省級全要素生產率進行測算,然後對中國 285 個地級市以及長江流域主要城市環境約束下的城市全要素生產率進行分析,並與不考慮環境因素的測算結果進行對比分析。

4.2.1 數據說明

採用中國 30 個地區 2001—2014 年的數據。投入指標包括資本存量、勞動力;產出指標包括地區生產總值和二氧化硫。其中,資本存量採用「永續盤存法」(Perpetual inventory method)進行計算,計算公式為:$K_{it} = K_{it-1}(1-\delta) + I_{it}/P_{it}$,$\delta$ 為折舊率,取值為 10%。基年資本存量借鑑 Young(2000)的方法,以 2000 年固定資產投資總額除以 10% 作為初始資本存量。採用各省份的固定資產投資價格指數折算為 2000 年不變價。勞動力為各地區從業人員數。地區生產總值數據折算為 2000 年不變價。對於「壞」產出,目前常用的指標包括二氧化碳、二氧化硫、化學需氧量、廢水排放量等,由於數據獲取的限制,本書採用 SO_2 排放量作為「壞」產出。2001—2014 年 30 個地區勞動力、資本、生產總值、二氧化硫排放量四個指標處理後數據平均值如表 4-1 所示:

表 4-1　　　　2001—2014 年 30 個地區各變量的平均值

地區	勞動力	資本	生產總值	二氧化硫
北　京	858.81	18,168.05	4,944.30	9.58
天　津	586.85	10,386.44	3,886.92	21.00
河　北	3,617.20	28,564.27	9,840.35	117.56
山　西	1,538.82	10,682.92	3,430.77	107.03
內蒙古	1,089.6	12,046.86	3,874.61	104.93
遼　寧	2,154.13	24,731.42	9,485.20	83.88
吉　林	1,243.84	11,737.60	3,712.19	27.02
黑龍江	1,757.62	12,797.78	6,179.07	35.32
上　海	966.73	23,066.31	8,985.87	30.83

表4-1(續)

地區	勞動力	資本	生產總值	二氧化硫
江　蘇	4,599.21	47,211.97	18,462.88	112.26
浙　江	3,196.59	36,005.70	12,612.93	69.47
安　徽	3,738.99	16,740.91	5,897.22	45.03
福　建	1,950.31	16,923.05	7,820.87	33.89
江　西	2,290.68	11,955.14	4,045.20	44.79
山　東	5,920.35	45,729.71	18,272.99	151.46
河　南	5,742.67	26,731.81	10,283.03	112.69
湖　北	3,538.03	20,237.84	8,331.34	55.84
湖　南	3,802.67	16,793.14	7,239.47	66.84
廣　東	4,982.77	45,001.42	20,636.91	104.77
廣　西	2,723.67	11,378.48	4,083.88	81.04
海　南	387.33	2,702.84	707.81	2.31
重　慶	1,525.90	11,662.78	3,275.76	61.96
四　川	4,714.00	22,430.91	8,075.64	99.85
貴　州	2,204.98	6,576.44	1,907.83	70.72
雲　南	2,517.75	10,807.32	3,473.06	41.19
陝　西	1,961.00	12,576.53	3,529.73	71.54
甘　肅	1,479.28	6,321.05	1,850.68	42.41
青　海	295.20	2,307.15	543.87	8.86
寧　夏	303.47	2,675.32	520.94	27.55
新　疆	793.40	8,592.15	2,471.77	38.09

　　從表4-1來看，樣本期間，全國勞動力平均數量為2,416.06萬人，資本存量均值為17,784.78億元，國內生產總值均值為6,612.77億元，二氧化硫排放量為62.677萬噸。勞動力總量居前的省份主要有山東、河南、廣東、四川和江蘇，這幾個省份是中國的人口大省。而資本存量和地區生產總值均值較高的省份則主要是東部經濟發達地區，兩個指標排名前四位的省份都是江蘇、廣東、山東和浙江。二氧化硫排放量均值排名前五位的省份分別是：山東、河北、河南、江蘇和山西。其中：山東、江蘇、河北三個地區經濟較為發達，工

業總量大，污染排放相對較多；山西、河南則屬於典型的煤炭礦產資源富集區域，相關的火力發電以及煉焦業等高污染行業使二氧化硫排放量較大。

4.2.2 測算結果分析

根據以上方法，應用中國 2001—2014 年 30 個地區的數據進行實證分析，結果見表 4-2 和圖 4-1。表 4-2 顯示了 2001—2014 年考慮環境因素和不考慮環境因素兩種情形下的中國各地區全要素生產率指數（Malmquist index）、技術進步（TECH）和技術效率（EFFCH）。圖 4-1 顯示了考慮環境因素時，在不同年份的全要素生產率、技術進步和技術效率。

表 4-2　　2001—2014 年中國各地區 TFP 及其分解：地區差異

地區	考慮環境因素 ML	MLEFFCH	MLTECH	不考慮環境因素 M	EFFCH	TECH
北　京	1.093	1.001	1.092	1.044	0.979	1.066
天　津	1.043	0.989	1.055	1.023	0.973	1.051
河　北	1.003	0.952	1.054	1.035	0.981	1.055
山　西	0.961	1.019	0.943	1.022	0.975	1.048
內蒙古	0.986	0.952	1.036	1.031	0.971	1.062
遼　寧	1.121	1.005	1.115	1.061	0.974	1.089
吉　林	1.028	0.986	1.043	1.046	0.991	1.056
黑龍江	1.011	0.987	1.024	1.033	0.992	1.041
上　海	1.085	1.012	1.072	1.086	1.005	1.081
江　蘇	1.148	1.012	1.134	1.096	1.011	1.084
浙　江	1.067	0.996	1.071	1.070	0.989	1.082
安　徽	0.973	0.931	1.045	1.012	0.971	1.042
福　建	1.015	0.975	1.041	0.992	0.943	1.052
江　西	1.005	0.955	1.052	1.002	0.971	1.032
山　東	1.064	1.012	1.051	1.064	0.987	1.078
河　南	0.995	0.942	1.056	1.012	0.971	1.042
湖　北	1.034	0.996	1.038	1.022	0.984	1.039
湖　南	1.002	0.979	1.023	1.033	0.991	1.042

表4-2(續)

地區	考慮環境因素			不考慮環境因素		
	ML	MLEFFCH	MLTECH	M	EFFCH	TECH
廣　東	1.089	1.006	1.083	1.098	1.006	1.091
廣　西	0.893	0.942	0.948	0.986	0.956	1.031
海　南	0.983	0.943	1.042	0.993	0.951	1.044
重　慶	1.033	0.991	1.042	1.001	0.951	1.053
四　川	0.994	0.966	1.029	1.006	0.966	1.041
貴　州	1.063	1.031	1.031	0.979	0.945	1.036
雲　南	1.031	0.981	1.051	0.971	0.942	1.031
陝　西	1.012	0.982	1.031	1.026	0.982	1.045
甘　肅	1.012	0.991	1.021	1.023	0.992	1.031
青　海	0.976	0.956	1.021	1.064	1.011	1.052
寧　夏	1.002	0.985	1.017	0.995	0.943	1.055
新　疆	0.970	0.941	1.031	1.024	0.976	1.049
東部地區	1.063	0.991	1.073	1.050	0.982	1.070
中部地區	0.999	0.972	1.028	1.024	0.980	1.045
西部地區	0.998	0.976	1.022	1.007	0.966	1.042
平均值	1.022	0.980	1.042	1.028	0.976	1.053

從表4-2、圖4-1可以看出：

（1）整體而言，中國各地區全要素生產率不斷增長。2001—2014年，環境約束下的中國各地區全要素生產率年均增長率為2.2%，其中，技術進步年均提升4.2%，而技術效率則出現惡化，年均下降2.0%，說明技術進步是影響中國各地區全要素生產率增長的主要因素。

（2）從時間趨勢來看，中國各地區全要素生產率增長速度逐漸下降。2001—2007年，環境約束下的中國省域全要素生產率從年均增長8.2%逐漸下降到2.4%，並且從2008年開始，全要素生產率出現明顯下降，2008年TFP下降1.2%，2009年下降2.8%，2010年下降3.1%，2011年下降1.0%，之後，出現較為緩慢的提升，2014年為2.8%。從其分解來看，環境全要素生產率增速下降，其主要原因是技術進步增速下降。進入21世紀以來，中國在對

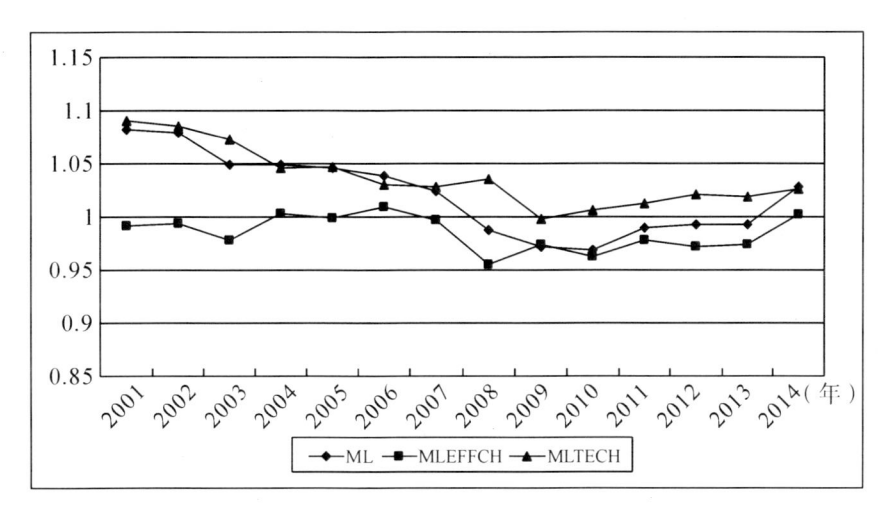

图 4-1 2001—2014 年各地区环境 TFP 及其分解：时间趋势

外开放中，不断吸收发达国家的新技术，实现了与发达国家间技术差距的不断缩小，而与此同时，习惯于引进新技术的中国企业缺乏自主创新的动力，使得技术进步速度变慢，因此，中国全要素生产率逐渐降低。到 2008 年后，由于金融危机的影响，使中国全要素生产率出现了明显下降。

（3）从区域差异来看，中国各地区全要素生产率年均增速差异较大。从环境约束下 TFP 年均增长率排名来看，前五位的地区依次是：江苏（14.8%）、辽宁（12.1%）、北京（9.3%）、广东（8.9%）、上海（8.5%）。后五位的地区依次是：广西（-10.7%）、山西（-3.9%）、新疆（-3.0%）、安徽（-2.7%）、青海（-1.4%）。不考虑环境因素时，全要素生产率年均增长率排名前五位的省份依次是：广东（9.8%）、江苏（9.6%）、上海（8.6%）、浙江（7.0%）、山东（6.4%）；排名后五位的地区依次是：云南（-2.9%）、贵州（-2.1%）、广西（-1.4%）、福建（-0.8%）、海南（-0.7%）。是否考虑环境因素，对于不同地区全要素生产率影响较大。当考虑环境因素时，辽宁、北京、贵州、天津和江苏等省份及直辖市全要素生产率年均增长率都出现了明显提高，而广西、青海、山西、内蒙古和黑龙江、新疆等地区全要素生产率年均增长率则明显下降。

（4）从三大地区来看，东部地区最高、中部次之、西部地区最低。当考虑环境因素时，2001—2014 年，东部地区全要素生产率年均增长 6.3%，而中部地区年均衰退为-0.1%，西部地区最低，年均衰退-0.2%。而不考虑环境因素时，东部地区年均增长率均值为 5.0%，中部地区为 2.7%，西部地区为

0.7%。兩種情形下東部地區與中西部地區全要素生產率差距非常大。

（5）考慮環境因素和不考慮環境因素兩種情形下的TFP比較。從比較結果來看，當考慮環境因素時，中國全要素生產率出現下降，說明傳統方法所測算的中國TFP值被高估。根據三大地區比較結果，考慮環境因素時東部地區TFP年均增長率高於不考慮環境因素時的TFP值，而中西部地區的全要素生產率則因為考慮環境因素而出現了下降，尤其是中部地區，年均增長率均值由2.4%轉變為衰退-0.1%，說明東部地區出現「環境與經濟發展雙贏」的局面，而中西部地區經濟的高速增長則伴隨著環境污染的加重。

（6）兩種情形下各省區全要素生產率差異不斷增大。圖4-2顯示了兩種情形下30個省區不同年份的全要素生產率變異係數。可以看出，考慮環境因素時，變異係數均大於不考慮環境因素時的數值，說明考慮環境因素使得不同地區全要素生產率變化擴大。整體而言，各省區之間的全要素生產率差異不斷擴大，說明了各地區經濟增長績效差異不斷擴大。

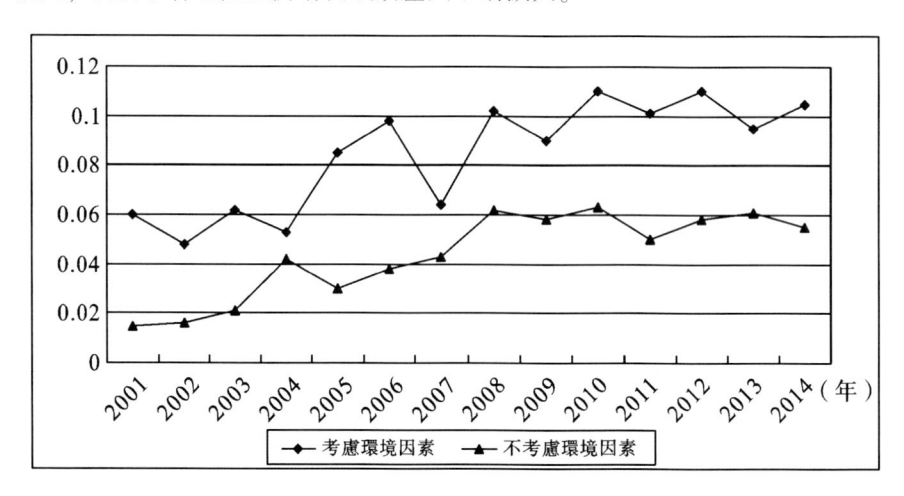

圖4-2　兩種情形下全要素生產率變異係數

4.2.3　小結

傳統TFP測算方法僅僅考慮了「好」產出的情形，這在當前環境管制的制度背景下會扭曲對生產率的正確認識。本部分採用Chung等人（1997）提出的方向性距離函數法，對中國30個地區2000—2014年考慮環境因素和不考慮環境因素兩種情形下的TFP進行了測算和比較。研究表明，中國各地區全要素生產率不斷增長，但增長速度逐漸下降；自2008年金融危機之後，全要素生產率一直處於倒退狀態，僅在2014年出現了上升；從區域差異來看，中

國各地區全要素生產率年均增速差異較大，東部地區全要素生產率年均增長率遠高於中西部地區；當考慮環境因素時，中國各地區全要素生產率平均值輕微下降；與不考慮環境因素的 TFP 相比較，考慮環境因素的西部地區 TFP 下降較多，而東部地區的全要素生產率則出現「環境與經濟發展雙贏」的局面。

目前，中國已進入了工業化中期的後半階段，按照發達國家的發展歷程，在這一階段，重化工業發展速度加快，能源需求量和環境污染將明顯加劇。因此，中國經濟未來 10~20 年的可持續發展將面臨更大的「減排」壓力。如何實現環境與經濟的協調發展，是中國政府需要進一步思考的重大問題。

4.3　環境約束下主要地級市全要素生產率測算[①]

4.3.1　指標與數據說明

（1）投入指標：對於全要素生產率的測算，投入指標往往選擇資本投入和勞動力投入兩個變量。在本部分的實證研究中，以各個地級市「年末單位從業人員數」和「城鎮私營和個體從業人員」兩類數據加總表示勞動要素投入量。對於資本投入，前期研究中，學者們的選擇並不相同，常用的主要有年末固定資產淨值、固定資產投入額、資本存量三個指標，其中以資本存量作為投入要素採用的最多。本部分研究中，同樣選擇資本存量作為資本投入要素。目前中國統計數據中，僅給出了固定資產投資的統計數據，因此，本書以「永續盤存法」計算各個地級市的資本存量。計算公式為：$K_{it} = K_{it-1}(1-\delta) + I_{it}/P_{it}$，其中，$I$ 為年度固定資產投資額，P 表示固定資產投資價格指數，δ 表示折舊率。對於折舊率，採用張軍等學者（2004）的研究結果，取值為 9.6%。而對於基年資本存量則借鑑 Young（2000）的方法，以 2005 年固定資產投資總額除以 10% 作為初始資本存量。由於無法獲得關於各城市固定資產投資價格指數的統計數據，因此，為剔除價格因素的影響，計算結果採用各城市所屬省份的固定資產投資價格指數折算為 2000 年不變價。

（2）產出指標：採用各城市生產總值表示「好」產出。同樣，為保持數據的可比性，將各地級市的名義 GDP 以其所在省份 GDP 平減指數折算為 2000 年不

[①] ZHANG JIANSHENG, TAN WEI. Study on the green total factor productivity in main cities of China [J]. Zbornik Radova Ekonomskog Fakulteta U Rijeci-Proceedings of Rijeka Faculty of Economics, 2016（2）：215-234.

變價，剔除價格因素的影響得到實際 GDP。對於「壞」產出的衡量指標，由於目前《中國城市統計年鑑》對於廢氣、化學需氧量等指標數據不全，考慮到數據的可獲得性和可比較性，採用各城市工業 SO_2 排放量作為「壞」產出。

（3）數據說明：由於《中國城市統計年鑑》對於工業 SO_2 排放量統計指標的數據是從 2005 年開始統計，且考慮到 2013 年部分解釋變量數據缺失嚴重，故研究所用的樣本數據年份為 2005—2012 年，採用的地級市數量為 285 個（除沒有包含西藏地區的城市外，其他省份少數新設地級市或者地級市被合併的，均沒有納入本次分析範圍）；相關數據均來源於《中國城市統計年鑑》和《中國統計年鑑》。對於極少數城市中缺失的指標數據，採用該城市該指標最近三年的平均值代替或者前後兩個年份的平均值表示。由於缺失數據量很少，所以對於整體全要素生產率的測算結果不會產生顯著影響。

4.3.2 測算結果分析

（1）總體變動分析。

圖 4-3 顯示的是 2006—2012 年 285 個地級市環境全要素生產率的幾何平均值變動情況。2006 年環境全要素生產率增長率為 4.60%，2007 年達到最大值為 4.81%，之後趨於下降，2011 年僅為 1.17%，2012 年相較於前一年略有增長，為 2.65%。整體而言，城市環境 TFP 呈現下降趨勢。這一走勢和主要地級市不考慮環境因素時的全要素生產率是基本一致的。

從環境全要素生產率的分解情況來看，技術進步是環境全要素生產率增長的主要貢獻者，技術進步率最高為 2010 年的 7.1%，最低為 2011 年和 2012 年的 2.6%。技術效率在 7 個年份中有 3 個年份處於衰退狀態，最大衰退為 -3.53%。技術效率增長率最高也僅為 1.95%。

（2）八大區域比較。

圖 4-4 顯示了中國八大區域主要城市環境全要素生產率變動情況。從八大區域環境全要素生產率年均增長率排名來看，最高的是北部沿海地區，年均增長率為 4.5%；其他為東部沿海地區（4.41%）、東北地區（3.98%）、南部沿海地區（3.80%）、西南地區（3.64%）、長江中遊地區（3.44%）、黃河中遊地區（2.85%）、西北地區（1.24%）。

從變動趨勢來看，2006—2012 年，八大區域中的東北地區、南部沿海地區、長江中遊地區、西南地區、西北地區下降趨勢較為明顯，而東部沿海地區、北部沿海地區和黃河中遊地區則下降趨勢並不明顯，其中，東部沿海地區除 2011 年出現了明顯下降外，2010 年和 2012 年環境全要素生產率年均增長率

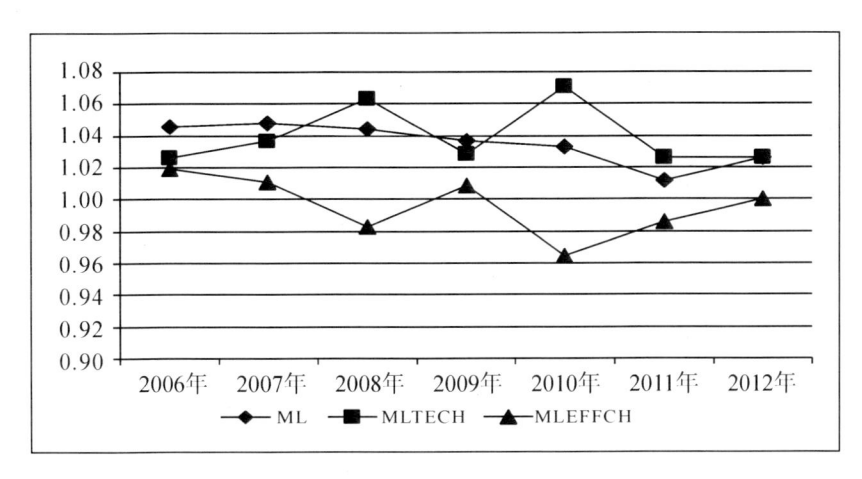

图 4-3　城市環境 TFP 及其分解

分別為 5.52% 和 7.31%，均高於 2006—2009 年的增長率。說明不同區域環境全要素生產率差異較大，也反應了近年來的經濟增長質量差異。

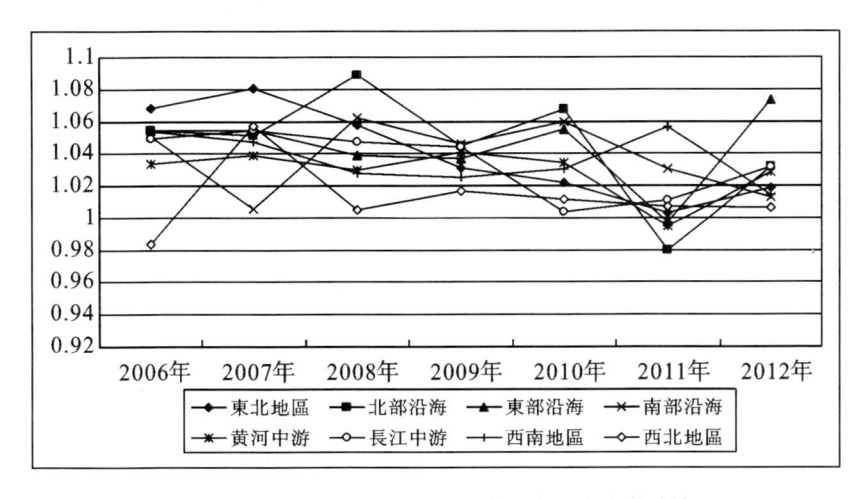

圖 4-4　八大區域主要城市環境全要素生產率變動情況

圖 4-5 顯示了八大區域主要城市環境約束下技術進步變動情況。八大區域排名依次為：東部沿海地區（5.37%）、北部沿海地區（5.32%）、南部沿海地區（4.63%）、長江中遊地區（4.34%）、東北地區（4.17%）、西南地區（3.27%）、黃河中遊地區（2.62%）、西北地區（2.36%）。其中，東部沿海地區和北部沿海地區年均增長率變動幅度都相對較小；而排名最低的西北地區，則不同年份技術進步率差異巨大，2010 年技術進步率為 7.47%，而 2006 年則出現了衰退，為 -1.32%。整體來看，八大區域技術進步率最高年份為

第 4 章　中國主要城市環境全要素生產率增長　73

2008年，受金融危機影響，在2009年下降幅度最大，2010年後又逐步增長。

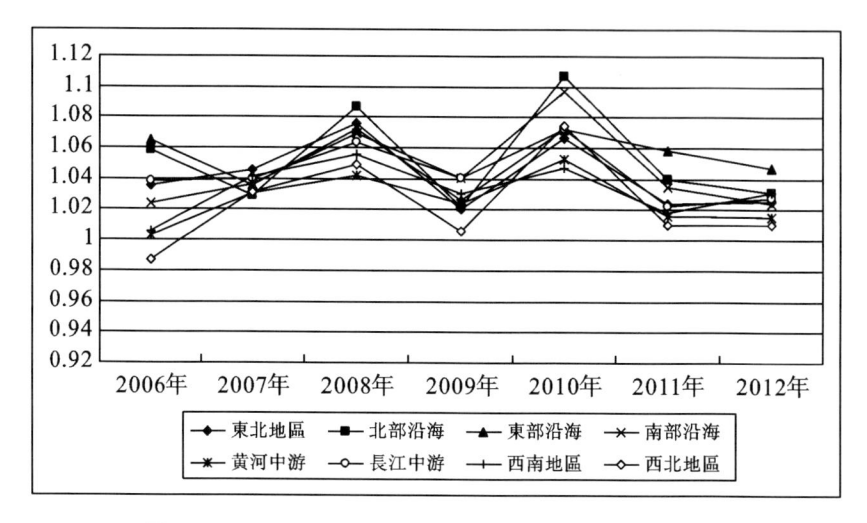

圖4-5　八大區域主要城市環境約束下技術進步變動情況

圖4-6顯示了八大區域主要城市環境約束下技術效率變動情況。環境全要素生產率和技術進步率都相對較低的西南地區和黃河中遊地區，技術效率則相對較高。從八大區域環境約束下技術效率變動情況來看，最高的是西南地區，年均增長率為0.36%；除了黃河中遊地區（0.23%），其他六個區域均出現了不同程度的衰退，其中東北地區為-0.24%、北部沿海地區為-0.78%、南部沿海地區為-0.79%、長江中遊地區為-0.86%、東部沿海地區為-0.91%，西北地區年均衰退程度最大，為-1.1%。

整體而言，八大區域技術效率年均增長率差異不大，說明了技術進步是構成八大區域環境全要素生產率差異的主要來源。

（3）各城市環境全要素生產率比較。

通過對285個地級市2006—2012年環境約束下的全要素生產率進行比較，發現樣本期間各城市環境全要素生產率年均增長率差異巨大，排名前十位的城市依次是：深圳市（14.8%）、上海市（14.5%）、鄂爾多斯（12.5%）、金昌市（12.0%）、長沙市（11.4%）、佛山市（11.4%）、資陽市（11.0%）、三亞市（10.7%）、北京市（9.9%）、成都市（9.6%）。285個地級市中有13個城市出現了年均增長率為負的情況，這13個地級市分別為：平涼市（-12.4%）、海口市（-4.1%）、亳州市（-2.3%）、揭陽市（-2.2%）、梅州市（-2.0%）、伊春市（-1.6%）、邯鄲市（-1.5%）、平頂山市（-1.4%）、寧德市（-1.3%）、佳木斯市（-0.4%）、吳忠市（-0.2%）、惠州市

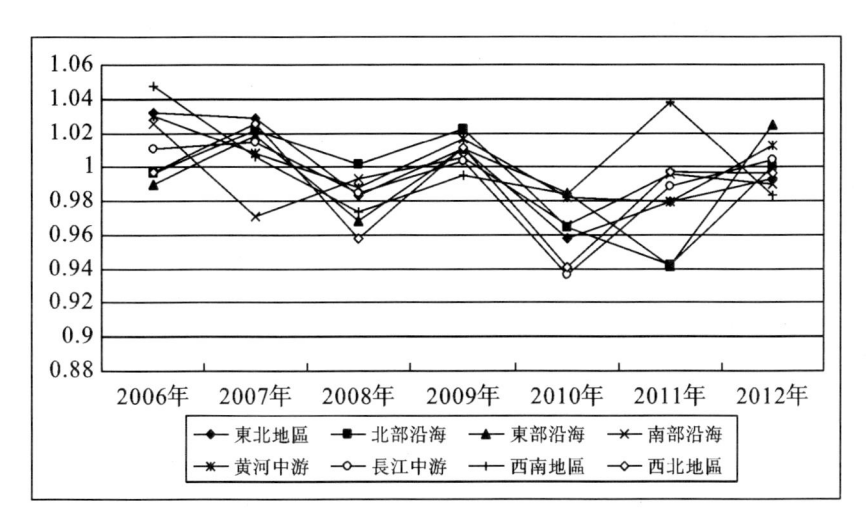

图 4-6　八大区域主要城市环境约束下技术效率变动情况

（-0.2%）、汕尾市（-0.1%）。

①東北地区。東北地区主要城市環境全要素生產率年均增長率為3.98%，年均增速在八大區域中排名第三位。從環境全要素生產率的分解來看，技術進步年均增長4.17%，而技術效率年均衰退-0.24%。環境全要素生產率年均增長率排名前五位的城市依次為：大連市（8.83%）、長春市（7.59%）、齊齊哈爾市（7.58%）、大慶市（7.53%）、沈陽市（6.65%）。只有伊春市和佳木斯市出現了全要素生產率倒退的情形。多數城市環境全要素生產率的增長都是由技術進步所貢獻，但也有少數城市，技術效率出現了較大幅度的增長，如齊齊哈爾市和遼源市，技術效率年均增長分別為3.51%、2.62%。

表 4-3　　　東北地區主要城市環境 TFP 及其分解

城市	ML	MLTECH	MLEFFCH	城市	ML	MLTECH	MLEFFCH
沈陽市	1.067	1.075	0.992	通化市	1.027	1.026	1.001
大連市	1.088	1.067	0.999	白山市	1.023	1.019	1.004
鞍山市	1.033	1.055	0.978	松原市	1.052	1.053	0.999
撫順市	1.041	1.039	1.001	白城市	1.042	1.031	1.011
本溪市	1.059	1.050	1.008	哈爾濱市	1.049	1.061	0.988
丹東市	1.052	1.052	1.000	齊齊哈爾市	1.076	1.040	1.035
錦州市	1.012	1.028	0.984	雞西市	1.024	1.037	0.988

表4-3(續)

城市	ML	MLTECH	MLEFFCH	城市	ML	MLTECH	MLEFFCH
營口市	1.035	1.030	1.005	鶴崗市	1.026	1.030	0.997
阜新市	1.011	1.015	0.996	雙鴨山市	1.039	1.032	1.008
遼陽市	1.031	1.049	0.983	大慶市	1.075	1.075	1.000
盤錦市	1.056	1.055	1.001	伊春市	0.984	1.036	0.950
鐵嶺市	1.044	1.030	1.014	佳木斯市	0.997	0.996	1.000
朝陽市	1.031	1.030	1.001	七臺河市	1.040	1.037	1.003
葫蘆島市	1.024	1.037	0.988	牡丹江市	1.051	1.054	0.997
長春市	1.076	1.066	1.009	黑河市	1.017	1.034	0.983
吉林市	1.054	1.053	1.001	綏化市	1.052	1.065	0.987
四平市	1.020	1.038	0.983	平均值	1.040	1.042	0.998
遼源市	1.057	1.030	1.026				

②北部沿海地區。北部沿海地區30個城市環境全要素生產率年均增長率為4.5%，在八大區域中排名第一位。技術進步年均增長5.32%，技術效率年均衰退-0.78%。在ML指數上，僅有邯鄲市出現了年均-1.47%的倒退，其他城市都是不斷增長的，其中，北京市年均增長9.86%排名第一位，其次排名靠前的依次為唐山市（9.07%）、青島市（7.10%）、東營市（6.91%）、菸臺市（6.90%）。環境全要素生產率年均增幅較低的城市除了山東省的萊蕪市外，其他的都是河北省的城市，包括保定市（0.47%）、邢臺市（1.88%）、衡水市（2.2%）、秦皇島市（2.55%）、石家莊市（3.12%）。另外，青島市（2.23%）、天津市（1.18%）、菏澤市（1.17%）等少數城市技術效率年均增長較快。

表4-4　　北部沿海地區主要城市環境TFP及其分解

城市	ML	MLTECH	MLEFFCH	城市	ML	MLTECH	MLEFFCH
北京市	1.099	1.110	0.990	棗莊市	1.033	1.039	0.994
天津市	1.068	1.056	1.012	東營市	1.069	1.068	1.001
石家莊市	1.031	1.024	1.007	菸臺市	1.069	1.072	0.997
唐山市	1.091	1.091	1.000	濰坊市	1.053	1.063	0.991

表4-4(續)

城市	ML	MLTECH	MLEFFCH	城市	ML	MLTECH	MLEFFCH
秦皇島市	1.026	1.041	0.985	濟寧市	1.047	1.061	0.987
邯鄲市	0.985	1.079	0.914	泰安市	1.056	1.056	1.000
邢臺市	1.019	1.030	0.989	威海市	1.036	1.071	0.967
保定市	1.005	1.024	0.981	日照市	1.042	1.051	0.992
張家口市	1.067	1.066	1.002	萊蕪市	1.021	1.028	0.994
承德市	1.035	1.031	1.004	臨沂市	1.037	1.059	0.980
滄州市	1.043	1.071	0.974	德州市	1.043	1.043	1.001
廊坊市	1.043	1.054	0.990	聊城市	1.056	1.056	1.000
衡水市	1.022	1.027	0.995	濱州市	1.051	1.049	1.003
濟南市	1.033	1.043	0.991	菏澤市	1.046	1.034	1.012
青島市	1.071	1.048	1.022	平均值	1.045	1.053	0.992
淄博市	1.060	1.059	1.001				

③東部沿海地區。東部沿海地區25個城市環境全要素生產率年均增長率為4.4%，僅次於北部沿海地區，在八大區域中排名第二位。技術進步年均增長5.4%，技術效率年均衰退-0.9%。從內部各城市的環境全要素生產率來看，上海市以年均14.47%的增長速度高居第一位，高於排名第二位的徐州市（9.44%）5個百分點。其他增長速度較快的城市還有：南通市（7.53%）、揚州市（6.06%）、無錫市（5.87%）、舟山市（5.85%）等。在技術進步增速上，徐州市以年均8.87%的增長速度居於第一位。而上海市除了技術進步年均增速（8.54%）較高外，在技術效率增長率上也有較好的表現，年均增長速度為5.46%，同樣遠高於排名第二位的揚州市（1.23%）。說明上海市作為中國經濟、金融中心，其環境全要素生產率的提高來自於技術進步和技術效率的協同推進。

表4-5　東部沿海地區主要城市環境TFP及其分解

城市	ML	MLTECH	MLEFFCH	城市	ML	MLTECH	MLEFFCH
上海市	1.145	1.085	1.055	宿遷市	1.045	1.043	1.002
南京市	1.052	1.061	0.992	杭州市	1.028	1.063	0.967

表4-5(續)

城市	ML	MLTECH	MLEFFCH	城市	ML	MLTECH	MLEFFCH
無錫市	1.059	1.074	0.986	寧波市	1.029	1.056	0.974
徐州市	1.094	1.089	1.005	溫州市	1.018	1.053	0.967
常州市	1.031	1.031	1.000	嘉興市	1.037	1.050	0.987
蘇州市	1.046	1.046	1.000	湖州市	1.045	1.074	0.974
南通市	1.075	1.076	1.000	紹興市	1.023	1.059	0.966
連雲港市	1.039	1.039	1.000	金華市	1.006	1.047	0.961
淮安市	1.034	1.035	0.999	衢州市	1.024	1.038	0.986
鹽城市	1.048	1.058	0.990	舟山市	1.059	1.053	1.006
揚州市	1.061	1.048	1.012	臺州市	1.040	1.062	0.980
鎮江市	1.040	1.055	0.986	麗水市	1.031	1.031	1.000
泰州市	1.005	1.023	0.982	平均值	1.044	1.054	0.991

④南部沿海地區。東部沿海地區32個城市環境全要素生產率年均增長率為3.8%，在八大區域中排名第四位。技術進步年均增長4.6%，技術效率年均衰退-0.8%。環境全要素生產率排名前五位的城市分別是：深圳市（14.84%）、佛山市（11.36%）、三亞市（10.67%）、汕頭市（7.11%）、湛江市（7.05%）。有6個城市出現了倒退，分別為：海口市（-4.12%）、揭陽市（-2.16）、梅州市（-2.02%）、寧德市（-1.32%）、惠州市（-0.16%）、汕尾市（-0.15%）。在年均增長率較高的城市中，深圳市全要素生產率的增長主要來源於技術進步，技術效率基本處於不變狀態。汕頭市則完全依賴於技術進步的增長，其技術效率年均下降-1.33%。佛山市的技術進步雖然也是環境全要素生產率的主要貢獻者，但其技術效率也出現了較快的增長，年均增長3.88%。技術效率對環境全要素生產率貢獻最大的城市是三亞市，技術效率年均增長8.4%，遠大於技術進步年均2.1%的增長速度。

表4-6　　南部沿海地區主要城市環境TFP及其分解

城市	ML	MLTECH	MLEFFCH	城市	ML	MLTECH	MLEFFCH
福州市	1.051	1.063	0.989	茂名市	1.070	1.057	1.012
廈門市	1.045	1.054	0.991	肇慶市	1.047	1.038	1.008
莆田市	1.064	1.057	1.007	惠州市	0.998	1.050	0.951

表4-6(續)

城市	ML	MLTECH	MLEFFCH	城市	ML	MLTECH	MLEFFCH
三明市	1.052	1.043	1.009	梅州市	0.980	1.024	0.957
泉州市	1.049	1.068	0.982	汕尾市	0.999	1.012	0.987
漳州市	1.047	1.065	0.983	河源市	1.020	1.016	1.004
南平市	1.054	1.044	1.009	陽江市	1.022	1.056	0.968
龍岩市	1.060	1.047	1.012	清遠市	1.033	1.025	1.008
寧德市	0.987	1.034	0.955	東莞市	1.009	1.016	0.993
廣州市	1.057	1.075	0.983	中山市	1.068	1.053	1.014
韶關市	1.020	1.023	0.997	潮州市	1.001	1.035	0.967
深圳市	1.148	1.148	1.000	揭陽市	0.978	1.052	0.931
珠海市	1.043	1.054	0.989	雲浮市	1.007	1.009	0.998
汕頭市	1.071	1.084	0.988	海口市	0.959	0.993	0.966
佛山市	1.114	1.072	1.039	三亞市	1.107	1.021	1.084
江門市	1.013	1.053	0.963	平均值	1.038	1.046	0.992
湛江市	1.071	1.056	1.014				

⑤黃河中遊地區。黃河中遊地區47個城市環境全要素生產率年均增長率為2.9%，在八大區域中排名第七位。技術進步年均增長2.6%，技術效率年均增長0.2%。從內部各城市的比較來看，鄂爾多斯市以年均12.55%的增長居於第一位，與其他城市的增速差距較大。排名前四位的城市還有：榆林市（8.92%）、鄭州市（5.42%）、呂梁市（5.41%）、通遼市（5.39%）。其中，鄭州市環境全要素生產率的主要貢獻來源於技術進步，年均增長率為5.24%，貢獻率為96.78%，而技術效率年均僅增長0.17%，貢獻率為3.22%。而鄂爾多斯、榆林市、呂梁市和通遼，這四個城市的技術效率年均增長分別為：8.27%、8.62%、3.54、2.82%，對環境全要素生產率的貢獻率分別為67.21%、107.49%、66.03%和52.97%。它們的技術效率增長幅度均超過了技術進步的貢獻，這與中國多數城市技術進步貢獻占主導地位是截然相反的。

表 4-7　黃河中遊地區主要城市環境 TFP 及其分解

城市	ML	MLTECH	MLEFFCH	城市	ML	MLTECH	MLEFFCH
西安市	1.025	1.028	0.997	赤峰市	1.025	1.014	1.011
銅川市	1.014	1.014	1.000	通遼市	1.054	1.025	1.028
寶鷄市	1.036	1.024	1.012	鄂爾多斯市	1.126	1.040	1.083
咸陽市	1.029	1.017	1.013	呼倫貝爾市	1.019	1.013	1.006
渭南市	1.007	1.007	1.000	巴彥淖爾市	1.017	1.010	1.007
延安市	1.045	1.044	1.001	烏蘭察布市	1.022	1.008	1.014
漢中市	1.015	1.020	0.995	鄭州市	1.054	1.052	1.002
榆林市	1.089	0.994	1.096	開封市	1.032	1.058	0.975
安康市	1.027	1.032	0.996	洛陽市	1.048	1.048	1.000
商洛市	1.010	1.024	0.987	平頂山市	0.986	0.991	0.996
太原市	1.019	1.022	0.997	安陽市	1.025	1.029	0.997
大同市	1.006	1.009	0.996	鶴壁市	1.016	1.019	0.997
陽泉市	1.006	1.009	0.997	新鄉市	1.042	1.041	1.002
長治市	1.014	1.012	1.002	焦作市	1.027	1.033	0.994
晉城市	1.017	1.014	1.003	濮陽市	1.040	1.049	0.992
朔州市	1.030	1.024	1.006	許昌市	1.040	1.060	0.982
晉中市	1.009	1.011	0.998	漯河市	1.033	1.050	0.984
運城市	1.010	1.017	0.993	三門峽市	1.033	1.026	1.007
忻州市	1.009	1.006	1.003	南陽市	1.019	1.046	0.975
臨汾市	1.013	1.027	0.987	商丘市	1.043	1.041	1.002
吕梁市	1.054	1.018	1.035	信陽市	1.022	1.035	0.988
呼和浩特市	1.033	1.040	0.993	周口市	1.050	1.057	0.994
包頭市	1.023	1.028	0.995	駐馬店市	1.029	1.051	0.978
烏海市	1.009	1.004	1.005	平均值	1.029	1.026	1.002

⑥長江中遊地區。長江中遊地區52個城市環境全要素生產率年均增長率為3.49%，在八大區域中排名第六位。技術進步年均增長4.3%，技術效率年均衰退-0.9%。該地區環境全要素生產率差異相對較小，僅有亳州市出現了年均衰退的情況，其他地區都出現了不同程度的增長。環境全要素生產率年均增長幅度排名前五位的城市依次為：長沙市（11.35%）、合肥市（9.39%）、婁底市（9.19%）、武漢市（8.13%）、新餘市（7.92%）。從環境全要素生產率的分解看，技術進步是其主要來源。技術效率年均增長較快的城市主要有：婁底市（5.62%）、新餘市（2.85%）、武漢市（2.31%）、長沙市（2.21%）和黃山市（1.40%）。

表4-8　　長江中遊地區主要城市環境TFP及其分解

城市	ML	MLTECH	MLEFFCH	城市	ML	MLTECH	MLEFFCH
合肥市	1.094	1.087	1.006	武漢市	1.081	1.057	1.023
蕪湖市	1.061	1.047	1.013	黃石市	1.008	1.030	0.978
蚌埠市	1.028	1.048	0.982	十堰市	1.025	1.054	0.972
淮南市	1.018	1.014	1.003	宜昌市	1.042	1.049	0.993
馬鞍山市	1.044	1.041	1.003	襄陽市	1.021	1.043	0.979
淮北市	1.017	1.022	0.995	鄂州市	1.032	1.036	0.996
銅陵市	1.051	1.042	1.009	荊門市	1.032	1.040	0.992
安慶市	1.074	1.061	1.013	孝感市	1.005	1.049	0.958
黃山市	1.044	1.030	1.014	荊州市	1.010	1.054	0.958
滁州市	1.023	1.051	0.973	黃岡市	1.062	1.059	1.003
阜陽市	1.036	1.065	0.973	咸寧市	1.045	1.048	0.997
宿州市	1.006	1.065	0.946	隨州市	1.000	1.065	0.939
六安市	1.023	1.066	0.960	長沙市	1.114	1.089	1.022
亳州市	0.977	1.046	0.934	株洲市	1.049	1.055	0.994
池州市	1.026	1.016	1.010	湘潭市	1.039	1.027	1.011
宣城市	1.001	1.025	0.977	衡陽市	1.037	1.050	0.987
南昌市	1.029	1.059	0.972	邵陽市	1.019	1.052	0.969
景德鎮市	1.023	1.015	1.008	岳陽市	1.037	1.051	0.987
萍鄉市	1.008	1.012	0.997	常德市	1.039	1.053	0.986

表4-8(續)

城市	ML	MLTECH	MLEFFCH	城市	ML	MLTECH	MLEFFCH
九江市	1.016	1.019	0.998	張家界市	1.028	1.040	0.988
新餘市	1.079	1.049	1.029	益陽市	1.037	1.038	0.999
鷹潭市	1.030	1.017	1.012	郴州市	1.038	1.039	1.000
贛州市	1.032	1.058	0.976	永州市	1.031	1.046	0.986
吉安市	1.030	1.030	1.001	懷化市	1.030	1.040	0.991
宜春市	1.033	1.029	1.005	婁底市	1.092	1.034	1.056
撫州市	1.017	1.027	0.991	平均值	1.034	1.043	0.991
上饒市	1.031	1.023	1.008				

⑦西南地區。西南地區45個城市環境全要素生產率年均增長率為3.6%，在八大區域中排名第五位。技術進步年均增長3.3%，技術效率年均增長0.4%。整體而言，西南地區主要地級市環境全要素生產率年均增幅差異較小，最大的為資陽市，年均增幅為11.02%；最小的為百色市，年均增長僅為0.3%。其他增幅較大的城市還有：成都市（9.58%）、南充市（7.11%）、梧州市（6.95%）、達州市（6.83%）、玉溪市（6.82%）、遂寧市（6.58%）和玉林市（6.46%）。從環境全要素生產率的分解來看，技術進步仍然是主要貢獻者，技術效率年均增幅較大的城市主要是：資陽市（4.57%）、內江市（3.59%）、梧州市（3.38%）、賀州市（2.77%）和玉林市（2.73%）。

表4-9　　　西南地區主要城市環境TFP及其分解

城市	ML	MLTECH	MLEFFCH	城市	ML	MLTECH	MLEFFCH
南寧市	1.053	1.034	1.019	內江市	1.034	0.999	1.036
柳州市	1.040	1.040	1.000	樂山市	1.044	1.036	1.007
桂林市	1.038	1.038	1.000	南充市	1.071	1.062	1.009
梧州市	1.070	1.034	1.034	眉山市	1.025	1.046	0.980
北海市	1.030	1.032	0.997	宜賓市	1.025	1.029	0.997
防城港市	1.031	1.027	1.003	廣安市	1.035	1.029	1.005
欽州市	1.035	1.028	1.007	達州市	1.068	1.065	1.004
貴港市	1.037	1.018	1.019	雅安市	1.027	1.023	1.004

表4-9(續)

城市	ML	MLTECH	MLEFFCH	城市	ML	MLTECH	MLEFFCH
玉林市	1.065	1.036	1.027	巴中市	1.049	1.059	0.990
百色市	1.003	1.005	0.998	資陽市	1.110	1.062	1.046
賀州市	1.050	1.022	1.028	貴陽市	1.015	1.011	1.004
河池市	1.008	1.007	1.001	六盤水市	1.007	1.007	1.000
來賓市	1.044	1.045	0.999	遵義市	1.023	1.016	1.007
崇左市	1.052	1.046	1.005	安順市	1.009	1.012	0.997
重慶市	1.032	1.022	1.010	昆明市	1.021	1.030	0.991
成都市	1.096	1.081	1.014	曲靖市	1.013	1.015	0.998
自貢市	1.012	1.024	0.988	玉溪市	1.068	1.066	1.002
攀枝花市	1.019	1.025	0.995	保山市	1.031	1.025	1.006
瀘州市	1.036	1.045	0.992	昭通市	1.013	1.023	0.990
德陽市	1.043	1.069	0.976	麗江市	1.023	1.013	1.010
綿陽市	1.036	1.046	0.990	思茅市	1.010	1.016	0.995
廣元市	1.014	1.018	0.996	臨滄市	1.020	1.031	0.990
遂寧市	1.066	1.062	1.003	平均值	1.036	1.033	1.004

⑧西北地區。西北地區20個城市環境全要素生產率年均增長率僅為1.2%，是八大區域中年均增幅最小的地區。技術進步年均增長2.4%，技術效率年均衰退－1.1%。定西市（－0.01%）、吳忠市（－0.18%）和平涼市（－2.41%）三個城市環境全要素生產率出現了倒退。環境全要素生產率年均增幅排名前五位的城市依次是：金昌市（12.03%）、慶陽市（6.15%）、烏魯木齊市（4.49%）、酒泉市（4.0%）和嘉峪關市（2.04%）。可以看出，其他城市與金昌市的差距較大。整體分解來看，該地區技術效率對環境全要素生產率的貢獻極低，最大的慶陽市，技術效率年均增長也僅為2.9%，排名第二位的酒泉市，年均增長僅為0.76%，多數城市技術效率都處於衰退狀態。

表4-10　　　　　西北地區主要城市環境TFP及其分解

城市	ML	MLTECH	MLEFFCH	城市	ML	MLTECH	MLEFFCH
蘭州市	1.017	1.021	0.996	隴南市	1.013	1.034	0.979

表4-10(續)

城市	ML	MLTECH	MLEFFCH	城市	ML	MLTECH	MLEFFCH
嘉峪關市	1.020	1.035	0.986	西寧市	1.013	1.015	0.999
金昌市	1.120	1.125	0.996	銀川市	1.006	1.009	0.997
白銀市	1.008	1.007	1.001	石嘴山市	1.003	1.002	1.001
天水市	1.011	1.038	0.974	吳忠市	0.998	0.997	1.001
武威市	1.020	1.028	0.991	固原市	1.000	1.001	0.999
張掖市	1.008	1.013	0.994	中衛市	1.006	1.003	1.003
平涼市	0.876	0.965	0.908	烏魯木齊市	1.045	1.042	1.002
酒泉市	1.040	1.032	1.008	克拉瑪依市	1.000	1.056	0.947
慶陽市	1.062	1.031	1.029	平均值	1.012	1.024	0.989
定西市	1.000	1.025	0.976				

4.3.3 環境TFP與傳統TFP的比較

(1) 整體比較。

不考慮環境因素時，285個地級市2006—2012年全要素生產率年均增長4.8%，而當考慮環境因素時，年均增幅僅為3.5%，下降了1.3個百分點，說明傳統全要素生產率測算結果被高估。從分解結果來看，不考慮環境因素時，技術進步年均增長6.3%，技術效率則年均增長1.3%；而當考慮環境因素時，技術進步年均增長3.9%，技術效率年均衰退-0.42%。相比較而言，技術進步年均下降了2.4個百分點，而技術效率下降了1.3個百分點。

圖4-7顯示了考慮環境因素和不考慮環境因素兩種情形下2006—2012年全要素生產率的變動情況。整體來看，兩種情形下的全要素生產率都是不斷下降的。但兩種情形下的全要素生產率差距在不斷縮小，且7個年份中，2010年和2012年兩個年份的環境全要素生產率高於傳統全要素生產率，一定程度上體現了最近一兩年來，隨著中國對環境污染重視程度的增強、治污投入的不斷增長，以及對落後產能、高污染、高消耗產業和企業的大量淘汰，使得在經濟仍保持較快增長的同時，污染排放增速下降的事實。從環境全要素生產率增速來看，2011年降到最低後，2012年開始逐步上升，也反應了這一事實。

(2) 八大區域比較。

圖4-8顯示了兩種情形下八大區域的全要素生產率平均值。可以看出，

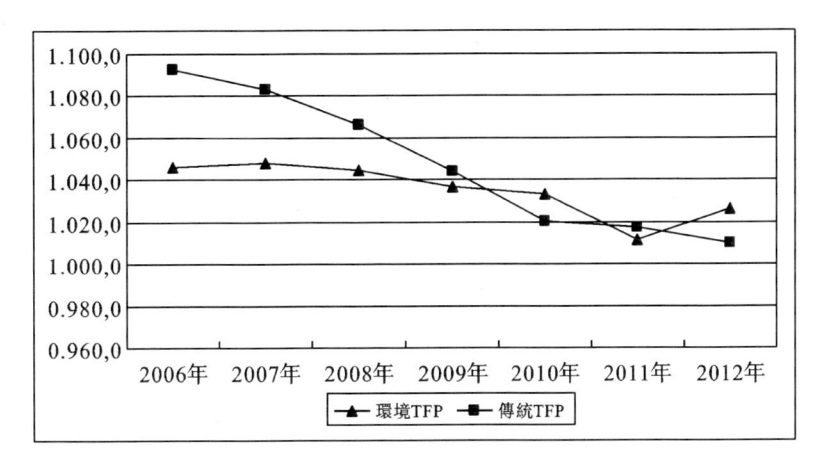

圖 4-7　兩種情形下全要素生產率比較：時間趨勢

與不考慮環境因素的全要素生產率比較看，多數區域環境約束下的全要素生產率出現了下降，僅有東部沿海地區和西南地區出現了輕微的上升，上升幅度很小，說明這兩個地區出現了污染排放減少和經濟增長協調發展的良好局面。

從其他地區兩種情形下全要素生產率的對比來看，當考慮環境因素後，黃河中遊地區年均下降了2.8個百分點，是下降幅度最大的地區。其次是北部沿海地區和南部沿海地區，分別下降了1.6個百分點和1.2個百分點。西北地區、東北地區和長江中遊地區下降幅度相對較小，分別下降了0.9、0.4和0.1個百分點。黃河中遊地區所屬的山西、陝西、河南和內蒙古四個省份及自治區，都是礦產資源極為豐富的地區，而且也是火力發電量較大的幾個地區，長期以來的資源型產業依賴，雖然促進了經濟的高速增長，但也帶來了環境的高度污染。

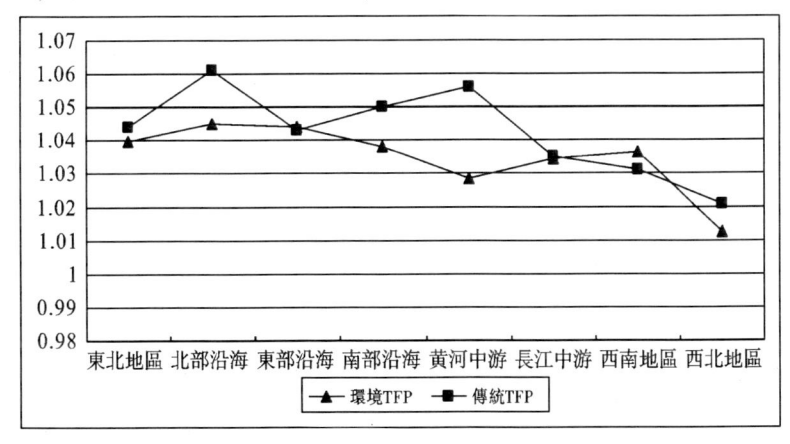

圖 4-8　兩種情形下全要素生產率比較：區域比較

第 4 章　中國主要城市環境全要素生產率增長

(3) 東北地區各個城市的比較。

當考慮環境因素時，東北地區各城市全要素生產率平均值僅比傳統全要素生產率下降了 0.4 個百分點，變動較小。其中，2008 年為分界點。2008 年以前傳統全要素生產率明顯高於環境全要素生產率，而 2008 年以後，環境全要素生產率則高於了傳統全要素生產率。這說明 2008 年以後東北地區實現了環境污染排放的相對減少，即每單位產出的污染排放量減少。從東北地區各城市的比較來看，當考慮環境因素對全要素生產率的影響時，有 18 個城市出現了下降，排名前五位的城市分別是：葫蘆島（16.7%）、四平市（14.0%）、朝陽市（10.9%）、伊春市（10.1%）、營口市（7.9%）。這說明這些城市的經濟產出伴隨大量的污染排放，經濟增長以大量消耗資源和大量排放污染為代價。有 14 個城市出現了上升，上升幅度較大的城市有：綏化市（4.3%）、大慶市（4.1%）、本溪市（3.2%）、哈爾濱市（3.0%）、松原市（2.4%）、牡丹江市（2.1%）。當考慮環境因素時，全要素生產率上升說明了這些城市單位產出的污染排名減少，環境保護與經濟發展實現友好協調。

表 4-11　　　　東北地區環境 TFP 與傳統 TFP 比較

城市	下降幅度	城市	下降幅度	城市	下降幅度
沈陽市	-0.004	朝陽市	0.109	鷄西市	-0.009
大連市	-0.011	葫蘆島市	0.167	鶴崗市	-0.005
鞍山市	0.057	長春市	0.044	雙鴨山市	-0.001
撫順市	-0.008	吉林市	0.021	大慶市	-0.041
本溪市	-0.032	四平市	0.140	伊春市	0.101
丹東市	0.009	遼源市	0.000	佳木斯市	0.009
錦州市	-0.002	通化市	0.000	七臺河市	0.001
營口市	0.079	白山市	0.013	牡丹江市	-0.021
阜新市	0.053	松原市	-0.024	黑河市	0.010
遼陽市	0.045	白城市	0.021	綏化市	-0.043
盤錦市	0.064	哈爾濱市	-0.030		
鐵嶺市	0.063	齊齊哈爾市	-0.008		

註：表中數值以傳統全要素生產率減去環境全要素生產率得出，以下類同。

(4) 北部沿海地區各個城市的比較。

北部沿海地區環境約束下的城市全要素生產率年均增長 6.1%，而傳統全

要素生產率的年均增長幅度為4.5%，兩者相差1.6個百分點。這說明北部沿海地區經濟增長過程中伴隨大量的污染排放，粗放型經濟增長方式特徵明顯。從不同年份的比較來看，2006—2009年，雖然環境全要素生產率始終大於傳統全要素生產率，但兩種情形下的差距在不斷縮小，由2006年的6.1個百分點逐漸下降為0.002個百分點，說明污染排放的相對減少。2010年和2012年環境全要素生產率分別大於傳統全要素生產率2.9個和2.1個百分點，說明這兩個年份環境保護和經濟發展實現協調，但2011年傳統全要素生產率又大於環境全要素生產率2.4個百分點，也反應了從忽略環境保護、單純追求經濟增長到實現經濟發展和環境保護協調發展的道路是曲折的、反覆的。

從不同城市的比較看，當考慮環境因素時，全要素生產率下降幅度較大的城市主要有：邯鄲市（6.7%）、濟寧市（5.5%）、承德市（5.1%）、泰安市（5.0%）、威海市（4.2%）、保定市（4.0%）。而全要素生產率出現上升的城市則主要包括：青島市（6.4%）、張家口市（4.7%）、淄博市（3.9%）、唐山市（3.6%）和日照市（3.4%）。

表4-12　　　　北部沿海地區環境TFP與傳統TFP比較

城市	下降幅度	城市	下降幅度	城市	下降幅度
北京市	-0.021	滄州市	-0.001	濟寧市	0.055
天津市	-0.018	廊坊市	0.011	泰安市	0.050
石家莊市	0.028	衡水市	0.021	威海市	0.042
唐山市	-0.036	濟南市	0.028	日照市	-0.034
秦皇島市	0.019	青島市	-0.064	萊蕪市	0.026
邯鄲市	0.067	淄博市	-0.039	臨沂市	0.014
邢臺市	0.003	棗莊市	0.007	德州市	-0.027
保定市	0.040	東營市	-0.024	聊城市	0.032
張家口市	-0.047	煙臺市	-0.025	濱州市	0.004
承德市	0.051	濰坊市	-0.022	菏澤市	-0.008

（5）東部沿海地區各個城市的比較。

東部沿海地區在考慮環境因素後，全要素生產率年均增長幅度由4.3%上升為4.4%；東部沿海地區兩種情形下的全要素生產率差距不大，其中在2007年、2010年和2012年，環境全要素生產率超過了傳統全要素生產率。整體而言，兩種情形下的全要素生產率反應了東部地區經濟增長與環境保護之間

的協調性。

具體從內部各個城市來看,環境因素對全要素生產率的影響存在較大差異。環境因素使得連雲港市、麗水市、杭州市、寧波市和金華市全要素生產率出現了 3 個百分點以上的下降,下降幅度分別為:13.8%、5.3%、4.8%、3.3%和3.1%。而上海市、鹽城市、南通市、臺州市和舟山市則出現了明顯的上升,即當考慮環境因素時,全要素生產率年均增幅反而提高了。這五個城市上升幅度分別為:10.1%、4.4%、4.1%、3.1%和2.2%。

表 4-13　　　　東部沿海地區環境 TFP 與傳統 TFP 比較

城市	下降幅度	城市	下降幅度	城市	下降幅度
上海市	-0.101	鹽城市	-0.044	湖州市	0.017
南京市	0.019	揚州市	0.022	紹興市	0.011
無錫市	0.001	鎮江市	0.022	金華市	0.031
徐州市	0.008	泰州市	0.025	衢州市	0.028
常州市	-0.005	宿遷市	-0.005	舟山市	-0.022
蘇州市	0.008	杭州市	0.048	臺州市	-0.031
南通市	-0.041	寧波市	0.033	麗水市	0.053
連雲港市	0.138	溫州市	-0.008		
淮安市	-0.008	嘉興市	0.014		

(6) 南部沿海地區各個城市的比較。

考慮環境因素後,南部沿海地區全要素生產率出現了明顯降低,自年均5.0%的增幅下降為3.8%,年均下降 1.2 個百分點,說明了南部沿海地區經濟增長過程中伴隨著較高的污染排放。而從不同年份的比較看,2006 年和2007 年下降幅度較大,分別為4.7 個百分點和6.7 個百分點。2008 年、2009 年和 2010 年兩種情形下的全要素生產率差距很小,分別僅為0.1、0.4 和 0.9 個百分點。2011 年和 2012 年出現了較大變化,環境全要素生產率反而比傳統全要素生產率分別高出 3.2 個百分點和1.3 個百分點。兩種情形全要素生產率的變化反應了南部沿海地區環境因素對全要素生產率的負向影響逐漸變為正向影響,也進一步說明了,南部沿海地區環境與經濟正呈友好協調發展方向演進。

環境因素使得全要素生產率年均增幅明顯下降的城市及其幅度分別為:清遠市(16.8%)、揭陽市(10.1%)、海口市(8.6%)、汕尾市(8.1%)和潮州市(7.4%)。而出現明顯上升的城市則分別為:深圳市(11.2%)、三亞市

（7.5%）、佛山市（6.9%）、茂名市（4.0%）和莆田市（3.5%）。

表4-14　　　　南部沿海地區環境TFP與傳統TFP比較

城市	下降幅度	城市	下降幅度	城市	下降幅度
福州市	-0.023	深圳市	-0.112	河源市	0.025
廈門市	-0.010	珠海市	-0.020	陽江市	0.042
莆田市	-0.035	汕頭市	-0.014	清遠市	0.168
三明市	0.023	佛山市	-0.069	東莞市	0.013
泉州市	0.000	江門市	0.049	中山市	-0.003
漳州市	-0.013	湛江市	-0.012	潮州市	0.074
南平市	0.015	茂名市	-0.040	揭陽市	0.101
龍岩市	-0.011	肇慶市	-0.006	雲浮市	0.043
寧德市	0.058	惠州市	0.053	海口市	0.086
廣州市	0.007	梅州市	0.058	三亞市	-0.075
韶關市	0.013	汕尾市	0.081		

（7）黃河中遊地區各個城市的比較。

黃河中遊地區傳統全要素生產率年均增長幅度為5.6%，而當考慮環境因素時，年均增長率則僅為2.85%，下降了近2.8個百分點。環境因素對全要素生產率產生了明顯影響，說明該地區城市經濟增長過程中同樣伴隨嚴重的環境污染，高消耗、高排放是該地區城市經濟增長的重要特徵。從不同年份的比較來看，2006—2012年，共有5個年份的傳統全要素生產率超過環境全要素生產率，而2010年和2012年則剛好相反，說明了近年來環境因素對全要素生產率的影響在逐漸減小，環境與經濟友好協調發展的局面正逐步顯現。

從各個城市的比較來看，環境因素對不同的全要素生產率影響差異較大。當考慮環境因素後，全要素生產率年均增幅下降幅度較大的城市主要有：三門峽市（16.0%）、鶴壁市（10.6%）、晉中市（9.7%）、烏海市（8.7%）、大同市（8.1%）、忻州市（7.4%）、運城市（6.3%）、陽泉市（6.1%）、赤峰市（6.1%）和西安市（6.0%）。而全要素生產率在考慮環境因素後出現上升的城市則主要包括：鄭州市（7.0%）、新鄉市（3.9%）、安陽市（3.8%）、洛陽市（3.7%）、榆林市（3.1%）、許昌市（3.1%）、商丘市（2.1%）和銅川市（2.0%）。

表 4-15　　　黃河中遊地區環境 TFP 與傳統 TFP 比較

城市	下降幅度	城市	下降幅度	城市	下降幅度
鄭州市	-0.070	駐馬店市	-0.015	朔州市	0.046
開封市	0.033	西安市	0.060	晉中市	0.097
洛陽市	-0.037	銅川市	-0.020	運城市	0.063
平頂山市	0.038	寶雞市	-0.013	忻州市	0.074
安陽市	-0.038	咸陽市	0.015	臨汾市	0.019
鶴壁市	0.106	渭南市	0.035	呂梁市	0.014
新鄉市	-0.039	延安市	0.002	呼和浩特市	0.016
焦作市	0.015	漢中市	0.016	包頭市	0.052
濮陽市	0.016	榆林市	-0.031	烏海市	0.087
許昌市	-0.031	安康市	0.008	赤峰市	0.061
漯河市	-0.006	商洛市	0.022	通遼市	0.030
三門峽市	0.160	太原市	0.039	鄂爾多斯市	0.017
南陽市	0.049	大同市	0.081	呼倫貝爾市	0.029
商丘市	-0.021	陽泉市	0.061	巴彥淖爾市	-0.006
信陽市	0.004	長治市	0.037	烏蘭察布市	0.001
周口市	0.038	晉城市	0.051		

(8) 長江中遊地區各個城市的比較。

長江中遊地區環境約束下的各個城市全要素生產率年均增幅為3.4%，而不考慮環境因素時的全要素生產率年均增幅則為3.5%，僅相差0.1%，說明環境因素對長江中遊地區各城市全要素生產率的影響較小，也反應了該地區城市經濟增長的較高質量。從不同年份看，2006年、2007年和2008年三個年份傳統全要素生產率明顯高於環境全要素生產率，年均增幅分別高出3.7、2.0和1.6個百分點，說明2008年以前該地區經濟增長伴隨較高的環境污染。而2009—2012年，環境約束下的城市全要素生產率則明顯高於傳統的全要素生產率，2010年和2012年甚至高出了2.7個百分點，說明了長江中遊地區的城市自2009年以後經濟增長質量明顯提升，單位產出的污染排放明顯減少。

從各個城市的比較來看，考慮環境因素時全要素生產率下降幅度較大的城市包括：宣城市（7.7%）、蚌埠市（7.4%）、六安市（6.6%）、宿州市

（5.8%）和黃石市（5.3%）。而全要素生產率出現上升的城市分別為：長沙市（14.8%）、婁底市（7.5%）、黃岡市（6.7%）、蕪湖市（5.3%）和安慶市（5.1%）。

表 4-16　　　　長江中遊地區環境 TFP 與傳統 TFP 比較

城市	下降幅度	城市	下降幅度	城市	下降幅度
南昌市	0.037	孝感市	0.022	合肥市	0.023
景德鎮市	0.043	荊州市	-0.015	蕪湖市	-0.053
萍鄉市	0.036	黃岡市	-0.067	蚌埠市	0.074
九江市	0.036	咸寧市	0.019	淮南市	0.031
新餘市	-0.023	隨州市	0.026	馬鞍山市	-0.007
鷹潭市	0.008	長沙市	-0.148	淮北市	0.041
贛州市	0.015	株洲市	0.036	銅陵市	0.005
吉安市	0.001	湘潭市	-0.015	安慶市	-0.051
宜春市	-0.012	衡陽市	0.017	黃山市	-0.020
撫州市	0.000	邵陽市	0.013	滁州市	0.009
上饒市	-0.012	岳陽市	-0.026	阜陽市	0.031
武漢市	-0.041	常德市	0.000	宿州市	0.058
黃石市	0.053	張家界市	-0.004	六安市	0.066
十堰市	-0.010	益陽市	0.034	亳州市	0.002
宜昌市	-0.027	郴州市	-0.003	池州市	-0.030
襄陽市	0.042	永州市	0.001	宣城市	0.077
鄂州市	-0.010	懷化市	-0.011		
荊門市	-0.002	婁底市	-0.075		

（9）西南地區各個城市的比較。

整體而言，環境因素對西南地區主要城市兩種情形下的全要素生產率影響差異也較小。環境約束下的城市全要素生產率年均增幅為3.6%，而不考慮環境因素時，這一數值為3.1%，僅相差0.5個百分點，而且環境全要素生產率大於傳統全要素生產率，說明了西南地區持續的經濟增長中污染排放相對減少。而從不同年份看，與長江中遊地區相似，2006—2008年傳統全要素生產率高於環境約束下的全要素生產率，而2009—2012年則剛好相反，同樣反應

了隨著政府對於污染排放的關注和治理力度的增強，環境與經濟之間呈現友好協調發展趨勢。

在考慮環境因素後，全要素生產率年均增幅下降較大的城市有：六盤水市（6.8%）、曲靖市（5.8%）、攀枝花市（5.6%）、河池市（5.5%）和貴陽市（5.1%），說明這些城市經濟增長伴隨嚴重的污染。而年均增幅出現較大上升的城市分別為：成都市（10.5%）、防城港市（7.7%）、資陽市（7.3%）、遂寧市（7.1%）、玉林市（6.0%）、達州市（5.8%）和崇左市（5.0%）。這說明這些城市在2006—2012年，經濟增長質量相對較高，經濟高速增長的同時產出相對較少。

表4-17　　　　　西南地區環境TFP與傳統TFP比較

城市	下降幅度	城市	下降幅度	城市	下降幅度
南寧市	0.039	成都市	-0.105	雅安市	-0.021
柳州市	0.032	自貢市	0.044	巴中市	-0.045
桂林市	0.044	攀枝花市	0.056	資陽市	-0.073
梧州市	-0.032	瀘州市	-0.019	貴陽市	0.051
北海市	0.037	德陽市	-0.016	六盤水市	0.068
防城港市	-0.077	綿陽市	0.019	遵義市	0.018
欽州市	0.048	廣元市	0.009	安順市	0.010
貴港市	0.043	遂寧市	-0.071	昆明市	0.028
玉林市	-0.060	內江市	-0.010	曲靖市	0.058
百色市	0.041	樂山市	0.028	玉溪市	-0.046
賀州市	-0.006	南充市	-0.016	保山市	0.011
河池市	0.055	眉山市	-0.006	昭通市	-0.013
來賓市	0.017	宜賓市	0.017	麗江市	0.036
崇左市	-0.050	廣安市	0.016	思茅市	0.025
重慶市	-0.048	達州市	-0.058	臨滄市	0.029

（10）西北地區各個城市的比較。

西北地區兩種情形下的全要素生產率年均增幅在八大區域中都是最低的。在考慮環境因素時，年均增幅為1.2%，而不考慮環境因素的全要素生產率年均增幅為2.1%，僅相差0.9個百分點，說明了環境因素影響較小。從不同年

均的差距來看，僅有 2010 年和 2012 年環境全要素生產率大於傳統全要素生產率，而其他年份都是相反的。雖然環境因素對西北地區兩種情形下的全要素生產率影響差異小，但由於西北地區城市全要素生產率年均增幅小，也反應了其經濟增長中，要素投入占據主導地位，全要素生產率貢獻較小。在今後的經濟增長中，西北地區必須改革原有的產業結構，提高技術對經濟增長的貢獻，尤其是環境全要素生產率對經濟增長的貢獻。

從西北地區各城市兩種情形下的全要素生產率比較看，考慮環境因素後年均增幅下降幅度較大的城市有：嘉峪關市（7.5%）、吳忠市（6.4%）、酒泉市（6.2%）、銀川市（5.1%）、石嘴山市（4.7%）、張掖市（4.1%）。而全要素生產率在考慮環境因素後出現上升的城市則分別為：金昌市（11.1%）、隴南市（2.3%）、平涼市（2.3%）、武威市（2.1%）和定西市（1.9%）。

表 4-18　　　　　　西北地區環境 TFP 與傳統 TFP 比較

城市	下降幅度	城市	下降幅度	城市	下降幅度
蘭州市	0.019	平涼市	-0.023	吳忠市	0.064
嘉峪關市	0.075	酒泉市	0.062	固原市	0.031
金昌市	-0.111	慶陽市	0.004	中衛市	0.022
白銀市	0.040	定西市	-0.019	烏魯木齊市	0.040
天水市	0.034	隴南市	-0.023	克拉瑪依市	0.030
武威市	-0.021	西寧市	0.040	石嘴山市	0.047
張掖市	0.041	銀川市	0.051		

4.3.4　小結

本部分採用 2005—2012 年數據對中國 285 個地級市 2006—2012 年的環境全要素生產率進行了測算、分解和比較。研究表明：①城市環境全要素生產率呈現下降趨勢。2006 年環境全要素生產率增長率為 4.60%，2007 年達到最大值 4.81%，之後趨於下降，2011 年僅為 1.17%，2012 年相較於前一年略有增長，為 2.65%。②技術進步是環境全要素生產率增長的主要貢獻者。從環境全要素生產率的分解情況看，技術進步率最高為 2010 年的 7.1%，最低為 2011 年和 2012 年的 2.6%。技術效率在 7 個年份中有 3 個年份處於衰退狀態，最大衰退為 -3.53%。技術效率年均增幅最高僅為 1.95%。③八大區域環境全要素生產率年均增幅差異較大。最高的是北部沿海地區，年均增長率為 4.5%；其他

為東部沿海地區（4.41%）、東北地區（3.98%）、南部沿海地區（3.80%）、西南地區（3.64%）、長江中遊地區（3.44%）、黃河中遊地區（2.85%）、西北地區（1.24%）。整體而言，八大區域技術效率年均增長率差異不大，說明了技術進步是構成八大區域環境全要素生產率差異的主要來源。④地級市環境約束下的全要素生產率差異較大。排名前十位的城市依次是：深圳市（14.8%）、上海市（14.5%）、鄂爾多斯（12.5%）、金昌市（12.0%）、長沙市（11.4%）、佛山市（11.4%）、資陽市（11.0%）、三亞市（10.7%）、北京市（9.9%）、成都市（9.6%）。285個地級市中有13個城市出現了年均增長率為負的情況，這13個地級市分別為：平涼市（-12.4%）、海口市（-4.1%）、亳州市（-2.3%）、揭陽市（-2.2%）、梅州市（-2.0%）、伊春市（-1.6%）、邯鄲市（-1.5%）、平頂山市（-1.4%）、寧德市（-1.3%）、佳木斯市（-0.4%）、吳忠市（-0.2%）、惠州市（-0.2%）、汕尾市（-0.1%）。⑤環境TFP與傳統TFP的比較。不考慮環境因素時，285個地級市2006—2012年全要素生產率年均增長4.8%，而當考慮環境因素時，年均增幅僅為3.5%，下降了1.3個百分點，說明傳統全要素生產率測算結果被高估。整體來看，兩種情形下的全要素生產率都是不斷下降的，但兩種情形下的全要素生產率差距在不斷縮小。與不考慮環境因素的全要素生產率比較看，八大區域中，多數區域環境約束下的全要素生產率出現了下降，僅有東部沿海地區和西南地區出現了輕微的上升，上升幅度很小，說明這兩個地區出現了污染排放減少和經濟增長協調發展的良好局面。

4.4　環境約束下長江流域主要城市全要素生產率測算①

從已有文獻來看，對於全要素生產率的測算，投入指標多數採用資本存量和勞動力兩個指標，而對於「好」產出指標，多採用實際GDP表示，但對於「壞」產出，則由於數據的可獲取性以及研究的目標差異，選取的變量存在較大區別，主要有二氧化碳、二氧化硫、化學需氧量、廢氣排放量、廢水排放量等。不同的變量選擇可能會產生不同的測算結果，所以，對於變量的選擇，常常根據研究的目的性及其數據獲取的便利性。本部分擬採用長江流域沿線主要

---

① 張建升.環境約束下長江流域主要城市全要素生產率研究［J］.華東經濟管理，2014（12）：59-63.

城市數據，對環境約束下的長江流域主要城市全要素生產率進行測算。

4.4.1 長江流域概況

長江流域地處整個中國版圖的腰腹地帶，涵蓋了川、湘、鄂、贛、皖、蘇、滬等11省市，面積約205萬平方千米，流域面積占全國18%，人口占全國36%，地區生產總值占全國37%。自20世紀90年代開始，長江流域先後開發並形成了以重慶和成都為中心的長江上游城市群經濟連綿帶、以武漢為中心的中遊城市群經濟連綿帶、以上海和南京為中心的長江下游城市群經濟連綿帶，這三大城市群經濟帶已成為全國工業生產和服務業最為密集的地區之一，長江流域經濟帶被譽為繼中國沿海經濟帶之後最有活力的經濟帶。

2016年，《長江經濟帶發展規劃綱要》正式頒布，標誌著長江經濟帶建設正式上升為國家發展戰略，這也是中國新一輪改革開放轉型實施的新區域開放、開發戰略。長江經濟帶是具有全球影響力的內河經濟帶、東中西互動合作的協調發展帶、沿海沿江沿邊全面推進的對內對外開放帶，也是生態文明建設的先行示範帶。

然而，在經濟社會快速發展的同時，長江流域也同樣面臨環境污染嚴重、水質不斷下降的困擾，入河污染物逐年增加，長江流域廢污水排放量在20世紀70年代末為95億t/a，20世紀80年代末為150億t/a，20世紀90年代末超過200億t/a，到2011年已達到342.1億t/a，年均遞增速度約為3%。長江流域工業廢水排放量2001年為138.3億噸，到2011年激增為227.3億噸（周少林等，2013）。長江流域經濟的快速發展同樣面臨著環境的剛性約束。

如何在實現經濟快速發展的同時減少環境污染成為長江流域可持續發展的關鍵問題。而實證考察環境與經濟之間關係的一種重要思路是探討考慮環境污染時的全要素生產率的變化。全要素生產率是在生產過程中利用全部投入要素獲得產出的能力水平的重要度量指標，最早由索洛（1957）提出，也稱為「索洛餘值」，目前已經在農業、製造業、服務業以及區域經濟比較等領域廣泛應用（劉秉鐮、李清彬，2009；李希義，2013；辛玉紅、李星星，2014），是經濟增長問題最為流行的研究領域之一。但長期以來對傳統全要素生產率的測算僅僅考慮了合意產出（GDP），並沒有考慮非合意產出（例如碳排放量、工業廢水等）對環境的影響，實際上是忽略了經濟增長對社會福利的負面影響，無法反應出經濟增長的真實績效。傳統全要素生產率的測度主要通過Malmquist指數，但該指數無法解決非合意產出問題。Chung等人（1999）在測度瑞典紙漿廠的全要素生產率時，引入方向性距離函數，並對Malmquist指

數進行修正。修正後的 Malmquist 指數也被稱為 Malmquist-Luenberger 指數，這個指數可以測度存在環境約束時的全要素生產率。近年來，國內一些學者已經採用 ML 指數對考慮環境因素的全要素生產率進行實證研究（王兵，吳延瑞等，2010；田銀華，賀勝兵等，2011；李靜，陳武，2013）。

城市是各種要素在空間聚集的產物，也是區域經濟增長的核心地帶。從發達國家經濟發展歷程來看，經濟的發展與城市的發展是具有同步性的。城市經濟的發展，是一個區域經濟增長的核心動力，而城市的發展也同樣面臨效率問題。目前，中國已有不少學者採用不同方法、基於不同角度，對城市全要素生產率進行了研究。嚴斌劍、範金等人（2008）以南京市各區縣城鎮為研究對象，利用 Malmquist 指數法對 1991—2005 年的城鎮全要素生產率進行了測算，並進一步將其分解為規模效率、技術效率和技術進步三個部分，認為技術進步是南京市城鎮全要素生產率提升的主要推動因素，技術進步水平與研發資本存量間存在單向的因果關係。張欽和趙俊（2010）同樣採用 Malmquist 指數法對中國 50 個地級以上的資源型城市的全要素生產率進行了研究，認為 1990—2007 年，受益於技術效率的改進，中國資源型城市的全要素生產率增長較為緩慢，平均僅為 0.8%。對處於不同區域、不同類別的資源型城市對比來看，由於技術水平所存在的差異導致了全要素生產率產生明顯區別。管馳明和李春（2013）運用索洛殘差法對上海市 1979—2011 年的全要素生產率進行了估算，並對其增長源泉進行定量分析。結論表明，全要素生產率對上海經濟增長發揮著日益重要的作用。

從以上文獻可以看出，雖然關於中國城市全要素生產率的研究已經較為豐富，但都沒有考慮環境因素的影響。基於此，本部分試圖在考慮環境因素的前提下，基於「綠色生產率」的視角，以中國長江流域沿線主要城市的投入產出數據為基礎，測算並比較在考慮環境因素和未考慮環境因素兩種情形下的全要素生產率，進而合理評價長江流域主要城市的經濟發展績效。

4.4.2 數據說明與變量選擇

（1）數據說明。

由於工業廢水統計口徑的限制，本書採用 2003—2012 年中國長江流域沿岸 24 個地級市的投入產出數據。24 個地級市分別為（從長江上游至下游順序排列）：攀枝花、宜賓、瀘州、重慶、宜昌、荆州、岳陽、咸寧、武漢、鄂州、黃石、黃岡、九江、安慶、池州、銅陵、蕪湖、馬鞍山、南京、揚州、鎮江、泰州、南通、上海。為便於比較分析，本書根據地理位置將以上各個地級市劃

分為長江上游、中游和下游三大地區。長江上游地區包括重慶市和四川省內的地級市；長江中游地區包括了湖北、湖南、江西、安徽所轄長江沿岸城市；江蘇省內城市及上海市劃歸到長江下游地區。相關數據均來源於《中國城市統計年鑑》《中國統計年鑑》。由於《中國城市統計年鑑》中關於各城市數據的統計按照「全市」「市轄區」兩個口徑進行統計，而第二、第三產業主要集中在城市，並且「全市」口徑下的勞動力並未統計農村從業人員，根據本書研究目的，選擇各城市「市轄區」口徑下的數據進行分析。

（2）投入產出指標選擇。

投入指標：選擇資本存量和勞動力作為投入指標。勞動力（萬人）是以各城市「年末單位從業人員數」和「城鎮私營和個體從業人員」數據加總而得。資本存量（萬元）採用「永續盤存法」進行計算，計算公式為：$K_{it} = K_{it-1}(1-\delta) + I_{it}/P_{it}$，$\delta$為折舊率，採用張軍等學者（2004）的研究結果，取值為9.6%。基年資本存量借鑑Young（2000）的方法，以2000年固定資產投資總額除以10%作為初始資本存量。由於現行統計中沒有關於各城市固定資產投資價格指數的數據，因此，為剔除價格因素的影響，計算結果採用各城市所屬省份的固定資產投資價格指數折算為2000年不變價。

產出指標：包括「好」產出和「壞」產出。「好」產出為各城市生產總值，以其所在省份GDP平減指數折算為2000年不變價。對於「壞」產出，目前常用的指標包括二氧化碳、二氧化硫、化學需氧量、廢水排放量等，考慮到廢水對長江污染的危害更為嚴重，同時囿於數據的可獲取性，本書採用「廢水排放量」作為「壞」產出。對於廢水排放總量的計算，以市轄區工業廢水排放量和城鎮居民生活污水排放總量加總表示。其中，對於工業廢水排放量，由於目前僅統計了全市口徑的工業廢水排放量，未統計市轄區工業廢水排放量，故本書採用市轄區限額以上工業總產值占比乘以全市工業廢水排放量來近似市轄區工業廢水排放量。城鎮居民生活污水排放總量的計算根據環境科學部華南環境科學研究所的方法，計算公式為：$G = 365 \times N_c F \times 10$。其中：$G$表示城鎮生活源水污染物年產生量（噸/年）；$N_c$表示市轄區城鎮常住人口（萬人），在計算中以年末總人口數代替；F表示城鎮居民生活污水產生係數（升/人·天），各城市居民生活污水產生係數值同樣採用環境科學部華南環境科學研究所的計算結果。

樣本觀測值的統計描述如表4-19、4-20所示：

表 4-19　　　　　　　　變量的描述性統計

	N	T	均值	標準差	最大值	最小值	單位
K	24	9	2,644.55	5,431.41	30,874.06	83.40	億元
L	24	9	86.74	157.42	924.24	5.35	萬人
Y	24	9	1,045.95	2,306.98	15,582.32	35.16	億元
U	24	9	25,686	39,716	169,584	2,301	萬噸

表 4-20　長江流域 24 個地級市投入產出數據平均值（2003—2012 年）

年份	勞動（萬人）	資本（億元）	地區生產總值（億元）	污水排放量（萬噸）
2003	71.49	1,523.62	557.06	26,849
2004	66.85	1,669.02	633.82	26,655
2005	76.45	1,844.03	723.19	26,235
2006	75.08	2,061.5	817.21	26,481
2007	78.42	2,313.3	930.54	25,707
2008	83.64	2,581.44	1,037.63	25,183
2009	92.77	2,961.86	1,202.89	25,264
2010	96.77	3,399.12	1,344.08	24,273
2011	109.69	3,805.02	1,523.77	25,254
2012	116.22	4,286.61	1,689.27	24,968

註：表中數據為作者根據《中國城市統計年鑒》相關數據整理所得。

4.4.3　實證分析結果

根據以上思路，採用長江流域沿線 24 個地級市相關數據，對考慮非期望產出的城市投入產出效率、全要素生產率進行實證分析：

（1）考慮非期望產出的生產前沿與投入產出效率。

表 4-21 顯示了在考慮非期望產出的情況下，長江流域主要城市 2003—2012 年投入產出效率的平均值及變動情況，從表 4-21 來看：

①長江流域各城市投入產出效率差異較大，但差異在逐漸縮小。樣本期間，位於生產前沿上的城市數量最多的年份為 2012 年，有 6 個城市；其次，在 2003 年和 2009 年分別有 5 個位於生產前沿。總體數量佔樣本數量的比例僅

為20%多，反應了技術無效率是長江流域主要城市的普遍現象。從十年的平均值來看，始終處於生產前沿面上的城市只有上海市，效率值最低的5個城市分別為：黃岡市（0.399）、池州市（0.417）、重慶市（0.424）、咸寧市（0.439）、荊州市（0.446），均為長江中上游城市；從各年份的變異系數值來看，各城市在2003年的變異系數值為0.322，而到2011年和2012年分別為0.293和0.307，說明環境約束下的各城市技術效率值雖然差異較大，但這種差異在逐漸縮小。

②分區段來看，長江上、中、下游城市投入產出效率呈現從低到高的階梯式分佈。長江上游城市投入產出效率平均值為0.558，中游城市為0.629，下游城市均值為0.787。這一分佈特徵與中國東、中、西部地區的經濟發展特徵較為相似。

③長江流域各城市投入產出效率變化差異較大。為分析各城市在不同年份投入產出效率的變化情況，進一步計算了其變異系數，從結果來看，宜賓市、黃石市、銅陵市、鎮江市和攀枝花市5個城市的變異系數最大。以宜賓市為例，在2011年和2012年技術效率值均為1，處於生產前沿面上，而在其他年份中，最低的技術效率值僅為0.469，說明部分城市技術效率不穩定，變化差異大。

表4-21　　各城市考慮非期望產出的技術效率值及變異系數

地區	技術效率	變異系數	地區	技術效率	變異系數
攀枝花市	0.680	0.203	池州市	0.417	0.156
宜賓市	0.629	0.324	銅陵市	0.877	0.222
瀘州市	0.512	0.104	蕪湖市	0.675	0.104
重慶市	0.424	0.142	馬鞍山市	0.944	0.126
宜昌市	0.544	0.085	南京市	0.660	0.093
荊州市	0.446	0.078	揚州市	0.899	0.110
岳陽市	0.913	0.129	鎮江市	0.720	0.212
咸寧市	0.439	0.090	泰州市	0.622	0.156
武漢市	0.677	0.074	南通市	0.819	0.139
鄂州市	0.611	0.056	上海市	1.000	0.000
黃石市	0.730	0.273	長江上游	0.558	
黃岡市	0.399	0.127	長江中游	0.629	

表4-21(續)

地區	技術效率	變異係數	地區	技術效率	變異係數
九江市	0.593	0.168	長江下游	0.787	
安慶市	0.540	0.112			

(2) 兩種情形下的全要素生產率及其分解。

表4-22、表4-23分別顯示了在不考慮環境因素和考慮環境因素兩種情形下，長江流域主要城市全要素生產率隨時間的動態演進趨勢及各城市之間的差異。

從表4-21可以看出：

①當考慮環境因素時，長江流域城市全要素生產率明顯下降。在不考慮環境因素的情況下，2003—2012年，長江流域城市全要素生產率年均增長2.8%；而當考慮環境因素時，全要素生產率年均增長率降低為2.3%，年均下降0.5個百分點。這說明不考慮環境因素的TFP被高估。

②長江流域城市全要素生產率不斷增長，技術進步是其增長的主要源泉。對不考慮環境因素的全要素生產率分解表明，技術進步率年均增長1.5%，效率改善值年均為1.3%，兩者差距並不大；但當考慮環境因素時，技術進步率為2.8%，技術效率則出現了輕微的變化，年均下降0.3%。這一結果表明，環境約束下長江流域城市全要素生產率的增長主要是技術進步的貢獻，技術效率貢獻值較小甚至為負影響。

③樣本期間，長江流域城市全要素生產率增長率整體呈現「V」字形演變。從圖4-9可以清晰地看出，從2004年開始，城市TFP整體呈現不斷下降態勢，ML指數2009年最低，TFP增長率為-1.7%；M指數2010年最低，TFP增長率為-0.9%；分析認為這可能是由於全球金融危機的影響所致，在金融危機過後，經濟開始逐步恢復，到2011年全要素生產率增長分別為2.7%和2.8%，2012年分別為1.0%和3.8%。

表4-22　　兩種情形下的全要素生產率及其分解：時間趨勢

年份	情形1：不考慮環境因素			情形2：考慮環境因素		
	M	EFFCH	TECH	ML	MLEFFCH	MLTECH
2003—2004	1.077	1.049	1.027	1.048	0.987	1.062
2004—2005	1.074	0.902	1.191	1.064	1.022	1.041

表4-22(續)

年份	情形1:不考慮環境因素			情形2:考慮環境因素		
	M	EFFCH	TECH	ML	MLEFFCH	MLTECH
2005—2006	1.053	1.103	0.954	1.036	0.982	1.055
2006—2007	1.010	0.985	1.025	1.013	0.984	1.029
2007—2008	1.025	1.058	0.969	1.010	1.011	0.999
2008—2009	0.991	1.030	0.962	0.983	0.993	0.990
2009—2010	0.989	1.001	0.988	1.003	0.972	1.032
2010—2011	1.027	0.935	1.099	1.028	0.998	1.030
2011—2012	1.010	1.071	0.942	1.038	1.022	1.016
平均值	1.028	1.013	1.015	1.023	0.997	1.028

註：表格中數值均為各城市所對應指數的幾何平均值。

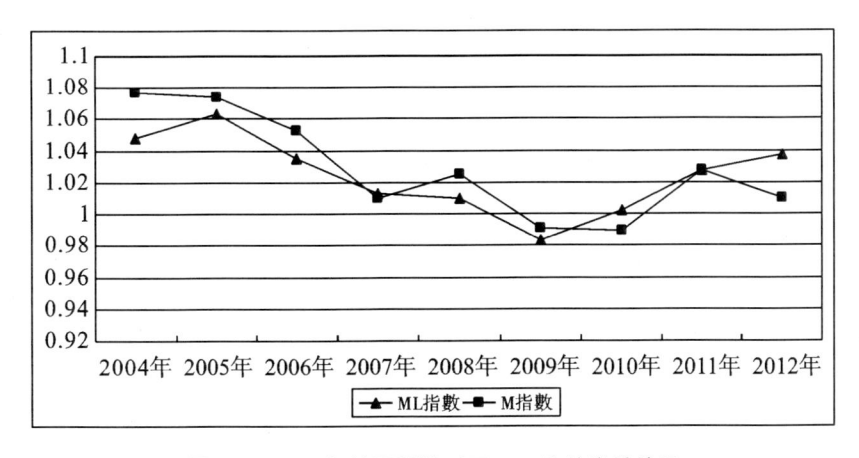

圖4-9 不同年份兩種情形下TFP值的變動情況

從表4-23可以看出，在樣本期間：

①長江流域城市全要素生產率增長差異較大。從環境約束下的城市全要素生產率增長情況來看，長江流域24個城市中，只有鄂州市、南京市和岳陽市3個城市出現了全要素生產率的倒退，年均下降幅度分別為1.3%、0.8%和4.4%。年均增長排名前5位的城市分別為：宜賓市（6.6%）、馬鞍山市（5.6%）、上海市（5.5%）、宜昌市（4.6%）、蕪湖市（4.5%）。

②多數城市在技術進步快速提高的同時，技術效率明顯惡化。在24個城市中，只有宜賓市、瀘州市等4個城市技術效率得到改善，重慶市、岳陽市等

6個城市技術效率不變,其他城市技術效率都出現惡化,進一步說明了技術效率惡化是阻礙長江流域城市綠色全要素生產率提高的主要原因。

③環境約束對不同城市全要素生產率的影響差異較大。當考慮環境因素時,多數城市全要素生產率增幅出現明顯下降,但下降幅度並不相同,增幅下降最大的城市為銅陵市,下降6.7%,其他下降較多的城市及下降幅度為:宜昌市(3.4%)、岳陽市(3.5%)、鄂州市(3.3%)和攀枝花市(2.7%)。

④分區段來看,不考慮環境因素時,長江上、中、下游城市全要素生產率年均增長分別為4.6%、2.6%和2.1%;而考慮環境因素時,上、中、下游城市全要素生產率年均增長分別為3.6%、1.9%和3.0%。兩種情形下長江上游城市全要素生產率都明顯高於中下游城市,中下游城市TFP總體接近,說明近年來隨著中西部地區經濟的快速發展,長江中下游城市經濟發展也明顯提速,東中西差異不斷縮小。但兩種情形下的比較可以看出,當考慮環境因素時,長江上游、中遊城市TFP增長幅度分別降低了1.0%和0.7%,說明這兩個區段的城市在經濟快速發展的同時,也產生了大量的污染。而長江下游城市的全要素生產率在考慮環境因素時,則由原來的2.1%提升為3.0%,說明了長江下游城市在城市的快速發展過程中,更加注重環境污染的治理和保護,將環境友好提升到了與經濟發展同等重要的地位,實現環境與經濟的良性互動發展。

⑤對兩種情形下長江上、中、下游城市全要素生產率的分解結果對比表明,當忽略環境因素的影響時,均高估了技術效率改善對全要素生產率的貢獻而低估了技術進步的貢獻。當考慮環境因素時,長江中遊地區城市技術效率由原來的年均增幅1.2%下降為衰退0.4%,技術進步則由1.4%提高到2.3%;長江下游地區城市技術效率由原來的年均增長0.1%下降為衰退1.2%,技術進步則由1.1%提高到4.2%;變動最明顯的為長江上游地區,技術效率由年均增幅3.7%下降為1.2%,技術進步則由0.8%增長為2.4%。

表4-23　　兩種情形下的全要素生產率及其分解:區域差異

地區	不考慮環境因素			考慮環境因素		
	M	EFFCH	TECH	ML	MLEFFCH	MLTECH
攀枝花市	1.058	1.048	1.010	1.031	0.994	1.037
宜賓市	1.077	1.072	1.005	1.066	1.041	1.023
瀘州市	1.036	1.026	1.010	1.020	1.014	1.007

表4-23(續)

地區	不考慮環境因素			考慮環境因素		
	M	EFFCH	TECH	ML	MLEFFCH	MLTECH
重慶市	1.015	1.005	1.009	1.029	1.000	1.029
宜昌市	1.080	1.052	1.027	1.046	0.994	1.052
荊州市	1.024	1.015	1.009	1.008	0.982	1.026
岳陽市	0.991	0.988	1.003	0.956	1.000	0.956
咸寧市	1.027	1.018	1.009	1.023	0.997	1.025
武漢市	1.040	1.027	1.012	1.039	1.010	1.029
鄂州市	1.020	1.010	1.010	0.987	0.989	0.997
黃石市	0.971	0.952	1.020	1.003	0.977	1.027
黃岡市	1.019	1.010	1.009	1.028	1.000	1.029
九江市	0.999	0.991	1.009	1.014	0.983	1.032
安慶市	1.056	1.044	1.011	1.036	0.999	1.038
池州市	0.993	0.983	1.011	1.009	0.984	1.026
銅陵市	1.083	1.074	1.009	1.016	1.030	0.987
蕪湖市	1.015	1.002	1.013	1.045	0.997	1.048
馬鞍山市	1.048	1.004	1.043	1.056	1.000	1.056
南京市	1.013	0.998	1.016	0.992	0.981	1.011
揚州市	1.030	1.017	1.013	1.037	1.000	1.037
鎮江市	0.982	0.967	1.015	1.034	0.980	1.055
泰州市	1.003	0.976	1.028	1.022	0.975	1.048
南通市	1.022	1.006	1.016	1.040	0.993	1.047
上海市	1.078	1.041	1.036	1.055	1.000	1.055
幾何平均	1.028	1.013	1.015	1.023	0.997	1.028

註：表格中數值均為各地區不同年份所對應指數的幾何平均值。

4.4.4 小結

本部分採用方向性距離函數和ML生產率指數，對考慮非期望產出下的生產前沿與技術效率，以及考慮環境因素和不考慮環境因素兩種情形下中國長江

流域2003—2012年24個城市的全要素生產率進行了測度。主要得出以下幾點結論：①當考慮非期望產出時，只有上海市始終處於生產前沿面；技術無效率是長江流域主要城市的普遍現象，各城市之間投入產出效率差異大且不穩定；各城市變異系數值由2003年的0.322下降為2012年的0.307，說明環境約束下的各城市技術效率值雖然差異較大，但這種差異在逐漸縮小；分區段來看，長江上、中、下游城市技術效率呈現從低到高的階梯式分佈。②從長江流域城市全要素生產率隨時間的演變趨勢來看，全要素生產率增長率從2003年開始整體呈下降趨勢，金融危機之後又開始不斷提升；當考慮環境因素時，長江流域城市全要素生產率出現明顯下降，說明不考慮環境因素的TFP被高估；長江流域城市全要素生產率不斷增長，技術進步是其增長的主要源泉。③從長江流域各城市全要素生產率之間的差異來看，多數城市在技術進步快速提高的同時，技術效率明顯惡化，進一步說明了技術效率惡化是阻礙長江流域城市綠色全要素生產率提高的主要原因；環境約束下的城市全要素生產率增長差異大，只有鄂州市、南京市和岳陽市3個城市出現了全要素生產率的倒退，其他城市全要素生產率都不斷增長；兩種情形下長江上游城市全要素生產率都明顯高於中下游城市，但當考慮環境因素時，長江上游、中游城市TFP增長幅度分別降低了1.0%和0.7%，說明這兩個區段的城市在經濟快速發展的同時，也產生了大量的污染；進一步的分解結果說明，忽略環境因素時技術效率改善值被明顯高估，而技術進步對全要素生產率的貢獻則被低估。

近年來，隨著成渝經濟區的規劃建設、西部大開發和中部崛起戰略的實施，地處中西部地區的長江中上游城市的經濟發展明顯提速，這一方面歸功於資本、勞動力等生產要素的大量投入，另一方面應當歸功於全要素生產率的快速增長，這已被本書的研究結果所證實。根據「波特假說」，環境約束在增加城市發展成本的同時，會激勵城市管理者採取有利於經濟發展和資源節約、環境友好的新技術，產生提高城市發展效率的「創新補償」效應，從本書的研究結果看，長江下游城市已開始出現「波特雙贏」局面。但我們也必須清楚地看到，當考慮環境因素的影響時，長江中上游城市的全要素生產率增幅卻出現了明顯下降趨勢，說明長江中上游城市經濟在快速發展的同時，對環境污染及治理的關注度還不夠。為保護長江水質安全以及實現流域經濟社會的可持續發展，長江中上游城市必須將環境保護提升到與經濟發展同等重要的地位，在促進城市發展效率提升的同時，加強對環境污染的治理。一是政府應通過環境稅、排放權交易等市場化舉措，引導和激勵企業進行生產技術與污染治理技術的創新和應用，使企業減排變被動為主動，節能降耗和減排不再是企業發展的

剛性約束；二是提高環境規制強度，通過環境規制政策的制定和實施，引導資本、勞動力和技術等要素的流向，提高城市化進程中的要素配置效率；三是依託長江經濟帶上升為國家戰略這一契機，強化長江沿岸各城市之間的政府合作和企業合作，健全落實區域聯動執法機制，協同長江流域環境治理工作，形成上中下游聯手防污、治污的格局，最終實現長江流域城市經濟發展與環境友好的「波特雙贏」。

4.5 環境全要素生產率的時空演變

對於全要素生產率的區域差異變動情況，傳統研究思路大都是採用基尼系數、GE（Generalized Entropy）指數和變異系數等來衡量地區之間的增長差異程度。但是，這些不平等指標反應的僅僅是全要素生產率整體的離散情況，並無法刻畫全要素生產率的分佈狀況，也無法揭示收斂的動態性和長期趨勢，無法體現多重穩態帶來的分層收斂和多峰收斂。因此，本部分採用 Quah 提出的一種全新的增長趨同研究方法——分佈動態法（MEDD）來考察全要素生產率分佈的演化歷程及發展趨勢。

分佈動態法是 Quah 於 20 世紀 90 年代提出的，該方法可以很直觀地描述所考察區域變量分佈的形狀和分佈隨時間的動態演變，這對於研究趨同問題的傳統分析方法而言具有非常明顯的優勢，是一種更能描述事實現象的一種非參數的估計方法。動態分佈法包括核密度估計法和馬爾可夫鏈方法，前者將原有序列作為連續狀態處理，而後者將原有序列作為離散狀態處理。本部分採用核密度估計方法進行分析[①]。

假設隨機變量 $X_1, X_2, \cdots, X_N$ 同分佈，其經驗分佈函數為：

$$F_n(y) = \frac{1}{N}\sum_{i=1}^{N}\theta(X_i \leq y) \tag{4-11}$$

式（4-11）中，$\theta(z)$ 為指標函數，N 為觀測值數目，$X_i \leq y$ 是條件關係式，當 $X_i \geq y$，$\theta(z)=0$；當 $X_i \leq y$ 時，$\theta(z)=1$。取核函數為均勻核，則核密度估計為：

$$f(x) = [F_n(x+h) - F_n(x-h)]/2h = \frac{1}{hN}\sum_{i=1}^{N}\eta_0(\frac{x-X_i}{h}) \tag{4-12}$$

---

① 高鐵梅. 計量經濟分析方法與建模 [M]. 北京：清華大學出版社，2006.

式（4-12）中，h 為帶寬，將核函數放寬就得到一般的核密度估計：

$$f(x) = \frac{1}{hN} \sum_{i=1}^{N} \eta(\frac{x - X_i}{h}) \tag{4-13}$$

式（4-13）中，η 為核函數。

根據以上思路，對 2001—2013 年中奇數年份環境約束下的全要素生產率和不考慮環境因素的全要素生產率分佈進行分析，結果見圖 4-10、圖 4-11。

考察期內分佈概率密度函數的形態能夠反應全要素生產率是否出現兩極分化現象。如果分佈的概率密度函數呈現「單峰」形狀，則說明全要素生產率分佈向唯一的均衡點收斂，不存在多重均衡；如果分佈的概率密度函數呈現「雙峰」或者「多峰」形狀，則表明全要素生產率分佈分別向著高水平和低水平兩個均衡點或者更多均衡點收斂，由此認為全要素生產率的地區差異出現了兩極分化或者多極分化現象（張建升，2011）。為進一步揭示全要素生產率分佈的動態演進趨勢，我們選擇 Epanechnikov 核函數和 Silverman 最佳帶寬，利用核密度估計給出全要素生產率在主要年份的密度分佈。

圖 4-10 顯示的是不考慮環境因素時全要素生產率的分佈狀態。從不同年份分佈圖的比較可以看出，僅有 2001 年全要素生產率呈現明顯的一大一小雙峰分佈狀態，主峰位於 1.06~1.10，而小峰則位於 1.12~1.14，表明該時期各地區全要素生產率呈現明顯的雙極分化現象，即兩個「俱樂部」。而 2003 年之後，則一直呈單峰分佈狀態，表明各地區全要素生產率向單一均衡點收斂。從左右拖尾來看，趨勢也較為明顯，左拖尾不斷延長，在 2001 年為 1.05 左右，逐漸延長到 2005 年的 0.95、2007 年的 0.90、2009 年的 0.85；右拖尾也存在向右延展趨勢，但整體變動較小，2001 年為 1.14 左右，2007 年達到最大，接近 1.20，2009 年後有所縮小。左右拖尾的延伸表明了各地區全要素生產率差異的擴大趨勢。

圖 4-11 顯示的是考慮環境因素時全要素生產率的分佈狀態。從不同年份的分佈來看，每個年份都呈現一個主峰、多個小峰的狀態，表明全要素生產率雖然呈現多極分化現象，但整體向主要的均衡點收斂。進一步根據密度分佈圖的移動和跨度來看，2001—2007 年，環境全要素生產率主峰位於 1.0~1.1，而 2009—2013 年，主峰則逐漸向左移動，表明多數地區環境全要素生產率年均增幅逐漸降低。從右拖尾看，變動相對較大，2001 年位於 1.3~1.4，2003 年有所縮小，位於 1.2~1.3，2005 年達到最大，位於 1.4~1.5，之後又不斷減小。而左拖尾的變動趨勢較為明顯，整體是不斷向左移動的，從 2001 年位於 0.9~1.0，逐漸左移到 2005 年的 0.9、2007 年的 0.8，到 2009 年和 2013 年位

於 0.6~0.7，表明環境約束下的全要素生產率差距逐漸擴大，進一步驗證了其變異系數的計算結果。

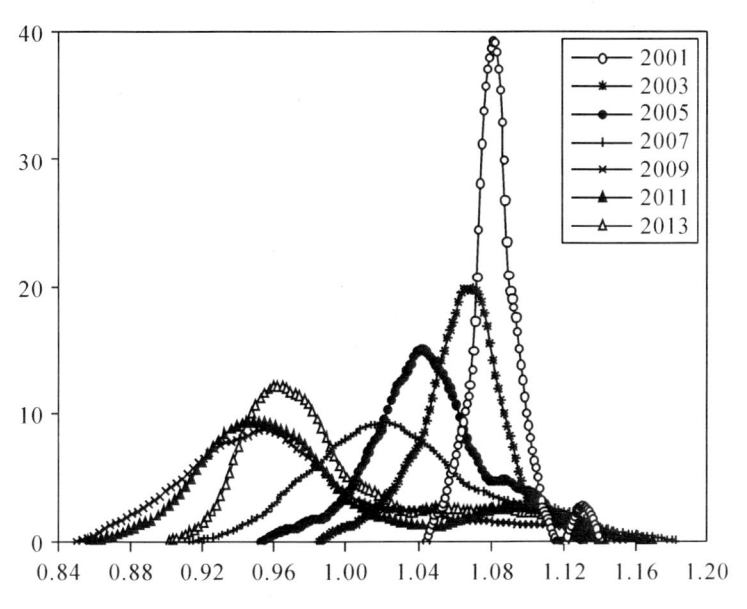

圖 4-10 不考慮環境因素時全要素生產率的分佈

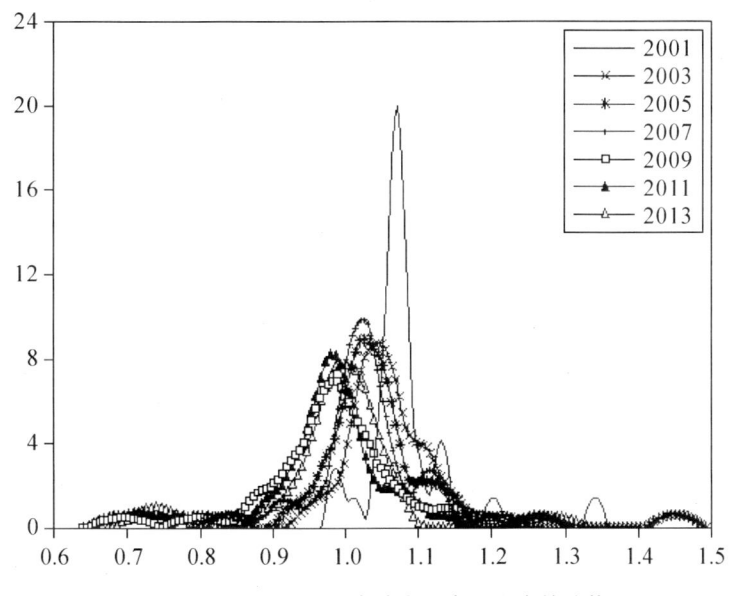

圖 4-11 考慮環境因素時全要素生產率的分佈

4.6 結論

本章分別基於三個層面，從省級層面、城市層面、流域層面對中國 30 個省份、285 個地級市、長江流域 24 個城市環境約束下的全要素生產率進行了測算，並與不考慮環境因素的測算結果進行了對比分析，最後對兩種情形下各地區的全要素生產率分佈動態進行了分析。

1. 省級層面的環境全要素生產率測算及比較

本部分以資本存量、勞動力作為投入指標，以地區生產總值和二氧化硫為產出指標，採用 ML 指數對中國 30 個省份的環境全要素生產率進行測算。研究結果表明：①中國各地區全要素生產率不斷增長。2001—2014 年，環境約束下的各地區全要素生產率年均增幅為 2.6%，其中，技術進步年均提升 4.1%，而技術效率則出現惡化，年均下降 1.4%，說明技術進步是影響中國各地區全要素生產率增長的主要因素。②從時間趨勢來看，中國各地區全要素生產率增長速度逐漸下降。2001—2007 年，環境約束下的中國全要素生產率從年均增長 8.2%逐漸下降到 2.4%，並且從 2008 年開始，全要素生產率出現明顯下降，2008 年 TFP 下降 1.2%，2009 年下降 2.8%，2010 年下降 3.1%，2011 年下降 1%，2014 年增長 2.8%。從其分解來看，全要素生產率增速下降，其主要原因是技術進步增速下降。③從區域差異來看，中國各地區全要素生產率年均增速差異較大。東部地區最高、中部次之、西部地區最低。④考慮環境因素和不考慮環境因素兩種情形下的 TFP 比較。從比較結果來看，當考慮環境因素時，中國全要素生產率出現下降，說明傳統方法所測算的中國 TFP 值被高估。從東部、中部和西部三大地區比較看，考慮環境因素時東部地區 TFP 年均增長率高於不考慮環境因素時的 TFP 值，而中西部地區的全要素生產率則因為考慮環境因素而出現了下降，尤其是西部地區，年均增長率均值由 2%下降到 0.3%，說明東部地區出現「環境與經濟發展雙贏」局面。

2. 城市層面環境全要素生產率測算及比較

採用 2006—2012 年 285 個地級市數據，並以資本存量、勞動力作為投入指標，以地區生產總值和工業二氧化硫為產出指標，採用 ML 指數對各城市的環境全要素生產率進行測算。研究結果表明：①城市環境全要素生產率呈現下降趨勢。2006 年環境全要素生產率增長率為 4.60%，2007 年達到最大值 4.81%，之後趨於下降，2011 年僅為 1.17%，2012 年相較於前一年略有增長，

為2.65%。整體而言，城市環境TFP呈現下降趨勢。這一走勢和主要地級市不考慮環境因素時的全要素生產率是基本一致的。②從環境全要素生產率的分解情況看，技術進步是環境全要素生產率增長的主要貢獻者，技術進步率最高為2010年的7.1%，最低為2011年和2012年的2.6%。技術效率在7個年份中有3個年份處於衰退狀態，最大衰退為-3.53%。技術效率增長率最高也僅為1.95%。③從八大區域環境全要素生產率年均增長率排名來看，最高的是北部沿海地區，年均增長率為4.5%；其他為東部沿海地區（4.41%）、東北地區（3.98%）、南部沿海地區（3.80%）、西南地區（3.64%）、長江中遊地區（3.44%）、黃河中遊地區（2.85%）、西北地區（1.24%）。④從變動趨勢來看，2006—2012年，八大區域中的東北地區、南部沿海地區、長江中遊地區、西南地區、西北地區下降趨勢較為明顯，而東部沿海地區、北部沿海地區和黃河中遊地區則下降趨勢並不明顯，其中，東部沿海地區除2011年出現了明顯下降外，2010年和2012年環境全要素生產率年均增長率分別為5.52%和7.31%，均高於2006—2009年的增長率，說明不同區域環境全要素生產率差異較大，也反應了近年來的經濟增長質量差異。⑤各城市環境全要素生產率比較。通過對285個地級市2006—2012年環境約束下的全要素生產率進行比較，發現樣本期間各城市環境全要素生產率年均增長率差異巨大，排名前十位的城市依次為：深圳市（14.8%）、上海市（14.5%）、鄂爾多斯（12.5%）、金昌市（12.0%）、長沙市（11.4%）、佛山市（11.4%）、資陽市（11.0%）、三亞市（10.7%）、北京市（9.9%）、成都市（9.6%）。285個地級市中有13個城市出現了年均增長率為負的情況，這13個地級市分別為：平涼市（-12.4%）、海口市（-4.1%）、亳州市（-2.3%）、揭陽市（-2.2%）、梅州市（-2.0%）、伊春市（-1.6%）、邯鄲市（-1.5%）、平頂山市（-1.4%）、寧德市（-1.3%）、佳木斯市（-0.4%）、吳忠市（-0.2%）、惠州市（-0.2%）、汕尾市（-0.1%）。⑥不考慮環境因素時，285個地級市2006—2012年全要素生產率年均增長4.8%，而當考慮環境因素時，年均增幅僅為3.5%，下降了1.3個百分點，說明傳統全要素生產率測算結果被高估。整體來看，兩種情形下的全要素生產率都是不斷下降的。但兩種情形下的全要素生產率差距在不斷縮小，且7個年份中，有2010年和2012年兩個年份的環境全要素生產率高於傳統全要素生產率，一定程度上體現了最近一兩年來，在經濟仍保持較快增長的同時，污染排放增速下降的事實。

3. 長江流域主要城市環境全要素生產率測算及比較

選擇資本存量和勞動力作為投入指標；採用「廢水排放量」作為壞產出，

地區生產總值作為好產出。對長江流域 24 個主要地級市全要素生產率進行了測算。研究結果表明：①當考慮非期望產出時，只有上海市始終處於生產前沿面；技術無效率是長江流域主要城市的普遍現象，各城市之間投入產出效率差異大且不穩定；各城市變異系數值由 2003 年的 0.322 下降為 2012 年的 0.307，說明環境約束下的各城市技術效率值雖然差異較大，但這種差異在逐漸縮小；分區段來看，長江上、中、下游城市技術效率呈現從低到高的階梯式分佈。②從長江流域城市全要素生產率隨時間的演變趨勢來看，全要素生產率增長率從 2003 年開始整體為下降趨勢，金融危機之後又開始不斷提升；當考慮環境因素時，長江流域城市全要素生產率出現明顯下降，說明不考慮環境因素的 TFP 被高估；長江流域城市全要素生產率不斷增長，技術進步是其增長的主要源泉。③從長江流域各城市全要素生產率之間的差異來看，多數城市在技術進步快速提高的同時，技術效率明顯惡化，進一步說明了技術效率惡化是阻礙長江流域城市綠色全要素生產率提高的主要原因；環境約束下的城市全要素生產率增長差異大，只有鄂州、南京和岳陽 3 個城市出現了全要素生產率的倒退，其他城市全要素生產率都不斷增長；兩種情形下長江上游城市全要素生產率都明顯高於中下游城市，但當考慮環境因素時，長江上游、中遊城市 TFP 增長幅度分別降低了 1.0% 和 0.7%，說明這兩個區段的城市在經濟快速發展的同時，也產生了大量的污染；進一步的分解結果說明，忽略環境因素時技術效率改善值被明顯高估，而技術進步對全要素生產率的貢獻則被低估。

4. 全要素生產率分佈的動態演進

①不考慮環境因素時全要素生產率的分佈狀態。2001 年全要素生產率呈現明顯的「雙峰」分佈狀態，表明該時期各地區全要素生產率呈現明顯的雙極分化現象，即高低兩個「俱樂部」。而 2003 年之後，則一直呈單峰分佈狀態，表明各地區全要素生產率向單一均衡點收斂。從左右拖尾來看，趨勢也較為明顯，左拖尾不斷延長；右拖尾也存在向右延展趨勢，但整體變動較小。左右拖尾的延伸表明了各地區全要素生產率差異的擴大趨勢。②考慮環境因素時全要素生產率的分佈狀態。從不同年份的分佈來看，每個年份都呈現一個主峰，多個小峰的狀態，表明全要素生產率雖然呈現多極分化現象，但整體向主要的均衡點收斂。進一步根據密度分佈圖的移動和跨度來看，主峰則逐漸向左移動，表明多數地區環境全要素生產率年均增幅逐漸降低。從右拖尾看，變動相對較大，而左拖尾的變動趨勢較為明顯，整體是不斷向左移動的，表明環境約束下的全要素生產率差距逐漸擴大，進一步驗證了其變異系數的計算結果。這與兩種情形下對不同城市全要素生產率的測算結果也是相互支持的。

第 5 章 城市環境全要素生產率的影響因素及其貢獻

5.1 理論分析

5.1.1 相關研究

對全要素生產率影響因素的研究，現有文獻主要從區域層面和產業層面展開，從研究結論來看，基於不同地區、不同行業的實證研究結果並不統一。張浩然和衣保中（2012）利用中國十大城市群面板數據，分析了城市群空間結構、人口規模、產業結構、政府活動等對全要素生產率的影響。研究結果表明，人口規模、第二和第三產業增加值占比對全要素生產率具有明顯的促進作用，道路密度、電話普及率和郵電業務的發展對全要素生產率也有正向影響，但政府的經濟活動參與度卻對全要素生產率的提高產生了負向影響。劉生龍和胡鞍鋼（2010）將基礎設施分為三大類，即交通基礎設施、能源基礎設施和信息基礎設施，然後利用中國 1988—2007 年的面板數據驗證了這三大網絡性基礎設施對經濟的溢出效應。研究結果表明，交通基礎設施和信息基礎設施對中國的經濟增長有著顯著的溢出效應，而能源基礎設施對經濟增長的溢出效應並不顯著。劉秉鐮、武鵬和劉玉海（2010）運用空間面板計量方法對中國的交通基礎設施建設與 TFP 增長之間的關係進行了實證檢驗。從結果來看，地區間的 TFP 在 1997—2007 年 10 年間具有顯著的空間相關性；交通基礎設施顯著促進了 TFP 增長。鄭麗琳和朱啓貴（2013）在對中國各地區考慮能源和環境雙重因素下的全要素生產率進行測算的基礎上，從規模、管理、科技進步與對外開放等方面分析了全要素生產率的影響因素。研究結果表明，人均 GDP、第三產業發展、政府對污染的控制力度、國民素質提高、研發投入的增加等對

全要素生產率產生正向影響，而第二產業的增長則由於目前的粗放型增長不利於TFP增長。戴永安（2010）採用隨機前沿生產函數分析法對中國城市全要素生產率進行了測算，並對影響因素進行了研究。結果表明，城市的初始狀態、所在區位、空間集聚水平、產業結構效益與基礎設施水平對各城市化效率存在顯著的正向作用，人口因素和政府的作用卻限制了城市化效率的提高。張浩然和衣保中（2012）採用2003—2009年城市面板數據，採用空間杜賓模型檢驗了基礎設施及其空間外溢效應與全要素生產率的關係。結果表明，在控制了經濟密度、FDI和產業結構等變量條件下，通信基礎設施和醫療條件兩個變量都能夠顯著提高一個城市的TFP，同時，這種影響存在城市間的溢出效應；人力資本變量以及交通基礎設施建設水平對城市TFP有積極正向影響，但並未產生空間溢出效應。劉勇（2010）對中國工業TFP的變動趨勢以及影響因素進行了分析。研究結果表明，2002年後的工業TFP呈現為逐漸增長趨勢。從東部、中部和西部三大地區的比較看，中部地區TFP最高，其次為東部地區，最低的為西部地區。從影響因素看，經濟的空間集聚對TFP產生了促進作用；而國有經濟比重則產生負向影響。此外，全國層面和東部地區的R&D活動均對TFP產生正向影響，但這一變量對全要素生產率的影響在中西部地區並未得到驗證。人力資本水平變量對工業TFP的影響並不顯著。梅國平、甘敬義和朱清貞（2014）基於空間關聯視角測算了資源環境約束下的地區TFP，並對影響因素進行實證分析，認為當前中國29個省區普遍處於環境無效率狀態，資源環境約束下中國TFP總體表現為顯著的增長效應，但各地區間存在較大差異。人均GDP及其平方項的係數對TFP增長具有顯著正向影響，而要素稟賦、產業結構、能源結構的迴歸係數均為負值；FDI具有推動全要素生產率增長的作用，與其他研究中關於FDI加劇東道國環境污染的結論不相符，科技創新對TFP具有顯著正向影響。李小勝、餘芝雅和安慶賢（2014）採用DEA模型對環境約束下的TFP進行了測算，認為中國各地區TFP指數年均增長2.94%，技術進步指數是構成環境TFP指數增長的主要來源，空間面板Tobit迴歸模型的結果則表明，對外開放水平的提高一定程度上會導致環境TFP的下降；人均收入對環境TFP增長產生正向作用，而人均收入的平方項係數則產生負向影響，表明經濟發展水平與環境之間存在促進關係，同時也驗證了「環境庫茲涅茨曲線」的存在。

　　從以上研究來看，學者們對於全要素生產率影響因素的選擇、研究角度、衡量指標和結果均存在差異。從解釋變量對全要素生產率的影響來看，多數研究支持人口規模、交通基礎設施、通信基礎設施、第二產業所占比重、產業空

間集聚、R&D 活動等對全要素生產率產生正向影響，但也有少數文獻對部分解釋變量的實證結果存在差異，例如鄭麗琳和朱啓貴（2013）的研究認為第二產業的增長不利於全要素生產率的增長。梅國平、甘敬義和朱清貞（2014）研究認為外商直接投資具有推動全要素生產率增長的作用。

5.1.2　環境全要素生產率的影響因素[①]

通過對已有研究的總結，可以發現，前期研究主要從科技進步、交通基礎設施水平、經濟發展水平、產業結構、地理位置等角度進行分析，並且多數是對不考慮環境因素的省級區域全要素生產率增長原因進行研究。本部分在已有研究的基礎上，從多個角度對考慮環境因素的城市全要素生產率增長影響因素進行探討。對影響環境約束下的全要素生產率增長因素的選擇，既要考慮對傳統全要素生產率可能產生影響的因素，又要考慮因為環境規制所產生的因素，本部分擬選擇以下變量進行研究：

（1）人力資本（Hum）。人力資本的累積可以產生遞增的收益並使其他投入要素的收益遞增，即對經濟增長會產生溢出效應，對於投入產出效率和全要素生產率增加具有促進作用。新增長理論將技術內生化，認為人力資本和知識累積在經濟發展中扮演著極為重要的角色。舒爾茨（T. W. Schultz, 1962）關於人力資本的理論認為，人力資本體現在勞動者所承載的知識、能力和健康，人力資本影響著經濟增長。丹尼森進一步對舒爾茨的人力資本理論進行了發展和改進，認為人力資本中的教育因素對經濟增長有著更為重要的影響。目前，對於人力資本的衡量，主要有每萬人在校大學生數、每萬人科研人員數、受教育程度等。考慮到城市相關數據的可獲取性，本書中人力資本以每萬人在校大學生數表示。

（2）基礎設施（Ins）。交通、通信等基礎設施是經濟增長的重要決定因素，其發展水平的提高，一方面有利於增強區域間商品和人口的流動，從而加快知識與技術的擴散，對全要素生產率提高具有重要影響；另一方面，基礎設施的改善也能夠有效促進一個城市運輸成本、交易成本的降低，優化資源配置，提高經濟效益；同時，發達的基礎設施往往也能夠增強一個城市的經濟輻射力，形成規模經濟。對於交通基礎設施，以往對於省級區域的比較研究中，多採用鐵路密度和公路密度等表示，由於現有城市統計數據中並未對此指標進行統計，故本書以人均城市道路面積（Road）表示交通基礎設施建設水平，

[①] 張建升. 中國主要城市群環境績效差異及其成因研究 [J]. 經濟體制改革, 2016（1）: 57-62.

以每萬人國際互聯網用戶數（Int）表示通信基礎設施建設水平。

（3）外商直接投資（FDI）。改革開放以後，中國吸引外商直接投資總額不斷增長，目前僅次於美國，排名第二位。對於中國過去三十年的經濟增長，FDI起到了至關重要的作用，尤其是對於中國的就業、地方政府稅收等貢獻頗大。但對於外資是否促進中國企業的技術進步、是否產生了技術外溢則產生了不同的結論。目前主要有三種觀點：第一種是FDI對提高中國全要素生產率具有明顯的促進作用；第二種觀點則相反，即現有數據無法證明FDI對中國企業全要素生產率提高產生顯著影響；第三種觀點較為折中，認為外商直接投資發揮技術溢出效應，存在一定的門檻，即需要外商直接投資地區具有一定高度的人力資本條件。也就是說，只有當一個地區的人力資本達到一定水平時，FDI才會產生明顯的外溢效應，這也是FDI在中國不同地區產生不用技術溢出的主要原因。但從以往文獻來看，多數研究支持第一種觀點。根據技術溢出理論，外商直接投資由於帶來了更為先進國家的生產技術、管理水平，FDI必然會對東道國產生技術溢出，從而促進東道國企業技術進步和技術效率的提高；另外，外商直接投資規模也能反應一個城市的對外開放水平。考慮到各城市經濟規模以及外商直接投資規模間的較大差異，該指標採用FDI與GDP比值表示。

（4）產業結構（Str）。產業結構是通過經濟的專業化和社會分工所形成，反應了經濟中現有資源的分佈情況，而不同產業的效率差異，也決定了經濟增長的方式和質量。對於一個城市而言，產業結構可以反應其經濟結構和發展模式。結構主義學者也認為，產業結構的演變實質是投入要素從低效率部門向高效率部門轉移從而實現「結構紅利」的過程，產業結構的變動是經濟增長的核心推動力之一，保證了經濟可持續增長。考慮到中國工業所占比重較高，且對環境污染更為嚴重，而第三產業比重的提高既代表了產業結構的輕型化，也有利於實現環境保護的目的。本書中，該指標以第二產業增加值占GDP比重表示。

（5）財政支出比重（Fis）。政府財政支出規模能夠反應一個城市政府對經濟的干預程度，也能反應一個城市政府對公共服務的供給能力。財政支出的規模能夠顯著影響一個城市或地區基礎設施建設、教育發展等，從而進一步影響地區經濟增長。此外，政府決策者為實現稅收增長等經濟利益和晉升、政治前途、民望等政治利益，往往採取「趕超型」發展戰略，即制定有利於高等技術設備企業的稅收優惠、開發補貼、貸款補貼等財政政策，從而實現技術的進步，而這類企業的技術進步又必然會對低等技術設備企業產生溢出效應，從而實現城市或地區的整體技術進步；但由於政府干預也可能會扭曲要素價格體

系，造成資本效率的降低和社會福利的損失（朱鴻偉，楊旭琛，2013）。因此，政府干預究竟能否促進經濟績效，取決於兩種力量的對比。從目前學者的研究來看，多數結論支持財政支出能夠促進全要素生產率提高的觀點。例如，姚仁倫（2009）採用1990—2007年的省際非平衡面板數據，對地方財政支出與TFP的關係進行了實證檢驗，認為地方財政支出對全要素生產率提高具有顯著正向影響。曾淑婉（2013）對中國30個地區財政支持與全要素生產率關係的研究結果表明，財政支出對TFP增長、技術效率、技術進步均存在著顯著的正相關性；財政支出對空間相近省份的TFP、技術效率、技術進步也均具有空間溢出效應；而從三大地區的比較看，這種溢出效應呈現為「東低西高」，即西部省份的財政支出對臨近地區的TFP具有更高的正向溢出，而東部省份則表現為負外部性。參考前期學者的研究，該指標以政府財政支出占GDP的比重表示。

（6）技術投入（Tec）。根據內生增長理論，R&D活動不僅能夠促進本部門的技術創新，而且能夠產生技術外溢使公共知識存量增加，從而最終促進整個社會經濟增長和全要素生產率提高。中國學者前期的研究中，主要有三種觀點：一是R&D投入對TFP具有顯著的正向影響。例如黃志基和賀燦飛（2013）等學者基於OP方法對中國製造業企業TFP進行估算，認為城市製造業研發總投入和研發投入強度顯著正向影響城市TFP。二是R&D投入對全要素生產率的提升具有負向作用或無法證明兩者之間的正向關係。楊劍波（2009）採用省級面板數據分析了研發投入創新對中國TFP的影響。結果表明，R&D創新對中國全要素生產率雖然有正面影響，但並不顯著，從而無法判斷創新對中國TFP有促進作用。三是研發投入對全要素生產率的影響因主體差異而不同。例如曹澤和段宗志（2011）等學者研究了R&D投入及其溢出對TFP增長的貢獻，認為不同類型的R&D活動對TFP影響的程度和方向不同，企業R&D投入對TFP作用的效果最大，且對於東部地區TFP的作用大於中、西部。參考前期學者的研究，研究中以R&D經費占財政支出比重表示各城市技術投入水平。

（7）經濟密度（Eco）。經濟密度是指區域國內生產總值與國土面積之比，能夠反應一個地區或者城市單位土地面積上的經濟活動承載量和土地利用程度；也能夠反應一個城市的經濟活動規模。關於經濟活動空間聚集對生產活動的影響一直是地理經濟學中研究的熱點之一。早在19世紀末期，國外學者Marshall的研究認為，外部性的存在是經濟產生空間聚集的重要影響因素。之後，越來越多的學者從不同的角度對空間集聚的外部性展開實證研究。

Ciccone 等人（1996）利用美國各區縣數據計算各州的經濟密度，通過實證分析認為經濟密度越高的地區，其生產率也會越高。中國學者以城市為研究對象，對經濟集聚與全要素生產率關係進行研究的相對較少。章韜和王桂新（2012）等學者的研究認為製造業在城市的空間聚集越來越表現出負外部性，而人口的空間密度對產出存在倒「U」形影響，製造業和人口的共同集聚則能夠對城市產出產生正向影響。理論分析認為，經濟密度越高，越有利於技術的傳播，從而越能夠產生知識外溢效應，帶來顯著的外部性經濟。考慮到對城市造成污染的主要是工業，因此，該指標以每平方千米的工業總產值表示，並預期該指標與全要素生產率呈現正相關關係。

（8）環境規制水平（Env）。環境規制屬於政府社會性規制的重要範疇，是指由於經濟增長過程中，大量污染的排放致使社會、經濟活動受到嚴重干擾而不可持續，政府通過行政處罰、稅收、排污許可等強制性措施對企業的生產活動進行調控，以實現環境與經濟的友好協調發展。在改革開放後經濟發展的初期，中國政府的環境規制措施相對有限，但長期粗放型增長模式所導致的環境污染問題越來越嚴重，因此，近年來，政府對環境的規制水平不斷提高，對環境規制下的全要素生產率研究逐漸增多。殷寶慶（2012）的研究表明，適當水平的環境規制措施能夠刺激企業進行技術創新、產品質量得到提高，長期來看，在獲得市場競爭優勢的同時，也能夠提高綠色 TFP。馮楡霞（2013）的研究結論表明，當不考慮時間和區域差異性的條件下，環境規制對 TFP 具有一定正向影響；並且具有明顯的區域差異。參考已有研究，本部分以 SO_2 去除率（去除量除以去除量與排放量之和）表示政府的環境規制水平，該指標能夠反應政府對污染排放的重視程度和治理能力，預期與 TFP 呈現正向關係。

5.1.3 數據描述

表 5-1 顯示了中國 285 個地級城市的人力資本、基礎設施、外商直接投資、產業結構、財政支出比重、技術投入、經濟密度、環境規制水平等解釋變量在 2005—2012 年的平均值。從表中各年份數據絕對值及其變動情況來看，以每萬人口學生數表示的人力資本水平不斷提高，2005 年為 116.88 人，而到 2012 年則上升為 172.29 人，年均增長率整體呈現為下降趨勢，2006 年增長速度為 7.78%，2007 年增長速度最高為 9.49%，之後不斷下降，到 2012 年增長速度僅為 2.85%，說明了中國高等教育在快速擴張後，高等教育規模趨於穩定的事實。以人均城市道路面積表示的交通基礎設施變量在這一期間處於持續上升趨勢，2005 年為 7.79 平方米，2012 年為 12.29 平方米。從增長速度來看，

2008年最低為3.27%，之後不斷上升，到2012年，增長速度達到8.76%。同樣，處於持續上升趨勢的還有每萬人互聯網用戶數，2005年為564戶，而到2012年變為1,523戶，說明了這一時期中國互聯網的快速發展與普及。外商直接投資占國內生產總值的比重總體趨於下降趨勢，尤其是2008年金融危機之後，表現更為明顯。2007年外商直接投資占國內生產總值的比重為最高2.26%，到2011年和2012年分別降為了1.84%和1.86%，下降速度最快的兩個年份是2008年和2009年，說明了隨著中國經濟的逐步發展，勞動力、土地、資源成本優勢逐步弱化，促使低技術含量的勞動密集型外資逐漸流出，金融危機進一步加劇了這一趨勢。第二產業占國內生產總值的比重總體也呈現出上升趨勢，2005年為46%，到2011年達到最大比重為52.02%。當然，這一數據是中國285個地級城市的平均值，而實際情況是，中國不同地區、不同城市差異較大，一些大城市尤其是東部地區的城市，第二產業比重可能存在降低的趨勢。財政支出占GDP的比重總體也表現為上升趨勢，2005年為10.96%，到2012年上升為18.24%。以二氧化硫去除率表示的政府環境規制水平也不斷提高，由2005年的22.93%上升為2012年的49.68%，說明了隨著中國經濟的發展和環境的日益惡化，人們的環保意識不斷增強，政府部門也逐漸採取措施，加強污染控制。2005—2012年，中國285個地級市研發經費總額不斷上升，R&D經費占財政支出的比重也不斷上升，自2005年的1.28%逐步上升為2012年的1.49%，說明了隨著市場競爭越來越激烈，地方政府及企業對科技創新的重視程度提高，加大力度增加研發投入。以每平方千米工業總產值表示的經濟密度總體趨勢也是不斷提高，2005年為1,300.27萬元，而到2012年這一數值變為4,302.45萬元。

表5-1　　　　　　主要解釋變量2005—2012年平均值

解釋變量	2005年	2006年	2007年	2008年	2009年	2010年	2011年	2012年
每萬人口學生數（人）	116.88	125.97	137.93	146.07	157.72	163.46	167.51	172.29
人均城市道路面積（平方米）	7.79	8.59	9.18	9.48	9.80	10.63	11.30	12.29
每萬人互聯網數量（%）	564.63	594.40	672.02	779.82	973.49	1,156.83	1,351.80	1,523.20
FDI占GDP比重（%）	2.22	2.23	2.26	2.12	1.99	1.93	1.84	1.86
第二產業比重（%）	46.00	47.80	49.00	50.07	49.30	50.88	52.02	51.45
財政支出占GDP比重（%）	10.96	11.91	12.97	14.33	16.44	17.33	16.02	18.24

表5-1(續)

解釋變量	2005年	2006年	2007年	2008年	2009年	2010年	2011年	2012年
二氧化硫去除率（％）	22.93	26.79	32.21	37.21	43.81	44.52	48.01	49.68
R&D佔財政比重（％）	1.28	1.27	1.27	1.31	1.32	1.33	1.48	1.49
每平方千米工業總產值（萬元）	1,300.27	1,629.81	2,039.84	2,479.84	2,649.44	3,365.37	3,949.62	4,302.45

註：根據《中國城市統計年鑒》相關數據整理所得。

5.2 實證分析

5.2.1 主要城市環境 TFP 影響因素

由於不同解釋變量對全要素生產率的影響可能存在不同的時滯，同時考慮到全要素生產率是基於上一年年份的增長值，因此，本部分採用累積的 TFP 作為被解釋變量，樣本期間為 2005—2012 年①，對於解釋變量中缺失的極少數數據採用插值法或者平均值法進行補充。

根據對以上解釋變量的分析，建立環境約束下的城市全要素生產率決定模型（為盡量消除每個變量的異方差，對所有變量都採取對數形式）：

$$\ln Ml_{it} = \alpha + \beta_1 \ln hum_{it} + \beta_2 \ln road_{it} + \beta_3 \ln int_{it} + \beta_4 \ln fdi_{it} + \beta_5 \ln str_{it}$$
$$+ \beta_6 \ln fis_{it} + \beta_7 \ln env_{it} + \beta_8 \ln tec_{it} + \beta_9 \ln eco_{it} + \varepsilon_{it} \quad (5-1)$$

其中，i 和 t 表示樣本城市和年份，$i = 1, 2, \cdots, 285$；$t = 2006, 2007, \cdots, 2012$；$\alpha$ 為截距項，β_i 為各解釋變量的迴歸系數，ε_{it} 為隨機誤差項。

由於研究中，樣本城市較多而時期較短的數據特點，選擇固定效應模型檢驗較合適；同時，Hausman 檢驗也表明，選擇固定效應模型較優。迴歸結果如表5-2所示：

表5-2　ML與其相關影響因素之間的迴歸結果

變量	迴歸系數	T檢驗值	概率值
C	-17.035,0***	-25.504	0.000,0
Ln（hum）	0.272,4***	3.989	0.000,1

---

① 由於2013年部分解釋指標數據缺失嚴重，所以樣本期間為2005—2012年。

表5-2(續)

變量	迴歸係數	T檢驗值	概率值
Ln (road)	0.275,1***	4.200	0.000,0
Ln (int)	0.486,3***	10.492	0.000,0
Ln (fdi)	-0.082,4***	-2.785	0.005,4
Ln (str)	-2.349,3***	-13.339	0.000,0
Ln (fis)	0.848,5***	9.751	0.000,0
Ln (env)	0.042,6*	1.714	0.086,7
Ln (tec)	0.194,1***	6.610	0.000,0
Ln (eco)	3.423,6***	53.162	0.000,0
adR^2 = 0.896,5		F = 59.582,8	

註：＊＊＊、＊＊、＊分別表示在1％、5％、10％顯著水平上通過檢驗。

表5-2顯示了285個城市各解釋變量對環境全要素生產率的迴歸結果。可以看出，adR^2 = 0.896,5，方程擬合效果較好。而從各變量的迴歸係數看，除環境規制水平在10％顯著水平上通過檢驗外，其他所有變量均在1％顯著水平上通過檢驗。其中，人力資本、城市人均道路面積、互聯網用戶數、財政支出比重、環境規制水平、技術投入、經濟密度7個變量均對環境全要素生產率的變動產生了顯著的正向影響，與我們的預期是一致的。而產業結構和外商直接投資兩個變量則對環境全要素生產率的變動產生了顯著的負向影響。分析認為，長期以來，中國各地區經濟高速發展，第二產業比重明顯上升，而快速推進的工業化進程則由於更多採用高投入、高產出、高污染模式，從而加重了環境保護壓力，不利於環境約束下的全要素生產率的增長。所以第二產業比重對環境全要素生產率產生了顯著的負向影響，這與李小勝、餘芝雅和安慶賢等學者（2014）的研究結論是一致的。同時，外商直接投資變量也對環境全要素生產率產生了顯著的負向影響。前期學者的研究中，對於外商直接投資「污染天堂」假說的實證研究結論存在不同的觀點，本部分研究結論一定程度上支持了「污染天堂」假說，與肖攀、李連友、唐李偉和蘇靜等學者（2013）的研究結論基本一致。這說明在中國環境規制水平較低的情況下，大量外商直接投資流入中國的工業部門，尤其是高污染部門，從而對環境TFP增長產生了明顯的阻礙作用，這也意味著隨著中國經濟的轉型發展，對外資的利用不能再採取「來者不拒」的政策，而應當進一步加強對外商直接投資的環境規制，

對於外資實行分類管理，積極引進技術含量高、污染程度低的外資，限制高污染、高耗能外資流入，以提高外商直接投資的整體質量。

5.2.2 不同區域環境 TFP 影響因素

由於中國不同地區、不同城市經濟發展水平、對外開放程度、產業結構、環境污染程度等均存在較大差異。因此，對全國全部城市環境全要素生產率影響因素的分析結果，可能與不同區域環境全要素生產率影響因素的分析結果並不一致。因此，本部分擬從東部、中部、西部三大區域對環境全要素生產率的影響因素進行探討。被解釋變量和解釋變量同全國 285 個城市的分析保持一致，同時，模型經 Hausman 檢驗也表明，三個地區均應選擇固定效應模型。

（1）東部地區城市環境 TFP 影響因素。

東部地區包括河北、山東、遼寧、江蘇、浙江、福建、廣東、海南，以及北京、天津、上海共計 8 省 3 市的 101 個城市。面板數據迴歸結果如表 5-3 所示：

表 5-3　　　　　　東部地區城市環境 TFP 影響因素

變量	迴歸系數	T 檢驗值	概率值
C	-3.650***	-6.508	0.000,0
Ln (hum)	0.075,8*	1.662,8	0.096,9
Ln (road)	0.253,4***	5.273,3	0.000,0
Ln (int)	0.043,4**	2.428,5	0.015,5
Ln (fdi)	-0.080,2***	-4.486,9	0.005,4
Ln (str)	-1.218,3***	-8.882,9	0.000,0
Ln (fis)	0.329,6***	8.117,8	0.000,0
Ln (env)	0.039,3*	2.915,8	0.003,7
Ln (tec)	0.272,6***	19.825,5	0.000,0
Ln (eco)	0.952,1***	29.686,5	0.000,0
adR^2 = 0.917,0		F = 72.281,1	

註：***、**、*分別表示在1%、5%、10%顯著水平上通過檢驗。

從表 5-3 來看，同全國 285 個城市的整體分析基本一致。即所有變量均通過 10% 顯著水平的檢驗，同時，外商直接投資和產業結構兩個變量對環境全要

素生產率產生了顯著的負向影響。從不同變量對環境全要素生產率的影響來看，經濟密度對東部地區城市環境全要素生產率影響較大，經濟密度每提高1%，城市累積環境全要素生產率增長0.95%；其次為財政支出比重，該變量每提高1%，城市累積環境全要素生產率增長0.33%。

(2) 中部地區城市環境TFP影響因素。

中部地區包括吉林、黑龍江、安徽、江西、河南、湖北、湖南7個省份的89個城市。迴歸結果如表5-4所示：

表5-4　　　　　　　中部地區城市環境TFP影響因素

變量	迴歸系數	T檢驗值	概率值
C	-5.007,5***	-20.499,7	0.000,0
Ln (hum)	0.028,7	0.762,6	0.446,0
Ln (road)	-0.039,4	-1.060,7	0.289,3
Ln (int)	0.071,1**	2.326,2	0.020,4
Ln (fdi)	0.067,0***	3.387,8	0.000,8
Ln (str)	-0.078,8	-1.419,7	0.156,3
Ln (fis)	0.158,1***	4.449,7	0.000,0
Ln (env)	0.027,7***	2.640,4	0.008,5
Ln (tec)	0.231,5***	17.106,2	0.000,0
Ln (eco)	0.859,4***	26.786,3	0.000,0
adR^2=0.923,6		F=78.059,0	

註：＊＊＊、＊＊、＊分別表示在1%、5%、10%顯著水平上通過檢驗。

從表5-4可以看出，與全國和東部地區略有不同，中部地區人力資本、道路基礎設施建設水平和產業結構三個變量均未通過顯著檢驗。通信基礎設施建設在5%顯著水平上通過檢驗。除產業結構對環境全要素生產率產生負向影響外，以人均城市道路面積表示的基礎設施建設也對環境全要素生產率產生了負向影響，一定程度上反應了這些城市存在城市化病，相較於快速的城市化進程，城市基礎設施建設改善速度較慢，從而對經濟績效不利。此外，與全國和東部地區城市截然不同的是，外商直接投資變量對環境全要素生產率產生了正向影響，並且通過1%顯著水平的檢驗。分析認為，這可能是由於中部地區經濟水平、技術水平、技術效率相對東部地區而言明顯落後，外商直接投資對中部地區城市所產生的技術溢出效應高於了由於污染所導致的對全要素生產率的

影響。另外，經濟密度、技術投入、財政支出比重對中部城市環境全要素生產率都產生重要影響，其中經濟密度影響最大，該變量每提高1%，環境全要素生產率增長0.86%。

（3）西部地區城市環境 TFP 影響因素。

西部地區包括山西、陝西、四川、貴州、雲南、甘肅、青海，以及內蒙古、廣西、寧夏、新疆、重慶共計7省4自治區1市的95個城市。面板數據迴歸結果如表5-5所示：

表 5-5　　　　　　　　西部地區城市環境 TFP 影響因素

變量	迴歸系數	T 檢驗值	概率值
C	-3.242,7***	-6.831,5	0.000,0
Ln (hum)	0.115,7***	4.667,5	0.000,0
Ln (road)	0.020,7	0.908,3	0.364,1
Ln (int)	0.117,4***	5.065,8	0.000,0
Ln (fdi)	0.001,6	0.150,7	0.880,3
Ln (str)	-0.833,3***	-5.914,7	0.000,0
Ln (fis)	0.688,6***	13.217,2	0.000,0
Ln (env)	0.045,1***	3.791,6	0.000,2
Ln (tec)	0.273,6***	17.724,7	0.000,0
Ln (eco)	0.788,0***	21.023,0	0.000,0
adR^2 = 0.896,5		F = 59.582,8	

註：＊＊＊、＊＊、＊分別表示在1%、5%、10%顯著水平上通過檢驗。

表5-5顯示了西部地區95個城市累積環境全要素生產率及其影響因素的迴歸結果。實證結果表明，同東部城市、中部城市不同，從人均城市道路面積表示的基礎設施變量和外商直接投資變量均對環境全要素生產率產生正向影響，但兩個變量都未通過顯著性檢驗。分析認為，這可能是由於近些年西部地區經濟高速發展，城市道路等基礎設施建設則相對滯後，雖對環境全要素生產率產生正向影響，但這種影響相對較小。而同中部地區一樣，外商直接投資變量同樣對西部地區城市產生了正向影響。分析認為，這可能是由於西部地區技術水平、技術效率相對較低，外商直接投資通過技術溢出能夠促進中西部地區城市環境全要素生產率的增長，但由於西部地區城市外商直接投資規模相對較小，同時，由於西部地區礦產資源豐富且對環境規制程度相對較低，更容易吸

引高污染和高消耗的外資，從而當考慮環境因素時，使得外商直接投資的技術溢出效應和環境污染效應相抵消，從而對環境全要素生產率雖產生正向影響但並不顯著。從其他變量的影響來看，均在1%顯著水平上通過檢驗，除產業結構仍然是負向影響外，其他變量均為正向影響。經濟密度、財政支出比重、技術投入等變量對西部城市環境TFP影響較大，這三個變量每提高1%，累積環境全要素生產率分別提高0.79%、0.69%和0.27%。

(4) 三大地區城市環境全要素生產率影響因素的對比分析。

通過對全國285個城市的整體迴歸結果以及東部、中部、西部分區域迴歸結果的對比分析表明，以第二產業增加值占GDP比重表示的產業結構變量始終對城市環境全要素生產率產生負向影響。這一方面說明了長期以來中國工業化進程具有高投入、高產出的粗放型發展特徵，另一方面也意味著要在快速的城市化進程中實現經濟與環境的協調發展，除了加快傳統工業的調整轉型外，還必須進一步加快第三產業的發展，實現產業結構的升級換代。通信基礎設施建設、財政支出、環境規制水平、研發投入、經濟密度五個變量對城市環境全要素生產率均產生顯著的正向影響。人力資本雖對各區域均產生正向影響，但對中部地區的影響未通過顯著檢驗。此外，城市道路基礎設施建設和外商直接投資兩個變量對不同區域影響差異較大，其中，城市道路基礎設施對全國整體和東部地區城市均通過正向顯著檢驗，但對中部產生負向影響、對西部產生正向影響，且均未通過顯著檢驗；外商直接投資變量對全國整體和東部地區城市環境全要素生產率均產生顯著的負向影響，但對中部城市和西部城市環境TFP產生正向影響，其中對中部城市的影響具有統計意義上的顯著性，而對西部城市則不具有顯著性。外商直接投資對城市環境TFP影響的差異性，反應了各地技術水平和技術效率的差異性，也反應了各城市環境規制水平的差異性。

由於面板數據迴歸分析中，採用的是各變量的對數形式，實質是反映了累積環境全要素生產率對各解釋變量的彈性，因此，可對各變量影響環境全要素生產率的大小進行比較（見圖5-1）。人力資本變量、研發投入、環境規制水平、財政支出四個變量對東部、中部、西部城市累積環境TFP的影響是一致的，對西部城市影響最大、其次為東部地區，影響最小的是中部城市。其中，人力資本每提高1%，西部、東部和中部城市累積環境TFP分別提高0.12%、0.08%和0.03%；研發投入每提高1%，西部、東部和中部城市累積環境TFP分別提高0.27%、0.27%和0.23%；環境規制水平每提高1%，西部、東部和中部城市累積環境TFP分別提高0.05%、0.04%和0.03%；財政支出比重每提高1%，西部、東部和中部城市累積環境TFP分別提高0.69%、0.33%和

0.16%；通信基礎設施建設每提高 1%，受益最大的是西部，環境 TFP 提高 0.12%，其次為中部城市的 0.07%，影響最小的是東部城市，僅為 0.04%。而第二產業產值占 GDP 比重每提高 1%，東部、中部和西部城市累積環境 TFP 分別降低 1.22%、0.08%和 0.83%，說明現有產業結構對東部地區城市環境 TFP 阻礙最大，其次為西部地區，而對中部地區城市影響非常小。

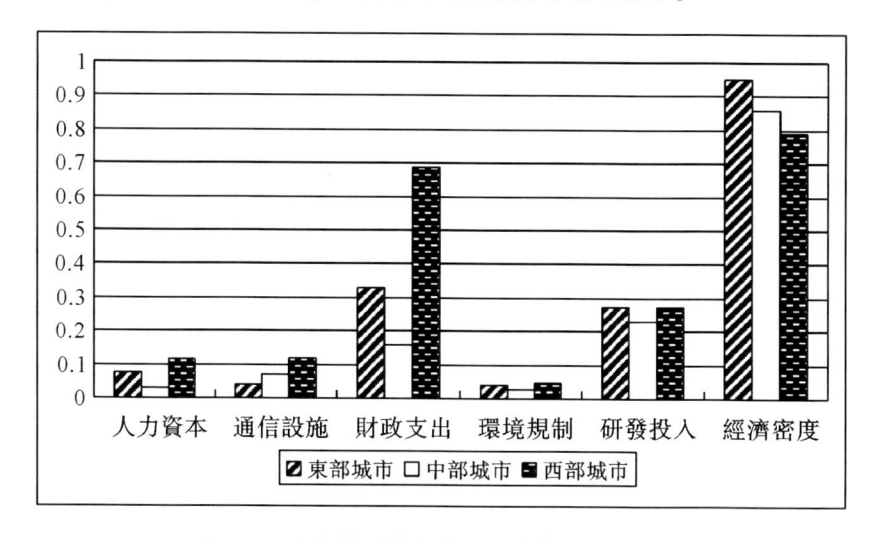

圖 5-1　不同變量對環境 TFP 影響大小的比較

5.3　結論

　　現有文獻對全要素生產率影響因素的研究，主要從區域層面和產業層面展開，在影響因素的選擇上，主要從科技進步、交通基礎設施水平、經濟發展水平、產業結構、地理位置等角度進行分析，並且多數是對不考慮環境因素的省級區域全要素生產率增長原因進行研究。從研究結論來看，基於不同地區、不同行業的實證研究結果並不統一。本章在總結已有研究的基礎上，從人力資本、基礎設施、外商直接投資、產業結構、財政支出比重、技術投入、經濟密度、環境規制水平等方面採用面板數據進行迴歸分析，並對不同地區全要素生產率的影響因素進行了對比分析。研究結論表明：

　　（1）從各變量的迴歸系數看，除環境規制水平在 10%顯著水平上通過檢驗外，其他所有變量均在 1%顯著水平上通過檢驗。其中，人力資本、城市人均道路面積、互聯網用戶數、財政支出比重、環境規制水平、技術投入、經濟

密度 7 個變量均對環境全要素生產率的變動產生了顯著的正向影響，與我們的預期是一致的。而產業結構和外商直接投資兩個變量則對環境全要素生產率的變動產生了顯著的負向影響。

（2）從東部、中部、西部三大區域對環境全要素生產率影響因素的對比分析來看，東部地區城市所有變量均通過10%顯著水平的檢驗，同時，外商直接投資和產業結構兩個變量對環境全要素生產率產生了顯著的負向影響；中部地區人力資本、道路基礎設施建設水平和產業結構 3 個變量均未通過顯著檢驗；同東部城市、中部城市不同，西部地區城市以人均道路面積表示的基礎設施變量和外商直接投資變量均對環境全要素生產率產生正向影響，但兩個變量都未通過顯著性檢驗。

第 6 章　不同類型城市環境全要素生產率的影響因素與發展模式

從上一章的分析結果可以看出，由於不同地區城市間差異較大，相同的影響因素對不同地區城市環境全要素生產率的影響結果並不相同甚至出現截然相反的結果，因此，對於城市環境全要素生產率影響因素的分析必須基於不同地區、不同類型城市進行分類研究。在上一章對城市環境全要素生產率影響因素進行分區域研究的基礎上，本章將試圖對中國主要城市進行分類，分析不同類型城市環境全要素生產率影響因素的差異性，並據此分析基於環境全要素生產率的城市發展戰略模式。

6.1　城市的分類研究

對城市進行分類研究，既是對城市間所存在的現實差異性的尊重，也是正確分析不同城市全要素生產率及其影響因素的前提和基礎。對於城市的分類，前期國內外研究成果往往構建城市綜合評價指標體系，比如城市資源環境要素承載力指標、城市社會發展水平指標、城市經濟發展水平指標、城市基礎設施指標、城市人流物流指標等，在構建綜合評價指標體系的基礎上，進一步可通過主成分分析等方法實現數據的降維，從而對城市某一個方面的能力進行分類和比較。但這種分類的結果並不適合進行全要素生產率測算及其影響因素分析。因為全要素生產率測算的是一個城市的技術進步、技術效率對經濟增長的貢獻，與城市單一方面的能力並無太大關聯。除通過構建評價指標體系的方式對城市進行分類外，還包括城市規模、經濟發展水平等對城市進行分類。根據本書研究的目的，本部分將從城市規模、經濟水平、產業結構、環境規制水平、經濟密度五個方面通過聚類分析對城市進行分類研究。

6.1.1 研究方法

聚類分析是將對象集合分成相似的對象類的過程。其基本原理是，依據對象的自身特性，例如某種相似性或差異性指標，定量地確定樣本之間的相似關係，並按照這種相關度對樣本進行歸類。如果分類指標具有單一性，或者指標值能夠在同一個維度進行度量，那麼對樣本進行歸類相對較為簡單。但如果被評價對象是通過多個不同量綱的指標進行歸類，就需要將不同量綱的指標值首先做標準化處理，然後再根據數學上定義含有多個維度指標的不同樣本間的距離劃分為多個小類後再進行整體分類。聚類分析作為一種探索性分析，研究者事先無須確定分類的標準，該方法可根據樣本數據，自動進行歸類。因此，當研究者選擇同一組數據時，不同的方法得到的聚類結果可能並不相同，最終對結果的使用，需要研究者根據客觀實際進行判斷。在現實應用過程中，聚類分析是數據挖掘中的一個重要任務，其結果能夠較好地顯示樣本的分佈情況，從而進一步探索不同類別樣本的特點。其主要步驟如下：首先是對數據進行預處理，選擇指標；其次是定義一個距離函數用來衡量數據點之間的相似程度；再次是歸類，即將樣本根據所定義的距離函數劃歸到不同的類別中；最後是根據客觀實際對分類結果進行評價。

常見的聚類分析方法有系統聚類法、動態聚類法和模糊聚類法等。K均值、K中心點等聚類分析方法是動態聚類法中的常用方法。目前，這些方法均已被程序化到應用較廣泛的軟件包中，如SPSS、SAS等。K均值聚類法是基於原型的目標函數的代表性聚類方法，是以數據點到原型的某種函數作為優化的目標的函數，利用函數求極值的方法得到迭代計算的一個調整規則。K均值聚類法是以歐式距離作為相似度來對不同數據點進行測度，是典型的基於距離的聚類算法，即不同樣本間的距離越近，其相似的程度就越大。該算法認為距離較近的樣本組成簇，因此把獲得距離相近且獨立的簇作為主要目標。在運算過程中，K均值聚類法隨機地選擇K個對象作為初始聚類中心，在之後的迭代中，對數據集中剩餘的每個對象，根據其與各個簇中心的距離將每個對象再重新分給距離最近的簇。當所有對象被劃分完之後，一次迭代運算即完成，意味著新的聚類中心被計算出來。如果在一次迭代運算前後，評價指標的值沒有發生變化，說明算法已經收斂。

基本步驟是：

（1）首先選擇K個樣本作為初始聚類點，然後將這K類的重心作為初始凝聚點。

（2）對凝聚點之外的所有樣本逐個根據距離遠近進行歸類，即每個樣本劃入採用歐式距離計算的距離最近的凝聚點，從而重新計算該類的重心。重複計算，直至所有樣本全部歸類為止。

K均值聚類法的優點是算法簡單明瞭，確定的K個重心平方誤差最小，尤其是當聚類較為密集且區別較為明顯時，效果較好；對於大數據集具有相當高的效率。其缺點是聚類過程中的K值是事先確定，而事實是由於對原始數據集尤其是大數據集無法主觀劃分時，K值便難以確定。其次是該方法需要首先確定一個初始聚類中心，且該初始聚類中心對最後的結果影響較大，初始聚類中心選擇的好壞，對聚類結果又有較大影響。因此，聚類過程中，就需要不斷調整樣本分類，再不斷計算新的聚類中心。

6.1.2 城市分類

1. 聚類變量的選擇

對於聚類變量，可以供選擇的較多，分類的結果必然也存在較大差異。由於本書的研究目的是探討不同類型城市的環境全要素生產率，故首先將第二產業增加值比重、政府環境規制水平與環境相關的兩個指標納入分類變量；同時，考慮到不同城市間的規模、發展水平，進一步將各城市總人口量、人均地區生產總值和經濟密度三個指標也納入分類變量中。根據研究目的，研究中最終選擇了各城市總人口量、人均地區生產總值、第二產業增加值比重（以下簡稱「二產比重」）、政府環境規制水平（二氧化硫去除率）和經濟密度五個變量進行聚類分析[①]。通過對這五個變量的相關性比較看，人均地區生產總值和經濟密度兩個變量間的相關係數最大，Pearson相關係數為0.511，其他相關係數則較低，各變量間並不存在嚴重的線性相關性。

2. 城市的分類

聚類分析中方法較多，不同方法各有優缺點，通過比較，最終採用K均值聚類分析法。採用SPSS 17.0軟件進行分類，在K均值聚類中選擇迭代與分類法，其中最大迭代次數設置為10，收斂性標準為0。對於聚類數，選擇3～10進行試驗，從分類結果來看，8個分類變量效果較好。相關分類結果見表6-1、表6-2、表6-3：

[①] 對於城市分類，研究中也試探性地選擇了其他指標變量，但通過分析發現分類結果並不理想，考慮到研究目的和變量間的代表性，本書最終選擇了這五個變量。

表 6-1　　　　　　　　　每個聚類中的案例數

聚類	1	2	3	4	5	6	7	8
數量	26	1	76	45	5	1	126	5

表 6-2　　　　　　　　　初始聚類中心

	1	2	3	4	5	6	7	8
總人口（萬人）	54.8	296.3	98.8	152.0	647.8	281.6	287.6	152.1
人均地區生產總值（元）	103,242	8,157	52,116	77,527	114,029	142,067	123,247	182,680
二產比重（%）	73.5	27.0	53.5	55.5	54.1	80.9	44.3	60.5
環境規制（%）	11.55	6.27	21.62	2.89	26.55	19.73	54.15	61.25
經濟密度（元）	3,754.32	49.93	35.92	31,678.67	33,866.09	2,017.22	107,244.24	457.46

表 6-3　　　　　　　　　最終聚類中心

	1	2	3	4	5	6	7	8
總人口（萬人）	474.2	456.9	451.2	373.3	749.0	149.6	287.6	152.1
人均地區生產總值（元）	85,824	23,192	40,462	57,242	102,785	132,662	123,247	182,680
二產比重（%）	53.3	48.3	52.8	56.0	48.6	75.4	44.3	60.5
環境規制（%）	57.76	44.49	55.42	49.29	56.70	44.55	54.15	61.25
經濟密度（元）	12,231.35	1,183.03	2,803.47	5,421.12	34,808.76	4,072.05	107,244.24	457.46

通過對表 6-1、表 6-2 和表 6-3 的對比分析，可以看出：

（1）第 7 類和第 8 類分別僅有 1 個城市，其中，第 7 類城市具有總人口量較少、二產比重相對較低、經濟密度高、環境規制水平高的特徵，根據原始數據，該城市為深圳市。第 8 類城市具有人口規模小、經濟密度小、二產比重高、環境規制水平高及人均地區生產總值高的特徵，同樣根據原始數據可發現，該城市為內蒙古的鄂爾多斯市。

（2）第 1 類城市包含 26 個城市。根據最終聚類中心結果，該類城市總人口

為474.2萬人,人口規模相對較大,在8類城市中排名第2位;經濟發展水平相對較好,為85,824萬元,雖然在8類城市中排名第5位,但由於排名前4位的城市類型僅包含12個城市,故認為該類城市經濟發展水平相對較好;二產比重居於第4位,為53.3%;環境規制水平相對較高,為57.76%,在8類城市中排名第2位,僅次於鄂爾多斯市;經濟密度為12,231.35,在8類城市中排名第3位。該類城市具有人口規模大、經濟發展水平高、經濟密度高、二產比重高和環境規制水平高的特點。該類城市包含的26個城市分別為:北京市、天津市、唐山市、呼和浩特市、烏海市、沈陽市、大連市、盤錦市、南京市、常州市、鎮江市、杭州市、寧波市、紹興市、舟山市、銅陵市、廈門市、青島市、淄博市、菸臺市、威海市、武漢市、長沙市、中山市、珠海市、榆林市。可以看出,這些城市多數是一線城市,且多數為省會城市、直轄市和省直管市。

(3) 第2類城市包含126個城市,該類型城市包含數量最多。根據最終聚類中心結果,該類型城市平均人口約為456.9萬人,規模較大;人均地區生產總值為23,129萬元,在全國8類城市中排名倒數第1位,且與其他類型城市差距較大;第二產業增加值占GDP的比重約為48.3%,僅高於第7類的深圳市,在8類城市中排名倒數第2位;環境規制水平相對較低,二氧化硫去除率同樣僅為44.49%,在8類城市中排名倒數第1位,說明該類型城市工業落後、環境保護水平低;經濟密度相對較低,平均僅為1,183.03,僅高於第8類的鄂爾多斯市。整體而言,該類型城市具有人口規模大、經濟發展水平落後、工業發展水平低、政府環境規制水平低、經濟密度低的特徵。該類型城市包含的126個具體城市見表6-4。

(4) 第3類城市包含76個城市。根據最終聚類中心結果來看,該類型城市總人口約為451.2萬人,規模相對較小,在8類城市中排名第4位;人均地區生產總值僅為40,462萬元,在8類城市中排名倒數第2位,表明經濟發展水平相對較低;第二產業增加值占GDP比重在8類城市中居於第5位,平均約為52.8%;環境規制水平相對較高,二氧化硫去除率達到55.42%,在8類城市中排名第4位;經濟密度相對較低,僅為2,803.47,在8類城市中排名倒數第3位。整體而言,該類城市具有人口規模小、經濟發展水平落後、二產比重和環境規制居於全國平均水平、經濟密度低的特點。該類型城市包含的76個具體城市見表6-4。

(5) 第4類城市包含45個城市。根據最終聚類中心結果,該類型城市總人口平均約為373.3萬人,規模較小,僅高於第7類(深圳市)、第8類(鄂爾多斯市)和第6類城市(包頭市、大慶市、東營市、嘉峪關市和克拉瑪依

市）；人均地區生產總值為57,242萬元，雖然在8類城市中排名第6位，但由於高於第3類的76個城市和高於第2類的126個城市，故認為該類型城市經濟發展水平相對較高。第二產業增加值占GDP比重在8類城市中居於第3位，平均約為56%，僅低於第8類的鄂爾多斯市和第6類的5個城市，說明該類型城市二產比重高，是屬於典型的工業型城市；而從環境規制水平來看，二氧化硫去除率僅為49.29%，在8類城市中排名倒數第3位，說明在全國各市中居於平均水平以下；經濟密度平均值為5,421.12，高於第3類、第6類、第2類和第8類的208個城市，故認為該城市類型經濟密度相對較高。整體而言，該類型城市具有人口規模小、經濟發展水平較高、二產比重高、環境規制水平低、經濟密度高的特徵。該類型城市包含的45個具體城市見表6-4。

（6）第5類城市和第6類城市分別僅有5個城市，從最終聚類中心來看，第5類城市人口規模為749萬人，在8類城市中人口規模最大；人均地區生產總值為102,785萬元，在8類城市中排名第4位；二產比重相對較低，為48.6%，在8類城市中排名第6位；環境規制水平相對較高，為56.70%，排名第3位；經濟密度較高，為34,808.76，僅次於深圳市，在8類城市中排名第2位，所以第5類城市具有人口規模大、經濟發展水平較高、二產比重低、環境規制水平高和經濟密度高的特徵，這5個城市依次是：上海市、無錫市、蘇州市、廣州市和佛山市。

（7）第6類城市人口規模較小，為149.6萬人，但經濟發展水平很高，人均地區生產總值為132,622萬元，在8類城市中排名第2位，僅次於鄂爾多斯市；二產比重非常高，為75.4%，排名第1位；同時，環境規制水平特別低，為44.55%，在全國8類城市中排名第7位，經濟密度相對較低，為4,072.05，在8類城市中排名第5位。該類城市具有人口少、經濟發達、經濟密度低、但二產比重高和環境規制水平低的特徵。該類型所包含的5個城市分別為：包頭市、大慶市、東營市、嘉峪關市和克拉瑪依市，可以看出，這些城市基本都是典型的資源依賴型城市。

表6-4　　　　　　　　八類城市所包含的具體城市

類別	所含城市	特徵
第一類	北京市、天津市、唐山市、呼和浩特市、烏海市、瀋陽市、大連市、盤錦市、南京市、常州市、鎮江市、杭州市、寧波市、紹興市、舟山市、銅陵市、廈門市、青島市、淄博市、菏澤市、威海市、武漢市、長沙市、中山市、珠海市、榆林市	人口規模大、經濟發展水平高、二產比重高、環境規制水平高、經濟密度高

表6-4(續)

類別	所含城市	特徵
第二類	邢臺市、保定市、張家口市、衡水市、大同市、晉中市、運城市、忻州市、臨汾市、呂梁市、阜新市、鐵嶺市、朝陽市、葫蘆島市、白城市、齊齊哈爾市、雞西市、伊春市、佳木斯市、七臺河市、黑河市、綏化市、宿遷市、蚌埠市、淮北市、安慶市、黃山市、滁州市、阜陽市、宿州市、六安市、亳州市、池州市、宣城市、九江市、贛州市、吉安市、宜春市、撫州市、上饒市、臨沂市、菏澤市、開封市、平頂山市、安陽市、新鄉市、濮陽市、漯河市、南陽市、商丘市、信陽市、周口市、駐馬店市、十堰市、孝感市、荊州市、黃岡市、咸寧市、隨州市、衡陽市、邵陽市、張家界市、益陽市、永州市、懷化市、婁底市、韶關市、汕頭市、湛江市、梅州市、汕尾市、河源市、清遠市、潮州市、揭陽市、雲浮市、桂林市、梧州市、欽州市、貴港市、玉林市、百色市、賀州市、河池市、來賓市、崇左市、瀘州市、綿陽市、廣元市、遂寧市、內江市、樂山市、南充市、眉山市、宜賓市、廣安市、達州市、雅安市、巴中市、資陽市、六盤水市、遵義市、安順市、曲靖市、保山市、昭通市、麗江市、思茅市、臨滄市、銅川市、咸陽市、渭南市、漢中市、安康市、商洛市、白銀市、天水市、武威市、張掖市、平涼市、慶陽市、定西市、隴南市、吳忠市、固原市、中衛市	人口規模大、經濟發展水平落後、工業發展水平低、環境規制水平低、經濟密度低
第三類	石家莊市、秦皇島市、邯鄲市、承德市、滄州市、廊坊市、陽泉市、長治市、晉城市、赤峰市、巴彥淖爾市、烏蘭察布市、丹東市、錦州市、四平市、遼源市、通化市、白山市、哈爾濱市、鶴崗市、雙鴨山市、牡丹江市、徐州市、連雲港市、淮安市、鹽城市、溫州市、衢州市、臺州市、麗水市、淮南市、莆田市、漳州市、南平市、寧德市、景德鎮市、萍鄉市、鷹潭市、棗莊市、濰坊市、濟寧市、泰安市、日照市、萊蕪市、德州市、聊城市、洛陽市、鶴壁市、焦作市、許昌市、黃石市、襄陽市、荊門市、株洲市、湘潭市、岳陽市、常德市、郴州市、江門市、茂名市、肇慶市、陽江市、南寧市、柳州市、北海市、海口市、三亞市、重慶市、自貢市、德陽市、貴陽市、昆明市、玉溪市、寶雞市、蘭州市、西寧市	人口規模小、經濟發展水平落後、二產比重較高、環境規制水平相對較高、經濟密度低

表6-4(續)

類別	所含城市	特徵
第四類	太原市、朔州市、通遼市、呼倫貝爾市、鞍山市、撫順市、本溪市、營口市、遼陽市、長春市、吉林市、松原市、南通市、揚州市、泰州市、嘉興市、湖州市、金華市、合肥市、蕪湖市、馬鞍山市、福州市、三明市、泉州市、龍岩市、南昌市、新餘市、濟南市、濱州市、鄭州市、三門峽市、宜昌市、鄂州市、惠州市、東莞市、防城港市、成都市、攀枝花市、西安市、延安市、金昌市、酒泉市、銀川市、石嘴山市、烏魯木齊市	人口規模小、經濟發展水平較高、二產比重高、環境規制水平低、經濟密度高
第五類	上海市、無錫市、蘇州市、廣州市和佛山市	人口規模大、經濟發展水平高、二產比重低、環境規制水平高、經濟密度高
第六類	包頭市、大慶市、東營市、嘉峪關市和克拉瑪依市	人口規模小、經濟發達、二產比重高、環境規制水平低、經濟密度低
第七類	深圳市	人口規模小、經濟發達、工業比重低、環境規制水平高、經濟密度高
第八類	鄂爾多斯市	人口規模小、經濟發達、二產比重高、環境規制水平高、經濟密度小

6.2 不同類型城市環境全要素生產率的影響因素

由於第7類和第8類城市分別僅有1個城市，無法進行迴歸分析。故本部分採用其餘6類進行面板數據迴歸分析。迴歸分析中，因變量同樣採用累積的環境全要素生產率，自變量則仍然為人力資本（Hum）、基礎設施（Ins）、外商直接投資（FDI）、產業結構（Str）、財政支出比重（Fis）、技術投入

(Tec)、經濟密度(Eco)、環境規制水平(Env)等8個變量。

為盡量消除每個變量的異方差,對所有變量都採取對數形式。各類型城市全要素生產率影響因素模型設定如下:

$$\ln Ml_{it} = \alpha + \beta_1 \ln hum_{it} + \beta_2 \ln road_{it} + \beta_3 \ln int_{it} + \beta_4 \ln fdi_{it} + \beta_5 \ln str_{it}$$
$$+ \beta_6 \ln fis_{it} + \beta_7 \ln env_{it} + \beta_8 \ln tec_{it} + \beta_9 \ln eco_{it} + \varepsilon_{it} \qquad (6-1)$$

其中,i 和 t 表示樣本城市和年份;t = 2006,2007,…,2012;α 為截距項,β_i 為各解釋變量的迴歸系數,ε_{it} 為隨機誤差項。

根據樣本數據截面數據多、時序數據少的特點,選擇固定效應模型檢驗較合適,且進一步的 Hausman 檢驗結果也支持選擇固定效應模型。估計方法採用 PCSE (Panel Corrected Standard Errors,面板校正標準誤) 方法,以便有效處理複雜的面板誤差結構,如同步相關、異方差、序列相關等。具體檢驗結果見表 6-5:

表 6-5　　　　　　不同類型城市環境全要素生產率影響因素

變量	第1類	第2類	第3類	第4類	第5類	第6類
C	-6.546*** (-7.436) (0.000)	-4.818*** (-21.072) (0.000)	-3.998*** (-9.465) (0.000)	-3.451*** (-5.774) (0.000)	-12.227*** (-3.799) (0.001)	-2.221 (-0.342) (0.735)
Ln (hum)	0.744*** (6.493) (0.000)	0.150*** (6.414) (0.000)	0.079*** (3.451) (0.000)	0.328*** (7.627) (0.000)	0.314 (0.983) (0.336)	0.355** (2.835) (0.010)
Ln (road)	0.086 (1.447) (0.149)	0.008 (0.401) (0.688)	0.017 (0.647) (0.517)	-0.035 (-1.580) (0.115)	-0.068 (-0.814) (0.424)	0.399 (0.458) (0.651)
Ln (int)	0.071* (1.741) (0.083)	0.150*** (8.247) (0.000)	0.044 (2.596) (0.009)	0.116*** (4.969) (0.000)	-0.021 (-0.583) (0.566)	0.771** (2.100) (0.048)
Ln (fdi)	-0.056*** (-2.824) (0.005)	-0.009 (-1.114) (0.265)	-0.027** (-2.102) (0.036)	0.037*** (3.206) (0.001)	-0.056 (-0.233) (0.818)	0.309 (1.724) (0.100)
Ln (str)	-1.794*** (-8.933) (0.000)	-0.171*** (-2.624) (0.008)	-0.951*** (-7.696) (0.000)	-1.361*** (-9.206) (0.000)	-1.559*** (-3.764) (0.001)	-2.357* (-1.801) (0.086)
Ln (fis)	0.221** (2.058) (0.041)	0.498*** (11.890) (0.000)	0.419*** (11.648) (0.000)	0.333*** (5.564) (0.000)	0.085 (1.297) (0.208)	-0.626 (-1.495) (0.150)

表6-5(續)

變量	第1類	第2類	第3類	第4類	第5類	第6類
Ln (eco)	0.022** (2.316) (0.021)	0.042*** (6.078) (0.000)	0.038*** (3.868) (0.000)	0.036** (2.535) (0.011)	0.156*** (3.627) (0.001)	0.047 (0.397) (0.695)
Ln (tec)	0.204*** (14.673) (0.000)	0.288*** (26.863) (0.000)	0.241*** (21.607) (0.000)	0.213*** (16.319) (0.000)	0.081*** (3.114) (0.005)	0.182*** (3.886) (0.000)
Ln (env)	1.068*** (23.454) (0.000)	0.663*** (29.512) (0.000)	1.025*** (35.160) (0.000)	0.932*** (28.461) (0.000)	1.720*** (10.351) (0.000)	0.845** (2.811) (0.011)

註：各單元格中第一行為迴歸系數，第一個括號中數據為T檢驗值，第二個括號中數據為概率值。＊＊＊、＊＊、＊分別表示在1%、5%、10%顯著水平上通過檢驗。

6.2.1 各解釋變量對不同類型城市的影響

表6-5顯示了6種類型城市環境全要素生產率的影響因素。通過對比分析可以看出：

(1) 人力資本變量對多數類型城市環境全要素生產率的增長都產生了顯著的正向影響，對第5類城市影響雖然未通過顯著性檢驗，但從影響方向來看，仍然為正向影響，說明人力資本變量對中國城市環境全要素生產率具有重要作用。從人力資本對不同類型城市影響的程度來看，該變量每增長1%，第1類城市累積環境TFP提高0.74%，其次為第6類城市提高0.36%，再次為第4類和第5類城市，分別提高0.33%、0.31%。這4類城市的共同特徵是經濟發展水平相對較好，且影響最大的前3類城市還具有二產比重高的共同特徵。說明了人力資本水平的提高對於製造業發展具有重要影響，進一步可以促進全要素生產率的顯著提高和經濟的發展。

(2) 基礎設施建設變量對環境全要素生產率的影響。以人均城市道路面積表示的基礎設施建設指標對所有類型城市環境全要素生產率的影響都未通過顯著檢驗，一定程度上反應了由於中國的快速城市化進程，導致城市基礎設施建設相對滯後，城市過度擁擠，城市病凸顯，從而對全要素生產率的影響較小。而且該指標對第4類和第5類城市起到了負向影響，進一步觀察可以看出，第4類和第5類城市的共同特徵是經濟發展水平較高、經濟密度高，正好反應出了經濟的快速發展和高密度經濟活動，使得人均城市道路面積相對較小，從而對環境全要素生產率產生了尚不顯著的負向影響。而以每萬人互聯網

用戶數比重表示的通信基礎設施建設水平指標對第 1 類、第 2 類、第 4 類、第 6 類城市的環境全要素生產率都產生了顯著的正向影響，而對第 3 類的影響並未通過顯著檢驗，對第 5 類產生了負向影響，但也不顯著，說明網絡等現代通信設施建設水平的提高對於中國大多數城市經濟效率具有正向影響。

(3) 外商直接投資變量對不同類型城市環境全要素生產率的影響。從表 6-5 可以看出，外商直接投資對第 1 類、第 2 類、第 3 類、第 5 類這 4 種類型城市的環境全要素生產率產生了負向影響，其中第 1 類和第 3 類通過顯著性檢驗；對第 4 類和第 6 類產生正向影響，其中第 4 類通過顯著性檢驗。第 1 類和第 3 類城市的共同特徵是二產比重高、環境規制水平相對較高，一方面說明了外商直接投資在中國三次產業中更多地分佈於製造業，另一方面也說明了外商直接投資對中國多數城市環境全要素生產率提高產生阻礙，檢驗結果支持「污染天堂」假說。而外商直接投資之所以對第 4 類城市產生顯著正向影響，分析認為主要是由於該類型城市二產比重高、環境規制水平低，使得外商直接投資對全要素生產率和經濟增長的促進作用更為顯著，即正向溢出效應高於了污染所導致的負向影響。

(4) 產業結構變量對不同類型城市環境全要素生產率的影響。以第二產業增加值占 GDP 比重表示的產業結構變量對 6 種類型城市環境全要素生產率均產生了顯著的負向影響，說明了雖然中國工業在改革開放以後取得了顯著的成就，由粗放型發展轉向集約化發展也取得了可喜的成績，但從樣本年份來看，仍然屬於傳統粗放型的發展模式，與新型工業化道路的要求尚存在較大差距。在今後的發展中，應當進一步實現產業結構的優化升級，並實現中國製造由產業鏈的最低端逐步邁向中高端。

(5) 財政支出比重對環境全要素生產率的影響分析。以政府財政支出占 GDP 比重表示的財政支出比重指標對第 1 類、第 2 類、第 3 類、第 4 類這 4 種類型城市的環境全要素生產率產生了顯著的正向影響，對第 5 類和第 6 類城市影響未通過顯著檢驗。與我們前面對所有城市的分析基本一致。即財政支出規模的增長有利於政府更好地加強地區基礎設施建設以及促進高技術產業的發展、產業結構的升級等，從而有利於實現環境全要素生產率的增長。財政支出比重每提高 1%，對第 2 類和第 3 類城市環境全要素生產率的影響最大，這兩類城市環境全要素生產率分別提高 0.498% 和 0.419%；該指標對第 1 類和第 4 類城市影響要小一些，分別為 0.221% 和 0.333%。其中，第 2 類和第 3 類城市經濟發展水平相對落後，而第 1 類和第 4 類城市經濟發展水平則相對較好。這說明了對於經濟發展相對較落後的城市，進一步提高政府財政支出有利

於環境全要素生產率的提升。

（6）技術投入對不同類型城市環境全要素生產率的影響。以 R&D 經費占財政支出比重表示的各城市技術投入水平指標對 6 種類型城市環境全要素生產率提升均產生了 1% 顯著水平下的正向影響。說明研發投入促進了中國不同類型城市的技術進步和全要素生產率的提高。從對各種類型城市影響的大小來看，研發投入對第 5 類城市環境全要素生產率的影響相對較小，研發投入每提高 1%，環境全要素生產率增長 0.081%，第 5 類城市（上海市、無錫市、蘇州市、廣州市和佛山市）都是中國東部沿海的經濟發達城市，製造業比重低、環境規制水平高，而研發投入更多的是應用於製造業發展，因此，對環境全要素生產率的影響相比其他類型城市而言要小；該指標對其他 5 類城市的影響則相對較大，研發投入每提高 1%，第 1 類、第 2 類、第 3 類、第 4 類、第 6 類這 5 種類型城市的環境全要素生產率分別提高：0.204%、0.288%、0.241%、0.213% 和 0.182%。

（7）經濟密度（Eco）。以地區生產總值與國土面積之比表示的經濟密度指標對所有類型城市都產生了正向影響，其中，對第 1 類、第 2 類、第 3 類、第 4 類、第 5 類這 5 種類型城市的環境全要素生產率產生顯著的影響，而對第 6 類城市（包頭市、大慶市、東營市、嘉峪關市和克拉瑪依市）的影響並未通過顯著檢驗。經濟密度反應了各種生產要素在地理空間上的集聚能力，一般而言，經濟密度越高，資本和勞動力的空間集聚密度也越高。該指標可較好地衡量一個城市的投入產出集約化程度。本部分的研究結論證明，不管是哪種類型城市，經濟密度的提高都會對環境全要素生產率產生正向影響。從經濟密度對各種類型城市影響大小的比較來看，第 5 類城市經濟密度每提高 1%，環境全要素生產率提高 0.156%，遠高於其他城市。而從第 5 類城市經濟密度的最終聚類中心來看，為 34,808.76，僅次於第 7 類城市深圳市，遠高於其他類型城市。

（8）環境規制水平（Env）。以 SO_2 去除率表示的政府環境規制水平對所有類型城市環境全要素生產率均產生了顯著的正向影響。這表明，政府加強環境規制水平，提高環境保護水平，有利於城市環境全要素生產率的提高。從該指標對城市環境全要素生產率影響的大小來看，規制水平平均提高 1%，會使得第 1 類、第 2 類、第 3 類、第 4 類、第 5 類、第 6 類這 6 種類型城市的環境全要素生產率分別提高：1.068%、0.663%、1.025%、0.932%、1.720% 和 0.845%，可以看出，對第 1 類、第 3 類、第 5 類這 3 種類型城市的影響均超過 1%，對第 5 類城市影響最大。這 3 種類型城市的共同特徵是環境規制水平高。

因此，在當前中國由於長期粗放型工業發展模式導致環境污染加劇、經濟發展難以健康持續發展時，各地政府應當加快提高環境規制水平，這完全可以通過環境全要素生產率的提升而促進中國工業發展方式的轉變。

6.2.2 不同類型城市的影響因素與發展模式

在前面各個解釋變量對不同類型城市影響方向、影響大小、影響顯著性分析基礎上，本部分進一步對各類型城市影響因素進行分析，並基於環境全要素生產率視角對城市的發展模式進行探討。

(1) 第1類城市環境全要素生產率影響因素與發展模式。

第1類城市主要包括北京、天津等城市，具有人口規模大、經濟發展水平高、二產比重高、環境規制水平高、經濟密度高等顯著特點。從表6-5來看，人力資本、網絡基礎設施、財政支出比重、環境規制水平、研發投入和經濟密度共計6個解釋變量對該類型城市的環境全要素生產率產生了顯著的正向影響；而城市道路基礎設施建設雖產生正向影響但並未通過顯著檢驗，外商直接投資和產業結構變量對環境全要素生產率產生了顯著的負向影響。

該類型城市雖然環境全要素生產率相對較高，但由於第二產業比重高，平均占比為53.3%，從而對環境全要素生產率產生了顯著的負向影響。因此，對於該類型城市，必須進一步提高城市環境質量，建設生態型城市，走低碳城市發展模式的道路。在發展中，進一步優化產業結構，將第二產業占主導轉變為以第三產業為主導，同時，工業發展走「高、新、精」的新模式。

(2) 第2類城市環境全要素生產率影響因素與發展模式。

第2類城市具有人口規模大、經濟發展水平落後、工業化水平低、環境規制水平低、經濟密度低等顯著特點。人力資本、網絡基礎設施、財政支出比重、環境規制水平、研發投入和經濟密度共計6個解釋變量對該類型城市的環境全要素生產率產生了顯著的正向影響；外商直接投資和產業結構變量對環境全要素生產率產生負向影響，其中產業結構對環境全要素生產率的影響通過顯著性檢驗。

該類型城市環境全要素生產率年均增長率是所有類型城市中最低的。對於該類型城市，由於其工業化程度低、經濟落後和經濟密度低的特點，因此，在發展中，需要進一步通過要素聚集、產業聚集實現經濟的快速發展，同時由於其人口規模相對較大，可充分利用勞動力優勢，優先發展勞動密集型產業。

(3) 第3類城市環境全要素生產率影響因素與發展模式。

第3類城市具有人口規模小、經濟發展水平落後、第二產業比重高、環境

規制水平高、經濟密度低等顯著特點。人力資本、財政支出比重、環境規制水平、研發投入和經濟密度共計5個解釋變量對該類型城市的環境全要素生產率產生了顯著的正向影響；而城市道路基礎設施建設和網絡基礎設施建設雖產生正向影響但並未通過顯著檢驗，外商直接投資和產業結構變量對環境全要素生產率產生了顯著的負向影響。

該類型城市應以發展經濟為第一要務，加快傳統工業改造和轉型升級是其發展中面臨的重要課題，應根據其自身特點，通過新型工業化道路的實施，實現要素和產業聚集，從而實現經濟效率的提高和經濟的快速發展。

（4）第4類城市環境全要素生產率影響因素與發展模式。

第4類城市具有人口規模小、經濟發展水平相對較高、第二產業比重高、環境規制水平低、經濟密度高等顯著特點。人力資本、網絡基礎設施建設、外商直接投資、財政支出比重、環境規制水平、研發投入和經濟密度共計7個解釋變量對該類型城市的環境全要素生產率產生了顯著的正向影響；而城市道路基礎設施建設產生並不顯著的負向影響，產業結構變量對環境全要素生產率產生了顯著的負向影響。與其他類型城市不同的是，外商直接投資變量對該類型城市環境全要素生產率產生了顯著的正向影響。

由於該類型城市的經濟發展水平相對較高，但環境規制水平低和二產比重高的特點，因此，對於該類型城市，為實現可持續發展，必須提高環境規制水平；降低二產比重、提高服務業比重，實現產業結構的優化；同時，依託原有工業基礎，提高高技術產業的比重，促進低碳製造產業的升級發展。低碳工業發展模式是該類型城市發展的首選。

（5）第5類城市環境全要素生產率影響因素與發展模式。

第5類城市具有人口規模大、經濟發展水平較高、第二產業比重低、環境規制水平高、經濟密度高等顯著特點。環境規制水平、研發投入和經濟密度共計3個解釋變量對該類型城市的環境全要素生產率產生了顯著的正向影響；人力資本和財政支出比重產生了並不顯著的正向影響，而城市道路基礎設施建設、網絡基礎設施建設和外商直接投資對環境全要素生產率則產生了並不顯著的負向影響。

該類型城市（上海市、無錫市、蘇州市、廣州市和佛山市）環境全要素生產率平均值是所有類型城市中最高的。對於該類型城市，第三產業所占比重相對較高，工業雖然仍占據主導地位，但比重逐步降低，從環境全要素生產率的變動來看，已經基本實現了環境與經濟的友好協調發展。

(6) 第6類城市環境全要素生產率影響因素與發展模式。

第6類城市具有人口規模小、經濟發達、第二產業比重高、環境規制水平低、經濟密度低等顯著特點。人力資本、網絡基礎設施、研發投入和環境規制水平共計4個變量對環境全要素生產率產生了顯著的正向影響；道路基礎設施、外商直接投資和經濟密度3個變量則產生了並不顯著的正向影響；產業結構變量和財政支出比重2個變量對環境全要素生產率產生了負向影響。分析認為，這主要是由於該類型城市本身自然資源富集，通過資源的開採，較容易實現經濟的快速發展，但該類城市往往缺乏有效的制度安排，相應的配套設施較差，環境管理水平低，所以道路基礎設施和政府財政支出等變量並未通過顯著檢驗；同時，自然資源的開採等行業主要為國有企業所壟斷，外資很難進入，所以對全要素生產率也難以產生顯著影響。

該類型城市環境全要素生產率平均值在所有類型城市中排名倒數第三位，屬於典型的資源依賴型城市。該類型城市產業結構相對單一，長期發展過程中，環境規制水平低，對生態環境破壞較為嚴重。對於該類型城市，必須改變原有發展模式，對原有的資源型產品進行深加工，使產業鏈不斷延伸；同時，提高環境規制水平，從原有粗放型工業發展模式向循環工業、綠色工業、低碳工業發展模式轉變，走新型工業化道路。

6.3 結論

對城市進行分類研究，既是對城市間所存在的現實差異性的尊重，也是正確分析不同城市全要素生產率及其影響因素的前提和基礎。根據本書研究的目的，本部分從城市規模、經濟水平、產業結構、環境規制水平、經濟密度五個方面通過聚類分析對城市進行分類研究，並進一步分析不同類型城市環境全要素生產率的影響因素：

（1）聚類分析將285個地級市分為了8類城市。第7類和第8類分別僅有1個城市，其中，第7類城市具有總人口量較少、二產比重相對較低、經濟密度高、環境規制水平高的特徵，根據原始數據，該城市為深圳市。第8類城市具有人口規模小、經濟密度小和二產比重高、環境規制水平高及人均地區生產總值高的特徵，同樣根據原始數據可發現，該城市為內蒙古的鄂爾多斯市。第1類城市包含26個城市，具有人口規模大、經濟發展水平高、經濟密度高、二產比重高和環境規制水平高的特點。第2類城市包含126個城市，該類型城

市包含數量最多，具有人口規模大、經濟發展水平落後、工業發展水平低、政府環境規制水平低、經濟密度低的特徵。第3類城市包含76個城市，具有人口規模小、經濟發展落後、二產比重和環境規制居於全國平均水平、經濟密度低的特點。第4類城市包含45個城市，該類型城市具有人口規模小、經濟發展水平較高、二產比重高、環境規制水平低、經濟密度高的特徵。第5類城市和第6類城市分別僅有5個城市，第5類城市具有人口規模大、經濟發展水平較高、二產比重低、環境規制水平高和經濟密度高的特徵，第6類城市人口規模較小，具有人口少、經濟發達、經濟密度低、二產比重高和環境規制水平低的特徵，所包含的5個城市分別為：包頭市、大慶市、東營市、嘉峪關市和克拉瑪依市。可以看出，這些城市基本都是典型的資源依賴型城市。

（2）環境全要素生產率的影響因素分析。採用累積的環境全要素生產率作為因變量，人力資本、基礎設施、外商直接投資、產業結構、財政支出比重、技術投入、經濟密度、環境規制水平等8個變量作為自變量進行面板數據迴歸分析。實證結果表明，人力資本變量對多數類型城市環境全要素生產率的增長都起到了顯著的正向影響，對第5類城市影響雖然未通過顯著性檢驗，但從影響方向來看，仍然為正向影響，說明人力資本變量對中國城市環境全要素生產率具有重要作用。以人均城市道路面積表示的基礎設施建設指標對所有類型城市環境全要素生產率的影響都未通過顯著檢驗，一定程度上反應了由於中國的快速城市化進程，導致城市基礎設施建設相對滯後，城市過度擁擠，城市病凸顯，從而對全要素生產率的影響較小。而以每萬人互聯網用戶數比重表示的通信基礎設施建設水平指標對第1類、第2類、第4類、第6類城市環境全要素生產率都產生了顯著的正向影響。外商直接投資對第1類、第2類、第3類、第5類這4種類型城市的環境全要素生產率產生了負向影響。產業結構變量對6種類型城市環境全要素生產率均產生了顯著的負向影響，說明了雖然中國工業在改革開放以後取得了顯著的成就，由粗放型發展轉向集約化發展也取得了可喜的成績，但從迴歸結果來看，仍然屬於傳統粗放型的發展模式。財政支出比重對第1類、第2類、第3類、第4類這4種類型城市的環境全要素生產率產生了顯著的正向影響。以R&D經費占財政支出比重表示的各城市技術投入水平指標對6種類型城市環境全要素生產率提升均產生了1%顯著水平下的正向影響，說明研發投入促進了中國不同類型城市的技術進步和全要素生產率的提高。以地區生產總值與國土面積之比表示的經濟密度指標對所有類型城市都產生了正向影響，其中，對第1類、第2類、第3類、第4類、第5類這5種類型城市的環境全要素生產率產生顯著的影響。以SO_2去除率表

示的政府環境規制水平對所有類型城市環境全要素生產率均產生了顯著的正向影響，說明政府加強提高環境規制水平，提高環境保護水平，有利於城市環境全要素生產率的提高。

（3）不同類型城市的影響因素與發展模式分析。本部分根據各類型城市的特點和環境全要素生產率的影響因素，簡要分析了各類型城市應有的發展模式。第1類城市應進一步優化產業結構，將第二產業占主導轉變為以第三產業為主導，同時，工業發展走「高、新、精」的新模式。第2類城市須進一步通過要素聚集、產業聚集實現經濟的快速發展，同時由於其人口規模相對較大，可充分利用勞動力優勢，優先發展勞動密集型產業。第3類城市應以發展經濟為第一要務，加快傳統工業改造和轉型升級是其發展中面臨的重要課題，應根據其自身特點，通過新型工業化道路的實施，實現要素和產業聚集，從而實現經濟效率的提高和經濟的快速發展。第4類城市為實現可持續發展，必須提高環境規制水平；降低二產比重、提高服務業比重，實現產業結構的優化；同時，依託原有工業基礎，提高高技術產業的比重，促進低碳製造產業的升級發展。低碳工業發展模式是該類型城市發展的首選。第5類城市基本實現了環境與經濟的友好協調發展。第6類城市必須改變原有發展模式，對原有的資源型產品進行深加工，使產業鏈不斷延伸；同時，提高環境規制水平，從原有粗放型工業發展模式向循環工業、綠色工業、低碳工業發展模式轉變，走新型工業化道路。

第 7 章　城市環境全要素生產率的空間計量分析

7.1　引言

　　社會經濟活動既具有時間維度特性，也具有空間維度特性，由此，經濟現象既表現出了時間上的相關性，也表現出了地理空間上的某種依賴性。比如，貧困落後地區在地理空間上總是具有連片特徵，經濟發達地區也總是相互鄰近。對於空間交互關係的產生，空間溢出效應是其重要原因之一。相鄰空間區域，交通基礎設施的通達性更強，勞動力、資本流動更具便利性，一個地區技術進步、技術效率的提高會率先擴散到周邊區域，從而形成相鄰地理空間上經濟單元間的「同化」。因此，從經濟學這一角度看，對於經濟變量變化規律的分析，不能忽略變量間在空間上的聯繫。

　　20 世紀七八十年代開始，在傳統的計量分析中，經濟學者逐漸將經濟變量的空間效應納入模型構建中，從而使得研究者對經濟運行規律的分析能力得到極大提高，減少了傳統模型中難以被解釋部分的信息量，空間計量經濟學逐步興起。

　　作為一個開放系統，城市之間存在著緊密聯繫，尤其是在地理空間上接近的城市之間，其聯繫往往更為緊密，這既是城市經濟發展的內在要求，也是勞動分工的產物。同時，城市間的這種聯繫也成了區域經濟社會發展演化的重要推動力。

　　前面對城市環境全要素生產率及其影響因素的研究中，從人力資本、基礎設施、外商直接投資、產業結構、財政支出比重、技術投入、經濟密度、環境規制水平等八個方面進行了分析，但這些都是從城市本身尋找的影響因素，忽略了城市間可能存在的空間互動關係。而事實上，諸多因素都存在空間上的相

互影響，比如一個城市研發投入水平、人力資本水平等的提高，都會對地理空間上較為接近的城市產生溢出效應。而一個城市的環境污染，尤其是大氣污染等同樣也會傳遞到相鄰的城市，當城市間距離較近時，就會產生污染疊加效應，造成更為嚴重的污染。因此，本部分試圖借助近年來發展起來的空間計量技術對城市環境全要素生產率及其影響因素的空間特性進行分析。

7.2 文獻回顧

目前，空間計量經濟學已經在區域經濟增長、環境問題、人口與社會發展等方面得到了廣泛的運用。借助於空間計量技術對全要素生產率的研究近幾年也已經湧現出了大量文獻。這些文獻多數從省級層面分析不同影響因素對全要素生產率的空間溢出效應。曾淑婉（2013）通過構建空間計量模型對中國30個地區1998—2010年財政支出對全要素生產率的溢出效應進行實證分析。研究結果表明，財政支出對臨近省份的TFP產生了空間溢出效應。從東部與西部地區的比較來看，西部地區省份的財政支出對周邊省份TFP產生較高的正向空間溢出效應，但是東部地區省份的這種效應則顯示為負外部性；進一步從時間演變趨勢來看，財政支出的空間溢出效應呈現先高後低的倒「U」形走勢。

程中華和張立柱（2015）採用中國主要地級市相關數據實證分析了產業集聚變動對城市TFP影響的空間溢出效應。實證分析表明，中國城市TFP的空間相關性隨時間演變逐步增強，其溢出效應在0～950千米空間範圍內表現為倒「U」形趨勢。而不同類型產業集聚對城市全要素生產率的影響不同，其中，製造業集聚對城市TFP產生負向影響，而生產性服務業集聚和市場潛能則產生正向影響。張新紅和莊家花（2014）採用非參數的數據包絡分析法對海峽西岸20個設區市的全要素能源效率進行了研究，並進一步採用空間計量法對這些城市全要素能源效率的區位特徵及其影響因素進行了實證分析，認為空間計量模型對城市能源效率分佈特徵的解釋力度更高，城市能源效率與周邊城市的能源效率水平呈現為正相關關係；而對外開放度和產業結構兩個變量則對海西能源效率產生了顯著的負向影響。萬倫來、唐鵬展和楊燦（2013）採用空間計量分析模型對安徽淮河流域八個地級城市工業化差異的影響因素進行實證研究，認為雖然勞動要素對淮河流域工業經濟增長起到了重要的推動作用，但資本要素是最主要的推動力量；工業TFP對各個城市間的工業化水平

具有重要影響,工業化水平越高,其工業 TFP 往往也越高,兩者呈正相關關係。劉舜佳和王耀中(2013)以縣域為樣本構建空間 Durbin 模型,對基礎設施影響縣域全要素生產率的空間溢出效應進行分析。檢驗結果表明,以城市化建設和通信建設等為代表的實體性基礎設施弱化了所在縣域的全要素生產率,對臨近地區的全要素生產率沒有產生顯著的空間溢出;而以教育、金融服務為代表的社會性基礎設施則對所在地區全要素生產率產生正向影響,但對臨近地區全要素生產率存在顯著的負向空間溢出效應。吳玉鳴和李建霞(2006)運用空間計量分析中的莫蘭指數以及地理加權迴歸模型法,對中國 31 個省級地區的工業全要素生產率進行了測算分析。研究結果表明,空間計量經濟學模型對於測算分析中國省域工業全要素生產率具有較好的效果。趙雲和李雪梅(2015)採用 1998—2012 年中國省級區域數量研究了知識溢出對各省全要素生產率的影響。一個地區的全要素生產率不僅僅受到自身知識資本存量的影響,而且受鄰近地區知識資本存量影響,從而證明了知識溢出對全要素生產率的影響具有某種程度的空間依賴性。張保勝(2014)採用 Malmquist 方法測算了中國 30 個地區的 TFP 變化、技術進步變動、技術效率變化,並採用空間計量經濟學方法分析了其收斂情況。研究認為,從平均值來看,全國 TFP 總體呈增加態勢;同時,技術變化也成增加態勢,而技術效率則逐漸下降。無論是否考慮空間相關因素,三個指標都未顯示 σ 收斂,但變量的標準差出現顯著的變動。

　　王文靜、劉彤和李盛基(2014)採用空間計量模型分析了人力資本空間溢出對 TFP 增長的影響。結果表明,全要素生產率的增長既取決於本地區人力資本水平,也受到鄰近地區人力資本水平的影響,以及考慮地理距離的考察省區技術追趕效應;人力資本平均水平對 TFP 增長起到正向促進作用,鄰近地區人力資本對 TFP 增長產生正向空間溢出效應。呂健(2013)對中國金融業全要素生產率進行測算並採用空間數據分析方法,考察了市場化對全要素生產率的影響。研究結果表明,1997—2011 年,中國金融業全要素生產率呈現為下降趨勢,且空間自相關檢驗顯著;市場化對金融業全要素生產率的影響具有階段性特徵,2002—2006 年,市場化對金融業全要素生產率產生負向影響;而在其他樣本時期內,市場化則對金融業 TFP 增長產生顯著的正向影響。許海平和王岳龍(2010)針對研究文獻中忽略空間相關而導致研究結論出現偏差的問題,採用空間計量方法對中國 1991—2008 年城鄉收入差距與全要素生產率的關係進行了實證研究,認為中國城鄉收入差距和全要素生產率存在著空間依賴性,且這種依賴性表現出顯著的區域差異性。高秀麗和孟飛榮(2013)

測算了中國 1997—2010 年省級區域的物流業全要素生產率，並通過構建空間計量模型對其影響因素進行分析。實證表明，物流業全要素生產率具有顯著的空間相關性和空間異質性。各地區的地理環境對物流業全要素生產率增長產生顯著影響，空間相鄰省份的物流業全要素生產率呈現趨同現象；此外，基礎設施變量、工業化水平等對物流業全要素生產率也產生明顯的促進作用。舒輝、周熙登和林曉偉（2014）採用空間面板計量方法對中國物流業集聚對全要素生產率的影響進行了實證分析。研究結果表明，物流產業空間集聚可有效降低交易成本，不僅能夠促進本地區全要素生產率的增長，而且通過空間溢出效應對臨近地區的全要素生產率增長產生正向影響。王珏、宋文飛和韓先鋒（2010）通過構建空間計量模型對 1992—2007 年中國各地區農業全要素生產率的影響因素進行了實證分析。結果表明，農業 TFP 在空間分佈上具有明顯的正自相關關係，地區農業 TFP 存在空間溢出效應，且空間分佈表現為空間集聚趨勢。石慧和吳方衛（2011）在測算中國 28 個省級地區農業全要素生產率的基礎上，利用空間統計分析，研究了各省份農業全要素生產率的空間相關性。結果表明，20 世紀 80 年代中期以後，中國各地區農業 TFP 不存在全局空間相關性，但存在局部空間相關性，且這種低水平的空間相關性主要集中在中國中部地區，高水平省份不存在空間相關性。劉建國和張文忠（2014）通過空間計量模型對 1990—2011 年中國全要素生產率的空間相關性進行分析。研究結果表明，省域全要素生產率在大多數年份都表現為空間自相關，即一個地區全要素生產率的提升，也會與周邊省份全要素生產率產生明顯的關聯。進一步建議中國各地方政府在經濟發展過程中加強跨區域合作，通過全要素生產率的溢出效應實現共贏。劉華軍和楊騫（2014）對中國資源、環境雙重約束下的省級全要素生產率進行了測算，並基於空間面板數據對資源環境約束的全要素生產率影響因素進行了實證分析。研究表明，考慮資源投入和污染產出情形下的全要素生產率存在明顯的正向空間溢出效應，因此，應進一步打破區域壁壘，促進區域經濟一體化的加快發展，以便能夠更好地發揮空間溢出效應在促進環境全要素生產率增長方面的作用。

　　不管是從空間計量經濟學理論發展的角度，還是從空間計量經濟學進行實證研究的角度，將其理論用來分析中國在區域經濟發展、城市化進程等方面的具體問題，都具有十分重要的理論意義和實踐應用價值。但從以上文獻可以看出，對於全要素生產率的空間計量分析，產儘學者已經從不同層面、不同行業進行了實證研究，但對於城市全要素生產率之間的空間溢出效應，尤其是城市環境全要素生產率的空間效應，研究仍然相對較少。

7.3 研究方法與數據處理

對於全要素生產率及其影響因素的空間計量分析，本部分研究中採用以下思路：首先應用空間統計分析中的 Moran I 指數對環境約束下全要素生產率（被解釋變量）的空間自相關性進行檢驗。當環境全要素生產率存在空間自相關性時，則建立空間計量經濟模型，對其影響因素進行估計和檢驗；而當環境全要素生產率不存在空間自相關性時，則只需建立傳統計量經濟模型進行研究。

（1）空間自相關分析。

對於全要素生產率空間自相關性是否存在的檢驗，採用空間統計學中常用的 Moran I 指數，該指數有全局指標（Global Moran's I）和局部指標（Local Moran's I）兩種。

全局 Moran's I 指數公式為：

$$Moran's\ I_t = \frac{1}{\sum_{i=1}^{n}\sum_{j=1}^{n}w_{ij}} \cdot \frac{\sum_{i=1}^{n}\sum_{j=1}^{n}w_{ij}(TFP_{it} - \overline{TFP})(TFP_{jt} - \overline{TFP})}{\sum_{i=1}^{n}(TFP_{it} - \overline{TFP})^2/n} \quad (7-1)$$

局部 Moran's I 指數公式為：

$$Moran's\ I_{it} = \frac{(TFP_i - \overline{TFP})\sum_{j=1}^{n}w_{ij}(TFP_j - \overline{TFP})}{\sum_{i=1}^{n}(TFP_i - \overline{TFP})^2/n} \quad (7-2)$$

上式中，w_{ij} 為權重矩陣 w 的元素，如果地區 i 和地區 j 是空間鄰近，則 w_{ij} 設定為 1；如果地區 i 和地區 j 不相鄰，則 w_{ij} 設定為 0。TFP_i 和 TFP_j 分別表示地區 i 和地區 j 的環境全要素生產率，$\overline{TFP}$ 表示環境全要素生產率的平均值，n 表示城市數量。Moran's I 的取值範圍為 [-1, 1]，取值小於 0，表示空間負相關；取值大於 0，說明空間正相關；取值越趨近於 0，表示環境全要素生產率的兩個地區空間相關性越小。全局 Moran's I 指數描述的是不同樣本地區在某個觀測變量方面的空間自相關模式，而不同樣本地區之間的差異也可能被平均，從而難以反應樣本地區間的空間依賴情況。局部 Moran's I 指數有效彌補了全局 Moran's I 指數的不足，描述了局部的空間自相關，進一步揭示有關樣本地區聚集的相關信息（石慧，吳方衛，2011）。

(2) 空間計量經濟模型的設定與估計。

空間計量模型研究的空間效應包括空間相關性和空間差異性。空間相關性是指一個地區的變量觀測值與其他城市的觀測值存在相關關係，即存在空間依賴性，而且這種依賴性與地區之間的空間距離具有緊密聯繫。空間差異性則是指由於不同地區間存在的差異性而產生的空間效應在區域層面上的非均衡性，即空間相關性由模型中沒有涉及的其他因素或變量所決定（Anselin，1988）。

目前，在空間計量模型設定方面，常用的方法主要有兩種：空間滯後模型（Spatial Lag Model，SLM）和空間誤差模型（Spatial Error Model，SEM）。空間滯後模型也稱為空間自迴歸模型（Spatial Autocorrelation Model，SAR）。

空間滯後模型主要是分析一個變量觀測值在不同地區間是否存在擴散現象，即空間溢出效應。模型表達式為：

$$y = \rho wy + x\beta + \varepsilon \tag{7-3}$$

式（7-3）中，y 表示被解釋變量，x 表示解釋變量矩陣，ρ 為空間自迴歸系數，其估計值能夠反應空間相關性的大小和方向，w 為空間權重矩陣，ε 表示隨機誤差項。模型的經濟含義為，如果被解釋變量存在空間相關性，即該被解釋變量不僅僅受到本地區某些相關因素的影響，還會受到相鄰地區該變量變動的影響，在構建模型時，如果忽略這一因素，會導致估計結果存在較大誤差。例如一個地區的房價不僅僅受到本地區人口、經濟水平等因素的影響，還會受到周邊地區房價的影響。

空間誤差模型考察的是相鄰地區間無法觀測到的因素的空間相關性，且這些因素會對因變量產生的影響。其數學表達式為：

$$y = x\beta + \varepsilon \tag{7-4}$$
$$\varepsilon = \lambda w\varepsilon + \mu$$

式（7-4）中，ε 表示隨機誤差項，λ 表示空間誤差系數，反應了殘差之間的空間關聯情況，μ 表示隨機誤差項。

(3) 模型選擇的方法。

對於空間計量模型的選擇，主要根據拉格朗日乘數形式 LMERR、LMLAG 統計量及其穩健的 Robust-LMERR、Robust-LMLAG 檢驗進行選擇。Burridge 於 1980 年提出了 LMERR 檢驗，Anselin 於 1988 年提出了 LMLAG 檢驗，Bera 和 Yoon 於 1992 年對該統計量進行進一步修正，在此基礎上提出了穩健的 LMERR（Robust LM－Error）、LMLAG（Robust LM－LAG）檢驗（陶長琪，楊海文，2014）。分別如下：

$$LM - Error = \frac{(e^{'}We/s^2)^2}{T} \sim \chi^2(1) \tag{7-5}$$

$$LM - Lag = \frac{[e'Wy/(e'e/N)]^2}{R} \sim \chi^2(1) \tag{7-6}$$

$$Robust\ LM - Error = \frac{(e'Wy/s^2 - TR^{-1}e'We/s^2)^2}{T - T^2R^{-1}} \sim \chi^2(1) \tag{7-7}$$

$$Robust\ LM - Lag = \frac{(e'Wy/s^2 - e'We/s^2)^2}{R - T} \sim \chi^2(1) \tag{7-8}$$

上式中，$R = (wx\hat{\beta})'M(wx\hat{\beta})(e'e/N) + tr(w^2 + w'w)$，$s^2 = e'e/N$，$T = tr(w^2 + w'w)$，$\hat{\beta}$ 表示原有假設中模型參數的 OLS 估計值。四個檢驗統計量均漸進服從自由度為 1 的卡方分佈。

對於 SEM 和 SLM 模型的選擇，Anselin 等學者認為，當空間依賴性檢驗中的 LMLAG 統計量值比 LMERR 統計量值更為顯著時，且 Robust-LMLAG 統計量值顯著而 Robust-LMERR 不顯著，那麼，採用空間滯後模型更為合適；反之，LMERR 統計量值比 LMLAG 統計量值更為顯著時，且 Robust-LMERR 統計量值顯著而 Robust-LMLAG 不顯著，那麼應當選擇空間誤差模型。此外，吳玉鳴（2006）等學者也認為，擬合優度值、自然對數似然函數值（Log likelihood）、赤池信息準則（Akaike Information Criterion，AIC）、施瓦茨準則（Schwartz Criterion，SC）。對數似然值越大、赤池信息準則和施瓦茨準則檢驗值越小，模型的擬合效果也會越好。

7.4 實證分析

（1）數據說明。

本部分以長江中遊城市群為例，分析環境全要素生產率的空間相關性。因變量為樣本城市累積的環境全要素生產率，自變量分別為人力資本（Hum）、基礎設施（Ins）、外商直接投資（FDI）、產業結構（Str）、財政支出比重（Fis）、技術投入（Tec）、經濟密度（Eco）、環境規制水平（Env）等變量，其中，基礎設施包括以人均城市道路面積（Road）表示交通基礎設施建設水平和以每萬人國際互聯網用戶數（Int）表示通信基礎設施建設水平兩個變量。

樣本城市包括南昌市、景德鎮市、萍鄉市、九江市、新餘市、鷹潭市、吉安市、宜春市、撫州市、上饒市、武漢市、黃石市、宜昌市、襄陽市、鄂州市、荊門市、孝感市、荊州市、黃岡市、咸寧市、長沙市、株洲市、湘潭市、衡陽市、岳陽市、常德市、益陽市、婁底市等共計 28 個城市。

（2）空間權重矩陣的設定。

根據長江中遊城市群 28 個城市所在的空間位置，利用其相互間的空間距離的倒數構造出空間權重矩陣 W（28 * 28）。並進行標準化處理，得到標準化的空間加權矩陣 C（28 * 28）。$C_{ij} = W_{ij} / \sum_{i=1}^{28} W_i$ (7-9)

同時，為防止由於權重矩陣的設置偏差所導致的研究結果的失真，也為了進一步考察各個城市經濟發展之間的相互影響和作用對環境約束下的全要素生產率的影響，本部分的研究中，進一步構建經濟空間權重矩陣 M，$M = W * E$，$E_{ij} = \dfrac{1}{\bar{Z}_i - \bar{Z}_j}$，其中，$\bar{Z}_i$ 表示第 i 個樣本城市在考察期內人均地區生產總值的平均數，$\bar{Z}_j$ 表示第 j 個樣本城市在考察期內人均地區生產總值的平均數。

（3）空間自相關檢驗。

全局 Moran's I 的結果可以描述總體上長江中遊城市群環境全要素生產率的空間自相關情況，但這一結果也可能同時將地區之間的差異進行了平均，無法真實反應各個城市間的空間依賴具體情況。而局部 Moran's I 指數可以通過散點圖更加清晰地描述部分城市之間的相關情況。對長江中遊城市群的空間自相關檢驗結果見表 7-1 和圖 7-1。

表 7-1　　　　　　長江中遊城市群全局空間自相關檢驗

年份	空間距離矩陣 W	
	MI 值	P 值
2006	-0.077,3	0.424,2
2007	-0.090,5	0.310,6
2008	-0.068,4	0.638,4
2009	-0.036,7	0.669,8
2010	-0.075,6	0.396,3
2011	-0.027,8	0.465,7
2012	0.014,6	0.107,5

從表 7-1 可以看出，長江中遊城市群環境全要素生產率的空間相關性檢驗結果並不顯著，即環境全要素生產率與鄰近城市的生產率不存在顯著的相關性。但是，由於城市之間的生產率相關性可能僅僅存在於部分城市之間，或者正負相關相互抵消掉從而在統計上無法反應出來，由此根據表 7-1 的結果尚

無法肯定樣本所有城市的生產率都與鄰近城市不相關。

（2006年）　（2008年）

（2010年）　（2012年）

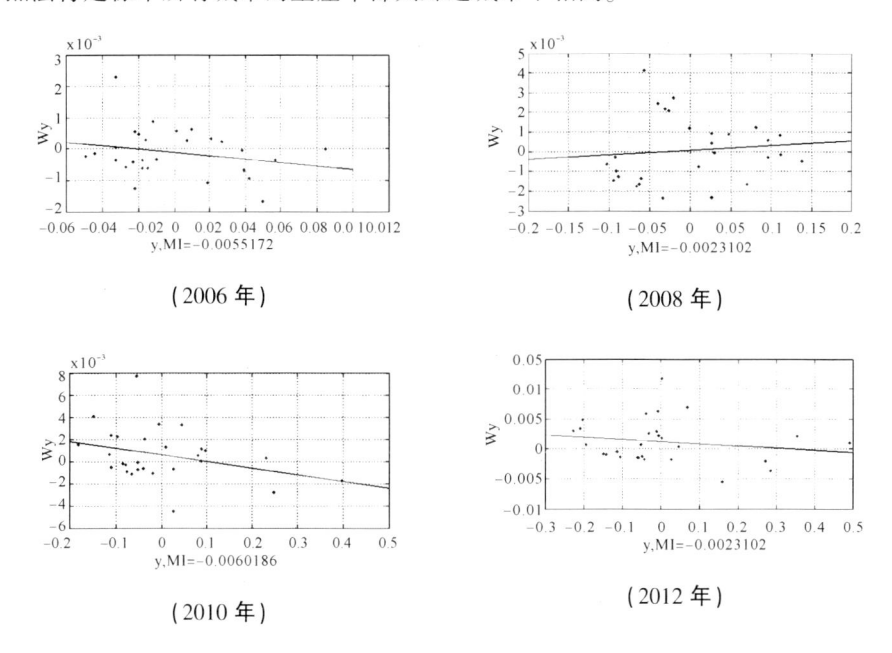

圖7-1　2006年、2008年、2010年和2012年Moran散點圖

圖7-1顯示了2006年、2008年、2010年和2012年的Moran散點圖。散點圖中的結果均是被標準化之後的，橫軸和縱軸分別表示環境全要素生產率的當期值和滯後項。樣本城市分佈在圖中的四個象限，這四個象限分別表示四種類型的空間相關性，其中：第一象限表示高高類型，即環境全要素生產率相對較高的城市，其臨近的城市也是生產率較高的城市；第二象限表示低高類型，即環境全要素生產率相對較低的城市，其臨近的城市卻是生產率較高的城市；第三象限表示低低類型，即環境全要素生產率相對較低的城市，其臨近的城市也是生產率較低的城市；第四象限則表示高低類型，即環境全要素生產率相對較高的城市，其臨近的城市卻是生產率較低的城市。高高類型和低低類型為正的空間自相關，而高低類型和低高類型則看作是負空間自相關。從圖7-1四個年份的Moran散點圖能夠看出，分佈在第一象限和第三象限的城市個數相對較多，總體數量較為穩定，這說明城市間的關係在較短的樣本時期內並未發生較大變化，各城市之間環境全要素生產率雖然不存在全局的空間相關性，但是存在局部相關性。

（4）模型的建立與參數估計。

對面板數據迴歸結果的分析來看，LMLAG值為11.79，概率值為0.001，

LMERROR 檢驗值 1.78，概率值為 0.181；且 R-LMLAG 值為 99.67，概率值為 0.000，R-LMERROR 檢驗值為 89.66，概率值為 0.000。由於 LMLAG 值大於 LMERROR，R-LMLAG 值大於 R-LMERROR 檢驗值，故選擇空間滯後模型更合適。

在空間自迴歸模型中，變量的空間相關關係由因變量的空間滯後項來反應，用於分析長江中遊城市群環境全要素生產率的空間自迴歸模型為：

$$\ln TFP_{kt} = \mu_k + \rho C \ln TFP_{kt} + \beta_1 \ln hum_{kt} + \beta_2 \ln road_{kt} + \beta_3 \ln int_{kt} + \beta_4 \ln fdi_{kt}$$
$$+ \beta_5 \ln str_{kt} + \beta_6 \ln fis_{kt} + \beta_7 \ln env_{kt} + \beta_8 \ln tec_{kt} + \beta_9 \ln eco_{kt} + \varepsilon_{kt} \quad (7-10)$$

上式中，$k = 1, 2, \cdots, 28$ 表示長江中遊城市群的 28 個城市，$t = 2006, 2007, \cdots, 2012$ 表示年份，TFP 表示環境全要素生產率，C 表示標準化的空間距離權重矩陣，ρ 表示空間自相關係數，其估計值反應了空間相關性的方向和大小，β 表示各個自變量的迴歸系數，ε 為隨機誤差項。

運用 MATLAB 空間計量軟件包採用極大似然法估計空間自迴歸模型的各個參數，估計結果見表 7-2。為了便於比較，本書還給出了採用空間誤差模型估計的結果：

表 7-2　2006—2012 年長江中遊城市群環境全要素生產率影響因素估計結果

變量	SLM 系數	SLM T檢驗值	SEM 系數	SEM T檢驗值
Ln (hum)	0.033	1.127	0.032	1.121
Ln (road)	−0.050*	−1.610	−0.037	−1.192
Ln (int)	0.162	0.810	0.026	1.239
Ln (fdi)	−0.047**	−2.270	−0.063***	−3.079
Ln (str)	−0.667***	−4.977	−0.664***	−4.776
Ln (fis)	−0.243***	−5.035	−0.272***	−5.249
Ln (env)	0.031***	2.665	0.027**	2.339
Ln (tec)	0.012	1.204	0.015	1.211
Ln (eco)	0.153***	4.776	0.182***	5.574
ρ	0.501***	4.721		

表7-2(續)

變量	SLM		SEM	
	系數	T檢驗值	系數	T檢驗值
λ			0.561***	5.246
R^2	0.755		0.716	
$log-likehood$	252.87		251.72	
樣本數	196		196	

註：＊＊＊、＊＊、＊分別表示在1％、5％、10％顯著水平上通過檢驗。

從表7-2的檢驗可以看出，空間滯後模型的對數似然函數值Log-likehood為252.87，略大於空間誤差模型的對數似然函數值251.72，表明採用空間滯後模型估計較好。

空間自迴歸係數ρ的估計結果為0.501，空間誤差自相關係數λ的值為0.561，T檢驗值分別為4.721和5.246，均通過1％的顯著性水平檢驗，說明長江中遊城市群環境全要素生產率存在顯著的正向空間依賴關係。從空間自迴歸模型結果來看，周邊臨近的城市環境全要素生產率每提高1個百分點，該城市的環境全要素生產率則提高0.501個百分點，相鄰城市環境全要素生產率水平的提高有利於本城市環境績效的改善。

從各個自變量的估計係數來看，人力資本變量、網絡基礎設施建設、環境規制水平、技術投入、經濟密度均對環境全要素生產率的增長產生正向影響，這與面板數據的傳統估計結果基本一致。以城市人均道路面積表示的交通基礎設施建設水平對環境全要素生產率水平的提高產生了負向影響，這與以中部地區城市為例分析的環境全要素生產率的影響因素結果是一致的，即城市基礎設施建設改善速度落後於快速的城市化進程，從而對環境經濟績效產生不利影響。財政支出比重變量也對環境約束下的城市全要素生產率提高產生了負向影響，這與多數學者的研究結論並不一致，但朱鴻偉和楊旭琛（2013）等學者的研究認為，財政支出能否促進經濟績效的提高，政府干預雖然會對經濟績效提高產生一定的正向影響，但也可能會扭曲要素價格體系造成資本效率的降低和社會福利的損失，因此，政府干預究竟能否促進經濟績效的提升，取決於兩種力量的對比。本部分的估計結果表明，長江中遊城市群政府財政支出對環境全要素生產率的提高產生了不利影響。產業結構對環境全要素生產率的變動產生了顯著的負向影響，這與前面的分析基本一致。長期以來，中國工業增長所採用的高投入、高產出、高污染模式，加重了環境保護壓力，從而當考慮環境

污染這一負產出時的經濟績效時，第二產業比重對環境全要素生產率產生了顯著的負向影響。外商直接投資變量也對環境全要素生產率產生了顯著的負向影響，同樣支持了前面的研究結論，說明改革開放以來，雖然中國吸引了大量外資，但這些外資主要是發達國家的產業轉移，外資更多流入了工業中的高消耗、高污染部門，從而對環境 TFP 增長產生了明顯的阻礙，這一結論也支持了「污染者天堂」假說。

7.5　結論

由於地理位置、勞動力等要素的空間流動，使得經濟體在空間上存在著緊密的聯繫，尤其是技術溢出，更容易促進鄰近地區的經濟發展。在城市經濟發展過程中，鄰近城市的技術進步、產業結構、污染排放等都可能會對本城市產生重要影響，因此，對城市環境全要素生產率的研究，不應該忽略這種可能存在的空間效應。本章在對空間計量相關文獻回顧的基礎上，以長江中遊城市群為例，對環境約束下全要素生產率的影響因素進行了分析，研究結果表明：

（1）長江中遊城市群環境全要素生產率的空間相關性檢驗結果並不顯著，即環境全要素生產率與鄰近城市的生產率不存在顯著的相關性。但是，由於城市之間的生產率相關性可能僅僅存在於部分城市之間，或者正負相關相互抵消掉從而在統計上無法反應出來，因而，Moran 散點圖進一步分析了各城市間的空間相關性，結果顯示，長江中遊各城市之間環境全要素生產率存在局部相關性。

（2）構建空間自迴歸模型，運用 MATLAB 空間計量軟件包採用極大似然法進行估計。結果表明，空間自迴歸系數 ρ 的估計結果為 0.501，空間誤差自相關係數 λ 的值為 0.561，T 檢驗值分別為 4.721 和 5.246，均通過 1% 的顯著性水平檢驗，說明長江中遊城市群環境全要素生產率存在顯著的正向空間依賴關係。從空間自迴歸模型結果來看，周邊臨近的城市環境全要素生產率每提高 1 個百分點，該城市的環境全要素生產率則提高 0.501 個百分點，相鄰城市環境全要素生產率水平的提高有利於本城市環境績效的改善。

（3）人力資本變量、網絡基礎設施建設、環境規制水平、技術投入、經濟密度均對環境全要素生產率的增長產生正向影響；交通基礎設施建設水平、財政支出比重、產業結構、外商直接投資變量對環境全要素生產率產生了負向影響。

第 8 章 結論與政策建議

8.1 主要研究結論

　　轉變經濟發展方式是中國經濟實現可持續發展的必然，也已經成為共識。在節能減排下，其主要的內涵之一就是經濟發展的動力由投資驅動轉變為全要素生產率的提高。把節能減排作為加快轉變經濟發展方式的重要著力點，則意味著存在節能減排對全要素生產率提高的機制，即節能減排對加快轉變經濟發展方式的倒逼機制。全要素生產率就成為連接節能減排與經濟發展方式轉變之間的橋樑（王兵，2013）。本書針對中國城市經濟發展中的全要素生產率進行研究，同時將城市發展過程中產生的污染納入全要素生產率的分析框架。其研究結果便於認清中國城市經濟增長中的環境代價，也利於正確評估中國城市經濟增長狀況，從而推動中國城市化進程健康、持續發展。本書採用數據包絡分析法對中國 285 個地級市，分別從東部、中部、西部三大地區、八大區域等不同角度測算了不考慮環境因素以及考慮環境因素兩種情形下的城市全要素生產率，並對影響因素進行了研究；同時，將城市進行分類，分析了不同類型城市全要素生產率的影響因素及其發展模式，最後提出促進不同類型城市全要素生產率提高的對策建議。本書的基本結論如下：

　　第一，採用 2005—2014 年的數據，利用 Malmquist 指數法對中國 285 個地級市的不考慮環境因素的全要素生產率進行測度，其中選擇了勞動力和資本兩個投入要素，以各個地級市「年末單位從業人員數」和「城鎮私營和個體從業人員」兩類數據加總表示勞動要素投入量，以資本存量作為資本投入要素。以各城市的實際 GDP 作為產出變量。研究結果表明：

　　2006—2014 年，中國城市全要素生產率年均增速呈不斷下降趨勢。2006 年最高，平均增長了 9.24%，之後持續下降，2009 年和 2010 年兩個年份下降速

度最快，分別下降了 2.25% 和 2.35%，到 2014 年全要素生產率僅增長了 1.67%。樣本期間，全要素生產率年均增長 3.89%。從全要素生產率的分解來看，技術進步年均增長 1.31%，技術效率則年均增長了 6.3%，技術效率的貢獻大於技術進步的貢獻。而從各個年份的比較看，2006 年技術效率增長幅度較大，而自 2008 年以後技術進步基本都是大於技術效率的增長幅度的。中國八大區域全要素生產率年均增長率差異較大。年均增長排名前三位的地區分別是北部沿海地區（6.1%）、黃河中遊地區（5.6%）、南部沿海地區（5.0%）；排名後三位的地區則分別是西北地區（2.1%）、西南地區（3.1%）、長江中遊地區（3.5%）。東北地區、東部沿海地區和長江中遊地區排名居中。整體而言，東部地區全要素生產率年均增長率大於中西部地區。從八大區域全要素生產率差異的變動趨勢來看，各個區域之間全要素生產率增長差異逐漸縮小，變異系數由 2006 年的 0.034 逐漸下降為 2014 年的 0.024；而以極差表示的變異值則由 2006 年的 0.106 逐漸下降為 2014 年的 0.033。可以看出，各個區域之間全要素生產率之間的差異在逐漸縮小。不同區域內部各城市之間的全要素生產率差異演變趨勢不同，從 2006 年和 2014 年的比較來看，北部沿海地區和東北地區出現了輕微擴大，而東部沿海地區、黃河中遊地區、西南地區、長江中遊地區、南部沿海地區和西北地區則逐漸縮小。

第二，利用 Malmquist-Luenberger 指數法對考慮環境因素的全要素生產率進行測算。主要基於三個層面，即從省級層面、城市層面、流域層面對中國 30 個省份、285 個地級市、長江流域 24 個城市環境約束下的全要素生產率進行了測算，並與不考慮環境因素的測算結果進行了對比分析，最後對兩種情形下各地區的全要素生產率分佈動態進行了分析。

（1）省級層面的環境全要素生產率測算及比較。研究結果表明，中國各地區全要素生產率不斷增長。2001—2014 年，環境約束下的各地區全要素生產率年均增幅為 2.6%，其中，技術進步年均提升 4.1%，而技術效率則出現惡化，年均下降 1.4%，說明技術進步是影響中國各地區全要素生產率增長的主要因素。從時間趨勢來看，中國各地區全要素生產率增長速度逐漸下降。2001—2007 年，環境約束下的中國全要素生產率從年均增長 8.2% 逐漸下降到 2.4%，並且從 2008 年開始，全要素生產率明顯下降，2008 年 TFP 下降 1.2%，2009 年下降 2.8%，2010 年下降 3.1%，2011 年下降 1%，2014 年增長 2.8%。從其分解來看，全要素生產率增速下降，其主要原因是技術進步增速下降。從區域差異來看，中國各地區全要素生產率年均增速差異較大。東部地區最高、中部次之、西部地區最低。從對考慮環境因素和不考慮環境因素兩種情形下的

TFP 比較結果來看，當考慮環境因素時，中國全要素生產率出現下降，說明傳統方法所測算的中國 TFP 值被高估。從東部、中部和西部三大地區比較看，考慮環境因素時東部地區 TFP 年均增長率高於不考慮環境因素時的 TFP 值，而中西部地區的全要素生產率則因為考慮環境因素而出現了下降，尤其是西部地區，年均增長率均值由 2% 下降到 0.3%，說明東部地區出現「環境與經濟發展雙贏」局面。

（2）城市層面環境全要素生產率測算及比較。採用 2006—2012 年 285 個地級市數據，並以資本存量、勞動力作為投入指標，以地區生產總值和工業二氧化硫為產出指標，採用 ML 指數對各城市的環境全要素生產率進行測算。研究結果表明，城市環境全要素生產率呈現下降趨勢。這一走勢和主要地級市不考慮環境因素時的全要素生產率是基本一致的。從環境全要素生產率的分解情況看，技術進步是環境全要素生產率增長的主要貢獻者。從八大區域環境全要素生產率年均增長率排名來看，最高的是北部沿海地區，年均增長率為 4.5%；其他為東部沿海地區（4.41%）、東北地區（3.98%）、南部沿海地區（3.80%）、西南地區（3.64%）、長江中遊地區（3.44%）、黃河中遊地區（2.85%）、西北地區（1.24%）。從各城市環境全要素生產率比較來看，各城市環境全要素生產率年均增長率差異巨大，排名前十位的城市依次是：深圳市（14.8%）、上海市（14.5%）、鄂爾多斯市（12.5%）、金昌市（12.0%）、長沙市（11.4%）、佛山市（11.4%）、資陽市（11.0%）、三亞市（10.7%）、北京市（9.9%）、成都市（9.6%）。285 個地級市中有 13 個城市出現了年均增長率為負的情況，這 13 個地級市分別為：平涼市（-12.4%）、海口市（-4.1%）、亳州市（-2.3%）、揭陽市（-2.2%）、梅州市（-2.0%）、伊春市（-1.6%）、邯鄲市（-1.5%）、平頂山市（-1.4%）、寧德市（-1.3%）、佳木斯市（-0.4%）、吳忠市（-0.2%）、惠州市（-0.2%）、汕尾市（-0.1%）。不考慮環境因素時，285 個地級市 2006—2012 年全要素生產率年均增長 4.8%，而當考慮環境因素時，年均增幅僅為 3.5%，下降了 1.3 個百分點，說明傳統全要素生產率測算結果被高估。整體來看，兩種情形下的全要素生產率都是不斷下降的。

（3）長江流域主要城市環境全要素生產率測算及比較。對長江流域 24 個主要地級市全要素生產率進行了測算。研究結果表明，當考慮非期望產出時，只有上海市始終處於生產前沿面；技術無效率是長江流域主要城市的普遍現象，各城市之間投入產出效率差異大且不穩定；各城市變異系數值由 2003 年的 0.322 下降為 2012 年的 0.307，說明環境約束下的各城市技術效率值雖然差

異較大，但這種差異在逐漸縮小；分區段來看，長江上、中、下游城市技術效率呈現從低到高的階梯式分佈。從長江流域城市全要素生產率隨時間的演變趨勢來看，全要素生產率增長率從2003年開始整體為下降趨勢，金融危機之後又開始不斷提升；當考慮環境因素時，長江流域城市全要素生產率出現明顯下降趨勢，說明不考慮環境因素的TFP被高估；長江流域城市全要素生產率不斷增長，技術進步是其增長的主要源泉。從長江流域各城市全要素生產率之間的差異來看，多數城市在技術進步快速提高的同時，技術效率明顯惡化，進一步說明了技術效率惡化是阻礙長江流域城市綠色全要素生產率提高的主要原因；環境約束下的城市全要素生產率增長差異大，只有鄂州、南京和岳陽3個城市出現了全要素生產率的倒退，其他城市全要素生產率都不斷增長；兩種情形下長江上游城市全要素生產率都明顯高於中下游城市，但當考慮環境因素時，長江上游、中遊城市TFP增長幅度分別降低了1.0%和0.7%，說明這兩個區段的城市在經濟快速發展的同時，也產生了大量的污染；進一步的分解結果說明，忽略環境因素時技術效率改善值被明顯高估，而技術進步對全要素生產率的貢獻則被低估。

（4）全要素生產率分佈的動態演進。不考慮環境因素時，2001年全要素生產率呈現明顯的「雙峰」分佈狀態，表明該時期各地區全要素生產率呈現明顯的雙極分化現象，即高低兩個「俱樂部」。而2003年之後，則一直呈單峰分佈狀態，表明各地區全要素生產率向單一均衡點收斂。從左右拖尾來看，趨勢也較為明顯，左拖尾不斷延長；右拖尾也存在向右延展趨勢，但整體變動較小。左右拖尾的延伸表明了各地區全要素生產率差異的擴大趨勢。考慮環境因素時，從不同年份的分佈來看，每個年份都呈現一個主峰、多個小峰的狀態，表明全要素生產率雖然呈現多極分化現象，但整體向主要的均衡點收斂。進一步根據密度分佈圖的移動和跨度來看，主峰則逐漸向左移動，表明多數地區環境全要素生產率年均增幅逐漸降低。從右拖尾看，變動相對較大，而左拖尾的變動趨勢較為明顯，整體是不斷向左移動的，表明環境約束下的全要素生產率差距逐漸擴大，進一步驗證了其變異系數的計算結果。這與兩種情形下對不同城市全要素生產率的測算結果也是相互支持的。

第三，以環境約束下的城市全要素生產率為因變量，以人力資本、基礎設施、外商直接投資、產業結構、財政支出比重、技術投入、經濟密度、環境規制水平為自變量，採用面板數據進行迴歸分析，並對不同地區全要素生產率的影響因素進行了對比分析。研究結論表明，除環境規制水平變量在10%顯著水平上通過檢驗外，其他所有變量均在1%顯著水平上通過檢驗。其中，人力資

本、城市人均道路面積、互聯網用戶數、財政支出比重、環境規制水平、技術投入、經濟密度 7 個變量均對環境全要素生產率的變動產生了顯著的正向影響，與我們的預期是一致的。而產業結構和外商直接投資兩個變量則對環境全要素生產率的變動產生了顯著的負向影響。從東部、中部、西部三大區域對環境全要素生產率影響因素的對比分析來看，東部地區城市所有變量均通過 10%顯著水平的檢驗，同時，外商直接投資和產業結構兩個變量對環境全要素生產率產生了顯著的負向影響；中部地區人力資本、道路基礎設施建設水平和產業結構三個變量均未通過顯著檢驗；同東部城市、中部城市不同，西部地區城市人均道路面積表示的基礎設施變量和外商直接投資變量均對環境全要素生產率產生正向影響，但兩個變量都未通過顯著性檢驗。

第四，不同類型城市全要素生產率的影響因素與發展模式。從城市規模、經濟水平、產業結構、環境規制水平、經濟密度五個方面通過聚類分析對城市進行分類研究，並進一步分析不同類型城市環境全要素生產率的影響因素。

（1）首先通過聚類分析將 285 個地級市分為了 8 類城市。第 7 類和第 8 類分別僅有 1 個城市，其中，第 7 類城市具有總人口量少、二產比重相對較低、經濟密度高、環境規制水平高的特徵，根據原始數據，該城市為深圳市。第 8 類城市具有人口規模小、經濟密度小、二產比重高、環境規制水平高及經濟發達的特徵，同樣根據原始數據可發現，該城市為內蒙古的鄂爾多斯市。第 1 類城市包含 26 個城市，第 2 類城市包含 126 個城市，第 3 類城市包含 76 個城市，第 4 類城市包含 45 個城市，第 5 類城市和第 6 類城市分別僅有 5 個城市。採用累積的環境全要素生產率作為因變量，人力資本、基礎設施、外商直接投資、產業結構、財政支出比重、技術投入、經濟密度、環境規制水平等 8 個變量作為自變量進行面板數據迴歸分析。實證結果表明，人力資本變量對多數類型城市環境全要素生產率的增長都起到了顯著的正向影響，對第 5 類城市影響雖然未通過顯著性檢驗，但從影響方向來看，仍然為正向影響。以人均城市道路面積表示的基礎設施建設指標對所有類型城市環境全要素生產率的影響都未通過顯著檢驗。而以每萬人互聯網用戶數比重表示的通信基礎設施建設水平指標對第 1 類、第 2 類、第 4 類、第 6 類城市的環境全要素生產率都產生了顯著的正向影響。外商直接投資對第 1 類、第 2 類、第 3 類、第 5 類這 4 種類型城市的環境全要素生產率產生了負向影響。產業結構變量對 6 種類型城市的環境全要素生產率均產生了顯著的負向影響。財政支出比重對第 1 類、第 2 類、第 3 類、第 4 類這 4 種類型城市的環境全要素生產率產生了顯著的正向影響。以 R&D 經費占財政支出比重表示的各城市技術投入水平指

標對6種類型城市的環境全要素生產率提升均產生了1%顯著水平下的正向影響。以地區生產總值與國土面積之比表示的經濟密度指標對所有類型城市都產生了正向影響，其中，對第1類、第2類、第3類、第4類、第5類這5種類型城市的環境全要素生產率產生顯著的影響。以 SO_2 去除率表示的政府環境規制水平對所有類型城市環境全要素生產率均產生了顯著的正向影響。

(2) 其次對不同類型城市的影響因素與發展模式進行分析，第1類城市應進一步優化產業結構，將第二產業占主導轉變為以第三產業為主導，同時，工業發展走「高、新、精」的新模式。第2類城市須進一步通過要素聚集、產業聚集實現經濟的快速發展，同時由於其規模相對較大，可充分利用勞動力優勢，優先發展勞動密集型產業。第3類城市發展經濟是第一要務，根據其自身特點，加快傳統工業改造和轉型升級是其發展中面臨的重要課題，通過新型工業化道路的實施，實現要素和產業聚集，從而實現經濟效率的提高和經濟的快速發展。第4類城市為實現可持續發展，必須提高環境規制水平；降低二產比重、提高服務業比重，實現產業結構的優化；同時，依託原有工業基礎，提高高技術產業的比重，促進低碳製造產業的升級發展。低碳工業發展模式是該類型城市發展的首選。第5類城市基本實現了環境與經濟的友好協調發展。第6類城市必須改變原有發展模式，對原有的資源型產品進行深加工，使產業鏈不斷延伸；同時，加強環境規制，從原有粗放型工業發展模式向循環工業、綠色工業、低碳工業發展模式轉變，走新型工業化道路。

第五，對城市環境全要素生產率的空間計量分析。在城市經濟發展過程中，鄰近城市的技術進步、產業結構、污染排放等都可能會對本城市產生重要影響，因此，對城市環境全要素生產率的研究，不應該忽略這種可能存在的空間效應。本部分以長江中遊城市群為例，對環境約束下全要素生產率的影響因素進行了分析。研究結果表明，長江中遊城市群環境全要素生產率的空間相關性檢驗結果並不顯著，即環境全要素生產率與鄰近城市的生產率不存在顯著的相關性。但是，由於城市之間的生產率相關性可能僅僅存在於部分城市之間，或者正負相關相互抵消掉從而在統計上無法反應出來，因而，Moran 散點圖進一步分析了各城市間的空間相關性。結果顯示，長江中遊各城市之間環境全要素生產率存在局部相關性。通過構建空間自迴歸模型，運用 MATLAB 空間計量軟件包採用極大似然法進行估計。結果表明，長江中遊城市群環境全要素生產率存在顯著的正向空間依賴關係。從空間自迴歸模型結果來看，周邊臨近的城市環境全要素生產率每提高1個百分點，該城市的環境全要素生產率則提高0.501個百分點，相鄰城市環境全要素生產率水平的提高有利於本城市環境績

效的改善。人力資本變量、網絡基礎設施建設、環境規制水平、技術投入、經濟密度均對環境全要素生產率的增長產生正向影響；交通基礎設施建設水平、財政支出比重、產業結構、外商直接投資變量對環境全要素生產率產生了負向影響。

8.2 城市環境全要素生產率提升的路徑選擇

在城市的可持續發展中，環境和資源既是城市發展的內生變量，也是城市發展規模和速度的剛性約束。與發達國家現代化進程一樣，中國快速的城市化進程同樣具有高能源消費、高污染排放的特徵。高能耗伴隨著的是廢氣、廢水、廢渣的排放，使環境污染帶來的問題日益突出。盡儘近些年來，中國對環境污染的重視程度不斷提高，但中國城市的生態環境（大氣環境、水環境、固體廢棄物環境、社區環境和居室環境）目前仍然處於局部改善、整體惡化的狀態。快速的城市化進程使許多城市出現了熱島效應、溫室效應、污染效應和擁擠效應，城市生態系統已經到了不堪重負的地步。曾在發達國家出現的「大城市病」，目前開始集中顯現，影響著中國城市化的健康發展。

全要素生產率的提高通常有兩種途徑，一是通過技術進步來實現生產效率的提高，二是打破原有生產要素配置狀態，通過生產要素的重新組合、優化配置實現生產效率的提高，主要表現為在生產要素投入之外，通過研發投入、技術創新、制度改善與管理水平的提高等無形要素推動經濟增長的作用（蔡昉，2015）。從宏觀層面看，就是在既定的生產技術條件下，將更多的生產要素配置到效率更高的產業或企業，通過資源重新優化配置，從而讓既定技術水平和投入下的產出得到提升。比如通過戶籍制度改革，促使剩餘勞動力從生產率較低的農業部門轉向生產率較高的非農部門，就可以提高全要素生產率。而基於微觀層面看，企業通過研發投入或技術引進實現了技術或工藝水平的提高，開發出新的產品、新的市場，或管理的改善、管理制度的變革提高了企業人員的工作效率，這些都可以實現全要素生產率的不斷提高。

對於城市全要素生產率的提高，其途徑也主要是技術的進步與資源配置效率的改善。但由於城市類型不同，其環境全要素生產率的影響因素也存在一定的差異，因此，不同類型城市應結合自身特點，明確定位，找準方向，從而促進環境全要素生產率的有效提升。

結合前面章節對中國城市環境全要素生產率的測算、影響因素的實證研究

結果，以及對城市類型的劃分，在本部分的研究中，提出促進中國城市環境全要素生產率不斷提升的對策建議。

1. 通過提高人力資本質量實現城市全要素生產率的提高

在工業化中後期，人力資本相比較於「物力」資本將有著更大的創新性、創造性，對於全要素生產率提高和經濟增長具有更大的推動作用。根據新增長理論，一個國家經濟的長期可持續增長依賴於其技術進步，即全要素生產率的提高；而人力資本則是知識和技術進步的重要載體，其水平直接決定著一國全要素生產率的水平。Benhabib 和 Spiegel（1994，2004）的研究表明，人力資本對全要素生產率水平的決定作用主要有直接和間接兩條途徑。一條途徑是人力資本水平直接影響著一個國家的技術創新能力，而技術創新能力又直接影響著全要素生產率水平；另一條途徑則是人力資本水平的高低會影響到對國際技術溢出的吸收能力，從而間接影響全要素生產率水平，即人力資本水平越高，越能夠從國際技術溢出中獲益。

從前面章節的實證研究結果看，人力資本對於不同類型城市環境全要素生產率的提高都起到了正向作用。因此，不管是哪種類型的城市，提高人力資本水平都是提升城市環境全要素生產率的重要途徑。但當前，中國各城市都面臨著人力資本改善速度放慢的事實。在中國人口老齡化、勞動年齡人口逐步減少的趨勢下，為了防止因人力資本導致的全要素生產率增長減慢，各個城市需要加快推進教育體制改革，尤其是提高高等教育質量，提高人力資本轉化成生產率的轉化效率，從過去依賴增量改善總體教育水平轉為通過培訓、終身學習改善勞動力的存量。當前，地方院校正在加快推進應用型高校建設，地方政府理應抓住這一機遇，與地方院校合作，加快改革現有的人才培養方式，將高等教育體制改革與地方主導產業、支柱產業的發展有效結合，既為現階段經濟發展提供人才支撐，也為下一階段產業升級儲備人才。

2. 強化城市公共基礎設施建設，促進城市環境全要素生產率的不斷提升

傳統線性增長模型下的研究結果一般認為基礎設施的完善改善了投資環境，能夠產生潤滑劑的作用，減少了資源要素在流動時產生的摩擦力，從而有利於促進全要素生產率的提升。同時，新技術、新知識往往產生於空間中的某一個點，完善發達的交通基礎設施建設有利於帶動科技人員、產品向周邊地區擴散，一方面帶來知識溢出效應，另一方面也有利於市場的擴大，產生規模集聚效應，從而促進全要素生產率的提升。

不同基礎設施對於城市環境全要素生產率的影響可能並不相同。由於可得數據的限制，本書僅以人均城市道路面積和每萬人互聯網用戶數比重表示的通

信基礎設施建設水平指標來衡量城市基礎設施建設水平。根據實證結果，人均城市道路面積這一指標在對所有類型的城市環境全要素生產率迴歸檢驗中均未通過顯著性檢驗，但從影響方向看，仍然產生了正向作用。通信基礎設施建設水平除第 3 類和第 5 類城市外，均對城市環境全要素生產率產生了顯著正向影響。分析認為，人均城市道路面積這一指標雖然能夠在一定程度上反應一個城市的基礎設施建設水平，但僅僅是其中一個方面，比如經濟發展較差的城市，其人口較少，人均城市道路面積指標必然高；而越是經濟密度高的城市，這一指標可能反而要低些，所以當依此指標作為解釋變量時，在統計學意義上並不顯著。通信基礎設施建設水平和預期結果一致，表明在信息化時代，加強城市信息網絡設施建設，有利於促進全要素生產率提高。

在中國快速的城市化進程中，類似於北京、上海、廣州等一些一線大城市，由於產業集中、居住人口過度膨脹，出現了交通堵塞、環境污染、住房擁擠、人口超負荷等一系列問題，即「城市病」越來越嚴重。這一方面是經濟發展過程中產生的「負」產出，另一方面也是公共基礎設施建設跟不上城市化進程所致。因此，對於不同類型的城市，要根據自身城市化進程，合理規劃、建設基礎設施，促進環境全要素生產率的提升。

對於具有城市規模大、經濟基礎好等特點的一線大城市，隨著城市化進程的加快，污染程度相對較高，這些城市的全要素生產率在考慮環境因素後，往往受到較大影響。對於該類型城市除了加強基礎設施建設外，還要注意產業結構的調整和空間佈局的重新規劃，借鑑發達國家的經驗，積極推動產業結構輕型化，並改變過去「單中心，攤大餅」的城市發展模式，而採取多中心、多組團式發展，在城市原有中心之外構建新的中心，並賦予不同中心不同的重點發展產業和功能，從而和原有的中心分開並形成互補，避免原有城市基礎設施超負荷使用。

對於城市規模小、經濟基礎相對薄弱的中小城市，加強基礎設施建設是這類城市提升全要素生產率的重要推動力之一。但由於自身經濟基礎差，而基礎設施投資所需資金大、週期長的特點，該類城市必須加快基礎設施投融資體制機制改革，提升政府投資資金的利用效率，並積極引導社會資本進入基礎設施的投資領域，通過社會資本的高效率實現城市基礎設施建設的提檔升級。

3. 實行「斟酌使用」外商直接投資的策略，提升環境全要素生產率

在全球經濟一體化背景下，資本跨國界流動規模越來越大，外商直接投資是其中的重要形式之一。作為發展中國家，中國自改革開放之初就採取了一系列優惠政策，吸引的外商直接投資總額也居世界前列，這也是中國經濟能夠長

期快速發展的重要原因之一。關於外商直接投資對於中國全要素生產率的影響，國內已有許多學者進行了研究，多數學者的研究結果是一致的，認為外商直接投資促進了全要素生產率的提高。其途徑主要是外商直接投資會對所在行業或者相關行業企業產生技術溢出，且通過學習效應以及人才流動等，提升東道國的管理水平、人力資本水平等。但關於外商直接投資對於環境全要素生產率影響的研究，國內學者基於不同時間、不同樣本的研究結論並不一致。主要有兩種觀點：一種觀點是外商直接投資對於環境全要素生產率產生負向影響，即對不考慮環境因素的全要素生產率產生正向影響，但當考慮環境因素時，則產生負向影響；另一種基於區域的研究則認為，外商直接投資對環境全要素生產率的影響因區域差異而不同。本書的研究表明，外商直接投資對中國大多數城市環境全要素生產率而言具有阻礙作用，即對城市環境全要素生產率的提高產生顯著的負向影響。而對於工業比重高且環境規制水平低的城市而言，外商直接投資對全要素生產率的正向溢出效應大於其污染所導致的負向效應。因此，對於外商直接投資，不同類型城市在使用時，應採取斟酌使用的原則，對於規模大、經濟發展水平高、工業化比重高的城市，在使用外商直接投資時，必須加以篩選，從注重外商直接投資的數量轉為更加注重其質量。而對於經濟發展水平相對較低、工業比重低的城市，雖然其引進外資時，可以比發達城市的要求適當降低，但也不能一味追求數量，而應當根據其對支柱產業的選擇及規劃，制定有條件的外資引進策略，並加強對外商直接投資企業的環境成本評估，避免走「先污染、後治理」的工業老路。

4. 以產業結構的演進促進城市環境全要素生產率整體提升

中國過去幾十年經濟的快速發展中，是以犧牲資源、生態環境、能源為代價換取的 GDP 增長，具有高投入、高污染、高產出的顯著特徵。在這一工業化快速發展時期，重型化是工業發展的主導。但這一發展模式，並不具備可持續性。從西方發達國家的發展歷程看，產業結構的轉型升級和經濟增長方式的轉變是發展的必然趨勢。因此，在中國經濟增速放緩，逐步深入「三期疊加」的背景下，城市發展更應抓住機遇，深化改革，實現產業結構的調整和優化。

對於規模較大、經濟發展水平相對較好、環境規制水平和經濟密度都較高的城市而言，必須在發展中不斷調整產業結構，比如，隨著城市規模及產業的不斷發展，積極與二線城市對接，把製造業、重化工業逐步轉移到相應城市，將更多的政策用以支持高端要素集聚，發展高端服務業、文化創意產業等。工業結構實現由從高能耗、高污染為特徵的重化工業轉向以具有高附加值為特徵的高技術產業和服務業為主的產業結構，即實現由「重」到「輕」的轉變。

而反之，對於規模較小、經濟發展水平相對較落後、環境規制水平和經濟密度都較低的城市來說，要徹底改變傳統的唯 GDP 思維，更注重經濟增長的質量，積極推動產業優化與結構調整。這類城市需根據具體情況，合理規劃城市未來發展的產業技術路線圖，利用本輪產業結構整體調整的契機，既要積極吸引外來資本、承接發達城市的產業轉移，更需根據產業定位及規劃，對外來資本和轉移產業加以篩選，重點引進具有一定技術含量、附加值、發展潛力的產業，實現產業結構的提檔升級。

5. 強化研發投入力度，促進城市環境全要素生產率提升

科學技術的進步離不開研究與發展（R&D）經費的大量投入。已有的研究多數都表明研究與發展經費的投入能夠帶來很高的社會回報率，顯著影響行業的技術進步，經費投入的降低則會導致全要素生產率的降低。本研究的實證結果同樣證明了研究與發展經費的投入能夠對不同類型城市的環境全要素生產率產生正向促進作用。

當前，國內研發投入主要是從發達國家引進技術，然後進行模仿、吸收再不斷進行改進。即相當一部分研發投入是用於技術引進，而不是技術的原創性開發，用於基礎研究的比例更低，這導致中國技術創新缺乏牢固的基礎。從長遠來看，不利於中國技術創新的可持續性發展。因此，不論是何種類型的城市，都應該堅持對研究與發展經費的投入，且應該增加對於基礎研究的經費投入。其次，不僅要政府加大對本城市支柱產業新技術的研發投入，還要通過相關稅費政策等鼓勵這類行業的主要企業增加研發投入，使每個城市的支柱行業能夠通過不斷的技術創新強化其優勢，最終實現從模仿到完全自主創新的轉變，提高企業的全要素生產率以及城市環境全要素生產率。

6. 根據城市特點制定最優環境規制強度，促進環境全要素生產率的不斷提高

環境規制是社會性規制的重要內容之一，是指由於廠商在生產過程中，其污染物排放具有外部不經濟性，為實現環境保護和經濟可持續協調發展的目標，政府通過制定相應的制度與措施對廠商等的生產活動進行管制與調節，主要包括工業廢水、廢氣、廢渣等的污染防控。多數觀點認為，環境規制的實施，會迫使企業增加治污設備投資，且這些治污設備運行過程中也會耗費大量資金，在企業資源有限的情況下，就必然減少其他投資。環境規制的實質是將環境的外部成本內部化，即將原來由社會承擔的環境成本轉變為由產生污染的企業負擔。環境規制的實施，必然提高了企業的生產成本，降低了企業的競爭力。但哈佛大學邁克爾·波特等學者也提出了不同的觀點，即從短期看，環境

規制措施的確會增加企業成本，但如果從長遠來看，適度的環境規制措施則會促使企業進行相應的技術創新活動，以便採用更新的技術提升生產效率。所以，環境規製作為一種外在並持續增加的壓力，會成為督促企業並進行創新的動力之一，因此，環境規制從長遠看會促進企業競爭力的提升。從本書的實證結果來看，政府環境規制水平對所有類型城市環境全要素生產率均產生了顯著的正向影響。說明了地方政府加強環境規制，提高環境保護水平能夠帶來城市環境全要素生產率的提高。

當然，這並不是說，所有類型城市都應該實施更為嚴厲的環境規制措施，更不能理解為環境規制措施越高越好。環境規制措施能否帶來產業技術進步和技術效率的提升，其關鍵不是是否實施環境規制措施，而是實施的環境規制強度是否與產業特性、產業發展階段相適應。如果不考慮不同產業所獨有的特性，也不考慮不同產業所處的發展階段，一味實施嚴厲的環境規制措施或者所有產業統一的環境規制措施，這可能會對部分產業起不到應有的規制效果，也會導致另一些產業由於規制強度過大，超出企業現階段所能承受的範圍，從而導致相應的企業產品成本過高，利潤降低，產品競爭力下降，甚至可能產生短期尋租行為，採取各種措施逃避監管。

因此，對於不同類型的城市，制定環境規制措施時，必須依據城市的發展特點，以及城市不同產業特性和發展階段，出抬不同的措施，以促進環境保護與全要素生產率的協調發展。對於以重污染產業為主的城市來說，在現有的環境規制強度基礎上，應將減排的主要方向從對污染產業的規制轉向督促企業加強環境技術的創新和應用，實現結構的不斷調整，從根本上達到治污的目標。而對於污染嚴重、技術水平低且又不屬於城市主導產業的相關企業，則要堅決予以關閉，進行重組，提高資源配置效率。對於以中度、輕度污染產業為主的城市而言，雖然這些產業資源消耗少，環境污染相對較輕，但由於政府長期忽略這些產業的污染，沒有採取相應的環境規制措施，所以也使這類產業難以產生改進治污技術、推動環境全要素生產率提高的動力。此外，促進城市環境全要素生產率增長，政府除了注意採取懲罰式的環境規制強度外，還需注意採取一些具有激勵特徵的措施，比如環境補貼、排污權交易等市場化的手段，從而多種措施和手段共同推進經濟發展和環境效益的協同發展。

8.3 不足與未來研究

雖然本書從理論和實證兩個層面對中國環境約束下的城市經濟績效問題進

行了探討，但是仍有很多方面的工作需要進一步深入。

　　首先，由於宏觀研究數據的統計限制，部分研究考察的時間段較短，難以形成縱向的、宏觀的把握，短期的時間數據得出的結論可能難以支撐更加嚴格的考察。

　　其次，在研究方法方面。本書主要採用了非參數的數據包絡分析法，沒有用參數化的方法進行對比研究，更詳盡的對比研究可能會使研究結論更具說服力。

　　再次，同樣由於統計數據的限制，在環境全要素生產率測算時，對於污染產出指標，僅採用了二氧化硫，而無法採用更多其他污染產出指標，也可能使測算結果產生更大的誤差。

　　最後，對於環境約束下城市全要素生產率影響因素的選擇，具有一定的主觀性，同時，仍然由於數據限制，使得更多的指標難以作為影響因素被納入模型分析中。

　　當然，這些不足也構成了未來研究的方向。

參考文獻

一、中文參考文獻

[1] 畢占天，王萬山. 碳排放約束下中國省際能源效率的測算 [J]. 統計與決策，2012（9）：93-96.

[2] 白俊紅. 人力資本、R&D 與生產率增長 [J]. 山西財經大學學報，2011（12）：18-25.

[3] 白潔. 對外直接投資的逆向技術溢出效應：對中國全要素生產率影響的經驗檢驗 [J]. 世界經濟研究，2009（8）：65-69.

[4] 陳英，李秉祥，謝興龍. 全要素生產率、國際直接投資與經濟增長的關聯性研究 [J]. 科技進步與對策，2011（12）：156-159.

[5] 陳繼勇，盛楊懌. 外商直接投資的知識溢出與中國區域經濟增長 [J]. 經濟研究，2008（12）：39-49.

[6] 陳靜，李谷成，馮中朝，等. 油料作物主產區全要素生產率與技術效率的隨機前沿生產函數分析 [J]. 農業技術經濟，2013（7）：85-93.

[7] 陳麗珍，楊魁. 能耗、碳排放與江蘇工業發展方式轉型 [J]. 江蘇大學學報（社會科學版），2013（2）：59-62.

[8] 陳柳. 中國製造業產業集聚與全要素生產率增長 [J]. 山西財經大學學報，2010（12）：60-66.

[9] 程中華，張立柱. 產業集聚與城市全要素生產率 [J]. 中國科技論壇，2015（3）：112-118.

[10] 曹澤，段宗志，吳昌宇. 中國區域 TFP 增長的 R&D 貢獻測度與評價 [J]. 中國人口資源與環境，2011（7）：146-152.

[11] 柴志賢. 環境管制、產業轉移與中國全要素生產率的增長 [M]. 北

京：經濟科學出版社，2014.

[12] 長江水利委員會. 長江流域及西南諸河水資源公報 [M]. 武漢：長江出版社，2011.

[13] 蔡昉. 全要素生產率是新常態經濟增長動力 [N]. 北京日報，2015-11-23 (17).

[14] 戴永安. 中國城市化效率及其影響因素：基於隨機前沿生產函數的分析 [J]. 數量經濟技術經濟研究，2010，27 (12)：103-117.

[15] 方福前，張豔麗. 中國農業全要素生產率的變化及其影響因素分析 [J]. 經濟理論與經濟管理，2010 (9)：5-12.

[16] 馮榆霞. 中國省域環境規制與全要素生產率的實證分析 [J]. 生態經濟，2013 (5)：66-70.

[17] 郭萍，徐康，黃玉. 中國農業全要素生產率地區差異的變動與分解 [J]. 經濟地理，2013 (2)：141-145.

[18] 宮俊濤，孫林岩，李剛. 中國製造業省際全要素生產率變動分析 [J]. 數量經濟技術經濟研究. 2008 (4)：97-110.

[19] 管馳明，李春. 全要素生產率對上海市經濟增長貢獻的實證研究 [J]. 華東經濟管理，2013 (10)：7-10.

[20] 高秀麗，孟飛榮. 中國物流業全要素生產率及其影響因素分析 [J]. 技術經濟，2013 (2)：51-58.

[21] 高鐵梅. 計量經濟分析方法與建模 [M]. 2版. 北京：清華大學出版社，2009.

[22] 黃文正. 人力資本吸收與技術外溢對發展中國家技術進步的影響 [J]. 社會科學家，2011 (3)：127-130.

[23] 黃志基，賀燦飛. 製造業創新投入與中國城市經濟增長質量研究 [J]. 中國軟科學，2013 (3)：89-100.

[24] 黃先海，石東楠. 對外貿易對中國全要素生產率影響的測度與分析 [J]. 世界經濟研究，2005 (1)：22-26.

[25] 賀勝兵，周華蓉，劉友金. 環境約束下地區工業生產率增長的異質性研究 [J]. 南方經濟，2011 (11)：28-41.

[26] 何潔. 外國直接投資對中國工業部門外溢效應的進一步精確量化 [J]. 世界經濟，2000 (12)：29-36.

[27] 胡祖六. 關於中國引進外資的三大問題 [J]. 國際經濟評論，2004 (2)：24-28.

[28] 胡鞍鋼, 鄭京海, 高宇寧, 等. 考慮環境因素的中國省級技術效率排名 (1999—2005) [J]. 經濟學 (季刊), 2008, 7 (3): 933-960.

[29] 胡建輝, 李博, 馮春陽. 城鎮化、公共支出與中國環境全要素生產率 [J]. 經濟科學, 2016 (1): 29-40.

[30] 華萍. 不同教育水平對全要素生產率增長的影響——來自中國省份的實證研究 [J]. 經濟學季刊, 2005, 4 (4): 147-166.

[31] 金雪軍, 歐朝敏, 李楊. 全要素生產率、技術引進與 R&D 投入 [J]. 科學學研究, 2006, 24 (5): 702-705.

[32] 金懷玉, 菅利榮. 中國農業全要素生產率測算及影響因素分析 [J]. 西北農林科技大學學報 (社會科學版), 2013 (2): 29-36.

[33] 江玲玲, 孟令杰. 中國工業行業全要素生產率變動分析 [J]. 技術經濟, 2011 (8): 100-105.

[34] 匡遠鳳, 彭代彥. 中國環境生產效率與環境全要素生產率分析 [J]. 經濟研究, 2012 (7): 62-74.

[35] 柯孔林, 馮宗憲. 中國商業銀行全要素生產率測度及其影響因素分析 [J]. 商業經濟與管理, 2008 (9): 29-35.

[36] 劉林. 環境約束下浙江省全要素生產率差異性及收斂性分析 [J]. 改革與戰略, 2012 (6): 101-104.

[37] 李春米, 畢超. 環境規制下的西部地區工業全要素生產率變動分析 [J]. 西安交通大學學報 (社會科學版), 2012 (1): 18-23.

[38] 李小勝, 安慶賢. 環境管制成本與環境全要素生產率研究 [J]. 世界經濟, 2012 (12): 23-40.

[39] 李小勝, 徐芝雅, 安慶賢. 中國省際環境全要素生產率及其影響因素分析 [J]. 中國人口 (資源與環境), 2014 (10): 17-23.

[40] 李京文, 鐘學義. 中國生產率分析前沿 [M]. 北京: 社會科學文獻出版社, 2007.

[41] 李小平, 朱鐘棣. 國際貿易的技術溢出門檻效應 [J]. 統計研究, 2004 (10): 27-32.

[42] 李小平, 朱鐘棣. 國際貿易、R&D 溢出和生產率的增長 [J]. 經濟研究, 2006 (2): 31-43.

[43] 李谷成, 陳寧陸, 閔銳. 環境規制條件下中國農業全要素生產率增長與分解 [J]. 中國人口 (資源與環境), 2011 (11): 153-160.

[44] 李靜, 彭飛, 毛德鳳. 研發投入對企業全要素生產率的溢出效應

[J]. 經濟評論, 2013 (3): 77-86.

[45] 李靜, 陳武. 中國工業的環境績效與治理投資的規模報酬研究 [J]. 華東經濟管理, 2013 (3): 44-50.

[46] 李賓. 國內研發阻礙了中國全要素生產率的提高嗎? [J]. 科學學研究, 2010 (7): 1035-1042, 1059.

[47] 李梅. 人力資本、研發投入與對外直接投資的逆向技術溢出 [J]. 世界經濟研究, 2010 (10): 69-75.

[48] 李希義. 中國商業銀行業的全要素生產率測算和增長因素分析 [J]. 中央財經大學學報, 2013 (9): 19-25.

[49] 李勝文, 李大勝. 中國工業全要素生產率的波動: 1998—2005——基於細分行業的三投入隨機前沿生產函數分析 [J]. 數量經濟技術經濟研究, 2008 (5): 43-54.

[50] 李小平, 朱鐘棣. 中國工業行業的全要素生產率測算 [J]. 管理世界, 2005 (4): 56-64.

[51] 劉興凱. 中國服務業全要素生產率階段性及區域性變動特點分析 [J]. 當代財經, 2009 (12): 80-87.

[52] 劉勇. 中國工業全要素生產率的區域差異分析 [J]. 財經問題研究, 2010 (6): 43-47.

[53] 劉興凱, 張誠. 中國服務業全要素生產率增長及其收斂分析 [J]. 數量經濟技術經濟研究, 2010 (3): 56-69.

[54] 劉智勇, 胡永遠. 人力資本、要素邊際生產率與地區差異 [J]. 中國人口科學, 2009 (3): 21-32.

[55] 劉智勇, 張瑋. 創新型人力資本與技術進步: 理論與實證 [J]. 科技進步與對策, 2010 (1): 138-142.

[56] 劉渝琳, 陳天伍. 國內R&D、對外開放技術外溢與地區全要素生產率差距 [J]. 科技管理研究, 2011 (2): 27-32.

[57] 劉建翠. R&D對中國高技術產業全要素生產率影響的定量分析 [J]. 工業技術經濟, 2007 (5): 51-54.

[58] 劉振興, 葛小寒. 進口貿易R&D二次溢出、人力資本與區域生產率進步 [J]. 經濟地理, 2011 (6): 915-920.

[59] 劉生龍, 胡鞍鋼. 基礎設施的外部性在中國的檢驗: 1988—2007 [J]. 經濟研究, 2010, 45 (3): 4-15.

[60] 劉秉鐮, 武鵬, 劉玉海. 交通基礎設施與中國全要素生產率增長

[J]. 中國工業經濟, 2010 (3): 54-64.

[61] 劉秉鐮, 李清彬. 中國城市全要素生產率的動態實證分析: 1990—2006 [J]. 南開經濟研究, 2009 (3): 139-152.

[62] 劉舜佳, 王耀中. 基礎設施對縣域經濟全要素生產率影響的空間計量檢驗 [J]. 統計與信息論壇, 2013 (2): 54-60.

[63] 劉建國, 張文忠. 中國區域全要素生產率的空間溢出關聯效應研究 [J]. 地理科學, 2014 (5): 522-530.

[64] 劉華軍, 楊騫. 資源環境約束下中國 TFP 增長的空間差異和影響因素 [J]. 管理科學, 2014 (5): 133-144.

[65] 呂健. 市場化與中國金融業全要素生產率 [J]. 中國軟科學, 2013 (2): 64-80.

[66] 呂宏芬, 劉斯敖. 中國製造業集聚變遷與全要素生產率增長研究 [J]. 浙江社會科學, 2012 (3): 22-32.

[67] 梁超. 制度變遷、人力資本累積與全要素生產率增長 [J]. 中央財經大學學報, 2012 (2): 58-65.

[68] 李玲. 中國工業綠色全要素生產率及影響因素研究 [D]. 廣州: 暨南大學, 2012.

[69] 孟祺. 產業集聚與技術進步 [J]. 科技與經濟, 2010 (1): 67-70.

[70] 馬恒運, 王濟民, 劉威, 等. 中國原料奶生產 TFP 增長方式與效率改進 [J]. 農業技術經濟, 2011 (8): 18-25.

[71] 馬恒運. 中國牛奶生產全要素生產率及科技政策研究 [M]. 北京: 中國農業出版社, 2011.

[72] 馬越越. 低碳約束視角下中國物流產業全要素生產率研究 [M]. 北京: 中國社會科學出版社, 2016.

[73] 閔銳, 李谷成. 環境約束條件下的中國糧食全要素生產率增長與分解 [J]. 經濟評論, 2012 (5): 34-42.

[74] 梅國平, 甘敬義, 朱清貞. 資源環境約束下中國全要素生產率研究 [J]. 當代財經, 2014 (7): 13-21.

[75] 彭國華. 中國地區全要素生產率與人力資本構成 [J]. 中國工業經濟, 2007 (2): 52-59.

[76] 屈小娥, 席瑤. 資源環境雙重規制下中國地區全要素生產率研究 [J]. 商業經濟與管理, 2012 (5): 89-97.

[77] 屈展. 中國對外直接投資對國內全要素生產率的影響研究 [J]. 管

理學家（學術版），2011（6）：42-56.

[78] 邱斌.FDI技術溢出渠道與中國製造業全要素生產率增長研究［M］.南京：東南大學出版社，2009.

[79] 潘丹，應瑞瑤.資源環境約束下的中國農業全要素生產率增長研究［J］.資源科學，2013（7）：1329-1338.

[80] 彭旸，劉智勇，肖競成.對外開放、人力資本與區域技術進步［J］.世界經濟研究，2008（6）：24-29.

[81] 任若恩.中國全要素生產率的行業分析與國際比較——中國KLEMS項目［M］.北京：科學出版社，2013.

[82] 沈坤榮，李劍.企業技術外溢的測度［J］.經濟研究，2009，44（4）：77-89.

[83] 沈能.中國製造業全要素生產率地區空間差異的實證研究［J］.中國軟科學，2006（6）：101-110.

[84] 孫久文，年猛.服務業全要素生產率測度及其省際差異［J］.改革，2011（9）：33-38.

[85] 孫旭.人力資本約束下區域全要素生產率的增長差異研究［M］.北京：科學出版社，2016.

[86] 舒輝，周熙登，林曉偉.物流產業集聚與全要素生產率增長［J］.中央財經大學學報，2014（3）：98-105.

[87] 石慧，吳方衛.中國農業生產率地區差異的影響因素研究［J］.世界經濟文匯，2011（3）：59-73.

[88] 石風光.環境全要素生產率視角下的中國省際經濟差距研究［M］.北京：經濟科學出版社，2014.

[89] 司偉，王濟民.中國大豆生產全要素生產率及其變化［J］.中國農村經濟，2011（10）：16-25.

[90] 湯二子，劉海洋，孔祥貞，等.中國製造業企業研發投入與效果的經驗研究［J］.經濟與管理，2012（8）：57-61，73.

[91] 唐保慶.國內R&D投入、國際R&D溢出與全要素生產率［J］.世界經濟研究，2009（9）：69-76.

[92] 田偉，譚朵朵.中國棉花TFP增長率的波動與地區差異分析［J］.農業技術經濟，2011（5）：110-118.

[93] 田銀華，賀勝兵，胡石其.環境約束下地區全要素生產率增長的再估算1998—2008［J］.中國工業經濟，2011（1）：47-57.

［94］陶長琪，楊海文.空間計量模型選擇及其模擬分析［J］.統計研究，2014（8）：88-96.

［95］王春法.FDI 與內生技術能力培育［J］.國際經濟評論，2004（2）：19-22.

［96］王兵.環境約束下中國經濟績效研究［M］.北京：人民出版社，2013.

［97］王兵，王麗.環境約束下中國區域工業技術效率與生產率及其影響因素實證研究［J］.南方經濟，2010（11）：3-19.

［98］王兵，吳延瑞，顏鵬飛.中國區域環境效率與環境全要素生產率增長［J］.經濟研究，2010（5）：95-109.

［99］王文靜，劉彤，李盛基.人力資本對中國全要素生產率增長作用的空間計量研究［J］.經濟與管理，2014（2）：22-28.

［100］王德勁.人力資本、技術進步與經濟增長：一個實證研究［J］.統計與信息論壇，2005（9）：62-66.

［101］王英，劉思峰.國際技術外溢渠道的實證研究［J］.數量經濟技術經濟研究，2008（4）：153-160.

［102］王珏，宋文飛，韓先鋒.中國地區農業全要素生產率及其影響因素的空間計量分析［J］.中國農村經濟，2010（8）：24-35.

［103］王維薇.中間品進口、全要素生產率與出口的二元邊際：基於中國製造業貿易的經驗研究［M］.北京：經濟科學出版社，2015.

［104］王麗麗.開放視角下產業集聚與全要素生產率關係研究［M］.北京：經濟日報出版社，2014.

［105］魏丹，閔銳，王雅鵬.糧食生產率增長、技術進步、技術效率［J］.中國科技論壇，2010（8）：140-145.

［106］魏峰，江永紅.勞動力素質、全要素生產率與地區經濟增長［J］.人口與經濟，2013（4）：30-38.

［107］魏下海.人力資本、空間溢出與省際全要素生產率增長［J］.財經研究，2010（12）：94-104.

［108］吳建新，劉德學.人力資本、國內研發、技術外溢與技術進步［J］.世界經濟文匯，2010（4）：89-102.

［109］吳永林，陳鈺.高技術產業對北京傳統行業技術溢出的實證研究［J］.中國科技論壇，2010（3）：38-44.

［110］吳麗麗，鄭炎成，李谷成.碳排放約束下中國油菜全要素生產率增

長與分解［J］.農業現代化研究,2013（1）：77-81.

［111］吳玉鳴,李建霞.基於地理加權迴歸模型的省域工業全要素生產率分析［J］.經濟地理,2006（5）：748-752.

［112］吳玉鳴,李建霞.中國區域工業全要素生產率的空間計量經濟分析［J］.地理科學,2006（4）：385-391.

［113］吳獻金,陳曉樂.中國汽車產業全要素生產率及影響因素的實證分析［J］.財經問題研究,2011（3）：41-45.

［114］萬興,範金,胡漢輝.江蘇製造業TFP增長、技術進步及效率變動分析［J］.系統管理學報,2007（10）：465-472.

［115］萬倫來,唐鵬展,楊燦.淮河流域安徽段工業化影響因素的空間計量分析［J］.華東經濟管理,2013（8）：21-25.

［116］徐盈之,趙玥.中國信息服務業全要素生產率變動的區域差異與趨同分析［J］.數量經濟技術經濟研究.2009（10）：49-61.

［117］許海平,王岳龍.中國城鄉收入差距與全要素生產率［J］.金融研究,2010（10）：54-67.

［118］薛建良,李秉龍.基於環境修正的中國農業全要素生產率度量［J］.中國人口（資源與環境）,2011（5）：113-118.

［119］薛強.中國乳製品業全要素生產率研究［M］.北京：經濟科學出版社,2012.

［120］謝申祥,王孝松,張宇.對外直接投資、人力資本與中國技術水平的提升［J］.世界經濟研究,2009（11）：69-105.

［121］謝良,黃健柏.創新型人力資本、全要素生產率與經濟增長分析［J］.科技進步與對策,2009（6）：153-157.

［122］辛玉紅,李星星.中國新能源上市公司全要素生產率動態變化實證研究［J］.華東經濟管理,2014（2）：49-52.

［123］夏良科.人力資本與R&D如何影響全要素生產率［J］.數量經濟技術經濟研究,2010（4）：78-95.

［124］徐現祥,舒元.基於對偶法的中國全要素生產率核算［J］.統計研究,2009（7）：78-86.

［125］肖攀,李連友,唐李偉,等.中國城市環境全要素生產率及其影響因素分析［J］.管理學報,2013（11）：1681-1689.

［126］岳書敬,劉朝明.人力資本與區域全要素生產率分析［J］.經濟研究,2006（4）：90-97.

[127] 岳書敬, 劉富華. 環境約束下的經濟增長效率及其影響因素 [J]. 數量經濟技術經濟研究, 2009 (5): 94-106.

[128] 顏鵬飛, 王兵. 技術效率、技術進步與生產率增長: 基於 DEA 的實證分析 [J]. 經濟研究, 2004 (12): 55-65.

[129] 顏敏, 王維國. 分層次人力資本與全要素生產率基於分位數迴歸的解析 [J]. 數學的實踐與認識, 2011 (3): 17-24.

[130] 葉靈莉, 王志江. 進口貿易結構、人力資本與技術進步 [J]. 科研管理, 2008 (11): 82-88.

[131] 姚樹榮. 論創新型人力資本 [J]. 財經科學, 2001 (5): 10-14.

[132] 易先忠, 張亞斌. 技術差距與人力資本約束下的技術進步模式 [J]. 管理科學學報, 2008 (12): 51-60.

[133] 殷硯, 廖翠萍, 趙黛青. 對中國新型低碳技術擴散的實證研究與分析 [J]. 科技進步與對策, 2010 (23): 20-24.

[134] 楊劍波. R&D 創新對全要素生產率影響的計量分析 [J]. 經濟經緯, 2009 (6): 13-16.

[135] 殷寶慶. 環境規制與中國製造業綠色全要素生產率 [J]. 中國人口 (資源與環境), 2012 (12): 60-66.

[136] 楊鵬. 碳排放下製造業全要素生產率研究 [J]. 學術論壇, 2011 (11): 112-118.

[137] 楊文舉, 龍睿贇. 中國地區工業綠色全要素生產率增長 [J]. 上海經濟研究, 2012 (7): 3-14.

[138] 楊勇. 中國服務業全要素生產率再測算 [J]. 世界經濟, 2008 (10): 46-55.

[139] 楊向陽, 徐翔. 中國服務業全要素生產率增長的實證分析 [J]. 經濟學家, 2006 (3): 68-76.

[140] 楊榮. 中國與日本農業全要素生產率比較 [M]. 北京: 社會科學文獻出版社, 2015.

[141] 姚洋, 章奇. 中國工業企業技術效率分析 [J]. 經濟研究, 2001 (10): 13-19.

[142] 姚仁倫. 地方財政支出與全要素生產率的變化 [J]. 理論月刊, 2009 (11): 75-77.

[143] 餘思勤, 蔣迪娜, 盧劍超. 中國交通運輸業全要素生產率變動分析 [J]. 同濟大學學報 (自然科學版), 2004 (6): 827-831.

[144] 嚴斌劍, 範金, 坂本博. 南京城鎮全要素生產率演化及分解: 1991—2005 [J]. 管理評論, 2008 (4): 45-52.

[145] 張海洋. R&D 兩面性、外資活動與中國工業生產率增長 [J]. 經濟研究, 2005 (5): 107-117.

[146] 張宇. FDI 與中國全要素生產率的變動 [J]. 世界經濟研究, 2007 (5): 14-19.

[147] 張玉鵬, 王茜. 人力資本構成、生產率差距與全要素生產率 [J]. 經濟理論與經濟管理, 2011 (12): 37-36.

[148] 張建升. 環境約束下長江流域主要城市全要素生產率研究 [J]. 華東經濟管理, 2014 (12): 59-63.

[149] 張濤, 張若雪. 人力資本與技術採用: 對珠三角技術進步緩慢的一個解釋 [J]. 管理世界, 2009 (2): 75-82.

[150] 張戈, 涂建軍, 華娟, 等. 重慶市主要製造業全要素生產率動態比較分析 [J]. 西南師範大學學報 (自然科學版), 2012 (12): 126-131.

[151] 張浩然, 衣保中. 城市群空間結構特徵與經濟績效 [J]. 經濟評論, 2012 (1): 42-48.

[152] 張浩然, 衣保中. 基礎設施、空間溢出與區域全要素生產率 [J]. 經濟學家, 2012 (2): 61-67.

[153] 張新紅, 莊家花. 海峽西岸經濟區城市能源效率及其影響因素研究 [J]. 華僑大學學報 (哲學社會科學版), 2014 (1): 52-60.

[154] 張保勝. 全要素生產率測算與技術的 σ 收斂效應 [J]. 科技管理研究, 2014 (13): 160-165.

[155] 張各興. 中國電力工業: 技術效率與全要素生產率研究 [M]. 北京: 經濟科學出版社, 2014.

[156] 張欽, 趙俊. 1990—2007 年中國礦產資源型城市全要素生產率的動態實證分析 [J]. 系統工程, 2010 (10): 75-83.

[157] 張軍, 吳桂英, 張吉鵬. 中國省際物質資本存量估算: 1952—2000 [J]. 經濟研究, 2004 (10): 35-43.

[158] 張少華, 蔣偉杰. 加工貿易提高了環境全要素生產率嗎——基於 Luenberger 生產率指數的研究 [J]. 南方經濟, 2014 (11): 1-24.

[159] 鄒薇, 代謙. 技術模仿、人力資本累積與經濟趕超 [J]. 中國社會科學, 2003 (5): 26-40.

[160] 鄒明. 中國對外直接投資對國內全要素生產率的影響 [J]. 北京工

業大學學報（社會科學版），2008（12）：30-35.

[161] 趙偉,古廣東,何元慶.外向FDI與中國技術進步：機理分析與嘗試性實證 [J].管理世界，2006（7）：53-60.

[162] 趙偉,汪全立.人力資本與技術溢出：基於進口傳導機制的實證研究 [J].中國軟科學，2006（4）：66-74.

[163] 趙偉,張萃.中國製造業區域集聚與全要素生產率增長 [J].上海交通大學學報（哲學社會科學版），2008（5）：52-57.

[164] 趙文,程杰.中國農業全要素生產率的重新考察 [J].中國農村經濟，2011（10）：4-16.

[165] 趙立斌.FDI、異質型人力資本與經濟增長——基於新加坡的數據分析 [J].經濟經緯，2013（2）：67-71.

[166] 趙樹寬,王晨奎,王嘉嘉.中國電信業重組效率及TFP增長研究 [J].現代管理科學，2013（2）：23-26.

[167] 趙雲,李雪梅.基於全要素生產率的知識溢出空間效應分析 [J].統計與信息論壇，2015（1）：83-89.

[168] 鐘惠波,許培源.中國經濟TFP增長的影響因素 [J].北京理工大學學報（社會科學版），2011（12）：1-8.

[169] 周彩雲.中國區域經濟增長的全要素生產率變化研究 [D].蘭州：蘭州大學，2010.

[170] 周遊.中國OFDI對國內全要素生產率影響的理論與實證分析 [J].科技與管理，2009（3）：46-49.

[171] 周少林,饒和平,張蘭.長江流域分行政區入河污染物總量監督管理探析 [J].人民長江，2013（12）：1-5.

[172] 鄭雲.中國農業全要素生產率變動、區域差異及其影響因素分析 [J].經濟經緯，2011（2）：55-59.

[173] 鄭雲.中國服務業全要素生產率的變動及其收斂性 [J].學術交流，2010（3）：85-88.

[174] 鄭麗琳,朱啓貴.納入能源環境因素的中國全要素生產率再估算 [J].統計研究，2013（7）：9-17.

[175] 曾淑婉.財政支出對全要素生產率的空間溢出效應研究 [J].財經理論與實踐，2013（1）：72-76.

[176] 鄭循剛.區域農業生產技術效率及其對全要素生產率貢獻研究 [M].北京：中國農業出版社，2011.

[177] 章韬,王桂新. 集聚密度与城市全要素生产率差异[J]. 国际商务研究,2012(11):45-54.

[178] 朱鸿伟,杨旭琛. 财政支出、技术选择与经济绩效[J]. 产经评论,2013(6):88-96.

二、英文参考文献

[1] A B KRUEGER, M LINDAHL. Education and growth: why and for whom [J]. Journal of Economic Literature, 2001, 39(4): 1101-1136.

[2] AIYAR S, FEYRER J. A contribution to the empirics of Total Factor Productivity [R]. Dartmouth College Working Paper, 2002.

[3] AIGNER D J, LOVELL C A K, SCHMIDT P. Formulation and estimation of stochastic frontiers production function models [J]. Journal of Econometrics, 1977, 1(6): 21-37.

[4] BANKERR D, CHARNES A, COOPER W W. Some models for estimating technical and scale in inefficiencies in Data Envelopment Analysis [J]. Management Science, 1984, 9(30): 1078-1092.

[5] BORRO R J. Economic growth in across section of countries [J]. Quarterly Journal of Economics, 1991, 106(2): 407-443.

[6] BORENSZTEIN E, J D GREGORIO, J W LEE. How does foreign direct investment affect economic growth? [J]. Journal of International Economics, 1998, 45(1): 115-135.

[7] BITZER J, KEREKES M. Does foreign direct investment transfer technology across borders? New evidence [J]. Economics Letters, 2008, 100(3): 355-358.

[8] BILS M, KLENOW P. Does schooling cause growth? [J]. American Economic Review, 2000, 90(5): 1160-1183.

[9] BERNARD A, JONES C L. Comparing applies to oranges: productivity convergence and measurement across industries and countries [J]. American Economic Review, 2001, 86(5): 1216-1238.

[10] BENHABIB J, M SPIEGEL. The role of human capital in economic development: evidence from aggregate cross-country data [J]. Journal of Monetary Eco-

nomics, 1994, 34 (2): 143-173.

[11] COE D T, E HELPMAN. International R&D spillover [J]. European Economic Review, 1995, 39 (5): 859-887.

[12] CAMERON G. Why did UK manufacturing productivity growth slow down in the 1970s and speed up in the 1980s? [J]. Economica, 1999, 70 (277): 121-41.

[13] CAMERON G, PROUDMAN J, REDDING S. Technological convergence, R&D, trade and productivity growth [J]. European Economic Review, 2005, 49 (3): 775-807.

[14] CAVES D W, CHRISTENSEN L R, DIEWERT W E. The economic theory of index numbers and the measurement of input and output, and productivity [J]. Econometrica, 1982, 50 (6): 1393-1494.

[15] CAVES D W, CHRISTENSEN L R, DIEWERT W E. Multilateral comparisons of output, input and productivity using superlative index numbers [J]. Economic Journal, 1982, 92 (365): 73-86.

[16] CICCONE A, HALL R E. Productivity and the density of economic activity [J]. American Economic Review, 1996, 86 (1): 54-70.

[17] CHAMBERS R G, R FARE, S GROSSKOPF. Productivity growth in APEC countries [J]. Pacific Economic Review, 1996, 1 (3): 181-190.

[18] CHANGC, LUH Y. Efficiency change and growth in productivity: the Asian growth experience [J]. Journal of Asian Economics, 1999, 10 (10): 551-570.

[19] CHARNESA, W W COOPER, E RHODES. Measuring the efficiency of decision making units [J]. European Journal of Operational Research, 1978, 2 (6): 429-444.

[20] CHUNGY H, R FARE, S GROSSKOPF. Productivity and undesirable outputs: a directional distance function approach [J]. Journal of Environmental Management, 1997, 51 (3): 229-240.

[21] DEACONR T, NORMAN C S. Does the environmental kuznets curve describe how individual countries behave [J]. Land Economics, 2006, 82 (2): 291-315.

[22] DONG-HYUN OH. A metafrontier approach for measuring an environmentally sensitive productivity growth index [J]. Energy Economics, 2010, 32 (1):

146-157.

[23] DOLORES ANON HIGON. The impact of R&D spillovers on UK manufacturing TFP: a dynamic panel approach [J]. Research Policy, 2007, 36 (6): 964-979.

[24] DOMAZLICKY B, WEBER W. Does environmental protection lead to slower productivity growth in the chemical industry [J]. Environmental and Resource Economics, 2004, 28 (3): 301-324.

[25] ENGELBRECHT H J. International R&D spillovers, human capital and productivity in OECD economies: an empirical investigation [J]. European Economic Review, 1997, 41 (8): 1479-1488.

[26] FARE R, GROSSKOPF S, NORRIS M, ZHANG Z Y. Productivity growth, technical progress, and efficiency change in industrialized countries [J]. American Economic Review, 1994, 84 (1): 66-83.

[27] FARE R, PRIMONT DAN. Multi-output production and duality: theory and applications [M]. Boston: Kluwer Academic Publishers, 1995.

[28] FARE R, GROSSKOPF S. Intertemporal production frontiers: with dynamic DEA [M]. Boston: Kluwer Academic Publishers, 1996.

[29] FARE R, GROSSKOPF SHAWNA, PASURKA CARL. Accounting for air pollution emissions in measuring state manufacturing productivity growth [J]. Journal of Regional Science, 2001, 41 (3): 381-409.

[30] FARE R, GROSSKOPF S, MARGARITIS D. APEC and the Asian Economic Crisis: early signals from productivity trends [J]. Asian Economic Journal, 2001, 15 (3): 325-342.

[31] FARE R, GROSSKOPF S. New directions: efficiency and productivity [M]. Boston: Kluwer Academic Publishers, 2004.

[32] FARER, GROSSKOPF S, NOH DW, WEBER W. Characteristics of a polluting technology: theory and practice [J]. Journal of Econometrics, 2005, 126 (2): 469-492.

[33] FARE R, GROSSKOPF S, CARL A PASURKA. Environmental production functions and environmental directional distance functions [J]. Energy, 2007, 32: 1055-1066.

[34] GROSSMAN G, KRUEGER. Environmental impacts of a north American free trade agreement [R]. Cambridge MA: NBER Working Paper, 1991.

[35] GHOSH SUCHARITA, MASTROMARCO CAMILLA. Cross-border economic activities, human capital and efficiency: a stochastic frontier analysis for OECD countries [J]. World Economy, 2013 (6): 761-785.

[36] G GROSSMAN, E HELPMAN. Innovation and growth in the global economy [M]. Cambridge: Mit Press, 1991.

[37] GAVIN CAMERON. The Five Drivers: an empirical review [M]. London: Oxford University Press, 2005.

[38] GRILICHES ZVI. Productivity, R&D, and the data constraint [J]. The American Economic Review, 1994 (3): 1-23.

[39] GRIFFITH R, REDDING S, VAN REENEN J. Mapping the two faces of R&D: productivity growth in a panel of OECD industries [J]. The Review of Economics and Statistics, 2004, 86 (4): 883-895.

[40] HAILU A, VEEMAN T S. Environmentally sensitive productivity analysis of the Canadian pulp and paper industry, 1959-1994: an input distance function approach [J]. Journal of Environmental Economics and Management, 2000, 40 (3): 251-274.

[41] HAILU A, VEEMAN T S. Non-parametric productivity analysis with undesirable outputs: an application to the Canadian pulp and paper industry [J]. American Journal of Agricultural Economics, 2001, 83: 605-616.

[42] ISLAM N. Productivity dynamics in a large sample of countries: a panel study [J]. Review of Income and Wealth, 2003, 49 (2): 247-272.

[43] JAFFEA B, S PETERSON, P PORTNEY, et al. Environmental regulation and the competitiveness of U.S. manufacturing: what does the evidence tell us? [J]. Journal of Economic Literature, 1995, 33 (1): 132-163.

[44] JEON B M, SICKLES R C. The role of environmental factors in growth accounting [J]. Journal of Applied Econometrics, 2004, 19 (5): 567-591.

[45] JEFFERSON G H, RAWSKI T G, ZHANG Y F. Productivity growth and convergence across China's industrial economy [J]. Journal of Chinese Economic and Business Studies, 2008, 6 (2): 121-140.

[46] ZHANG JIANSHENG, TAN WEI. Study on the green total factor productivity in main cities of China [J]. Zbornik Radova Ekonomskog Fakulteta U Rijeci-Proceedings of Rijeka Faculty of Economics, 2016, 34 (1): 215-234.

[47] JAKOB B MADSEN. Technology spillover through trade and TFP conver-

gence: 135 years of evidence for the OECD countries [J]. Journal of International Economics, 2007, 72 (2): 464-480.

[48] KOKKO A. Technology, market characteristics and spillovers [J]. Journal of Development Economics, 1994, 43 (2): 279-293.

[49] KUMAR S. Environmentally sensitive productivity growth: a global analysis using Malmquist-Luenberger Index [J]. Ecological Economics, 2006, 56 (2): 280-293.

[50] KANDER A, L SCHON. The energy-capital relation—Sweden 1870-2000 [J]. Structural Change and Economic Dynamics, 2007, 18 (3): 291-305.

[51] KUMAR S, R RUSSELL. Technological change technological catch-up and capital deepening: relative contributions to growth and convergence [J]. American Economic Review, 2002, 92 (3): 527-548.

[52] KUMBHAKARS, LOVELL C. Stochastic Frontier Analysis [M]. New York: Cambridge University Press, 2000.

[53] KELLER W. Are international R&D spillovers trade related? Analyzing spillovers among randomly matched trade partners [J]. European Economic Reviews, 1998, 42 (8): 1469-1481.

[54] LEE J W, BORRO R J. International comparisons of educational attainment [J]. Journal of Monetary Economics, 1993, 32 (3): 363-394.

[55] LUCAS ROBERT E. Why doesn't capital flow from rich to poor countries? [J]. American Economic Review, 1990, 80 (2): 92-96.

[56] LESLEY POTTERS, RAQUEL ORTEGA-ARGILÉS, MARCO VIVARELLI. R&D and productivity: testing sectoral peculiarities using micro data [J]. Empirical Economics, 2011, 41 (3): 817-839.

[57] LALL P, FEATHERSTONE A M, NORMAN D W. Productivity growth in the Western hemisphere (1978-1994): the Caribbean in perspective [J]. Journal of Productivity Analysis, 2002, 17 (3): 213-231.

[58] LINDENBERGER D. Measuring the economic and ecological performance of OECD Countries [R]. EWI Working Paper, 2004.

[59] LUENBERGERD G. Benefit functions and duality [J]. Journal of Mathematical Economics, 1992, 21 (5): 461-481.

[60] MILLER S, UPADHYAY M. The effect of openness, trade orientation and human capital on total factor productivity [J]. Journal of Development econom-

ics, 2000, 63 (2): 399-423.

[61] MANKIW G N, ROMER D, WEIL D N. A contribution to the empirics of economic growth [J]. Quarterly Journal of Economics, 1992, 107 (2): 407-437.

[62] MARIOS ZACHARIADIS. R&D, innovation, and technological progress: a test of the Schumpeterian Framework without scale effects [J]. Canadian Journal of Economics, Canadian Economics Association, 2003, 36 (3): 566-586.

[63] MCVICARD. Spillovers and foreign direct investment in UK manufacturing [J]. Applied Economics Letters, 2002, 9 (5): 297-300.

[64] NELSON R, E PHELPS. Investment in humans, technological diffusion, and economic growth [J]. American Economic Review, 1966, 56 (2): 69-75.

[65] NANERE M, IAIN F, ALI Q, et al. Environmentally adjusted productivity measurement: an Australian case study [J]. Journal of Environmental Management, 2007, 85 (2): 350-362.

[66] PRITCHETT, LANT. Where has all the education gone [J]. World Bank Economic Review, 2001, 15 (3): 367-391.

[67] PITTMAN R W. Multilateral productivity comparisons with undesirable outputs [J]. Economic Journal, 1983, 93 (372): 883-891.

[68] PANAYOTOU T. Empirical tests and policy analysis of environmental degradation at different stages of economic development [R]. Working Paper WP238, Technology and Employment Programme, Geneva: International Labor Office, 1993.

[69] QUAH D. Twin Peaks: growth and convergence in models of distribution dynamics [J]. Economic Journal, 1996, 106 (437): 1045-1055.

[70] ROMER P. Human capital and growth: theory and evidence [J]. Carnegie-Rochester Conference Series on Public Policy, 1990, 32 (1): 251-286.

[71] ROMER P. Endogenous technological change [J]. Journal of Political Economy, 1990, 98 (5): 71-102.

[72] REPETTO R, D ROTHMAN, P FAETH, et al. Has environmental protection really reduced productivity growth? [J]. Challenge (January-February), 1997, 40 (1): 46-57.

[73] SHEPHARD R W. Theory of cost and production functions [M]. Princeton: Princeton University Press, 1970.

[74] SODERBOM M, TEAL F. Openness and human capital as sources of pro-

ductivity growth: an empirical investigation [R]. Working papers of Centre for the Study of African Economies Series, 2004.

[75] SEIFORD L, ZHU J. Modeling undesirable factors in efficiency evaluation [J]. European Journal of Operational Research, 2004, 152 (1): 242-245.

[76] SALA-I-MARTIN X X. The classical approach to convergence analysis [J]. Economic Journal, 1996, 106 (437): 1019-1036.

[77] SHESTALOVA V. Sequential Malmquist indices of productivity growth: an application to OECD industrial activities [J]. Journal of Productivity Analysis, 2003, 19 (2): 211-226.

[78] SCHULTZ T. Reflections on investment in man [J]. Journal of Political Economy, 1962, 70 (5): 1-8.

[79] SCHIFF M, Y WANG, M OLARREAGA. Trade related technology diffusion and the dynamics of North South and South South international [J]. World Bank Working Paper, 2002.

[80] SCHEEL H. Undesirable outputs in efficiency valuations [J]. European Journal of Operational Research, 2001, 132 (2): 400-410.

[81] VANDENBUSSCHE J, P AGHION, C MEGHIR. Growth, distance to frontier and composition of human capital [J]. Journal of Economic Growth, 2006, 11 (2): 97-127.

[82] VERSPAGEN BART. R&D and productivity: a broad cross-section cross-country look [J]. Journal of productivity analysis [J]. 1995, 6 (2): 117-135.

[83] WEBER W L, B DOMAZLICKY. Productivity growth and pollution in state manufacturing [J]. Review of Economics and Statistics, 2001, 83 (1): 195-199.

[84] YORUK B, ZAIM O. The Kuznets curve and the effect of international regulations on environmental efficiency [J]. Economics Bulletin, 2006, 17 (1): 1-7.

[85] YORUK B, ZAIM O. Productivity growth in OECD countries: a comparison with Malmquist Indice [J]. Journal of Comparative Economics, 2005, 33 (2): 401-442.

[86] YOUNG A. Gold into base metals: productivity growth in the People's Republic of China during the Reform Period [R]. NBRE working paper, 2000.

國家圖書館出版品預行編目(CIP)資料

中國主要城市環境全要素生產率研究/ 張建升 著.-- 第一版.
-- 臺北市 ： 崧博出版 ： 財經錢線文化發行, 2018.10

　面 ；　 公分

ISBN 978-957-735-542-3(平裝)

1.都市經濟學 2.經濟發展 3.中國

552.2　　　　　107016631

書　名：中國主要城市環境全要素生產率研究
作　者：張建升 著
發行人：黃振庭
出版者：崧博出版事業有限公司
發行者：財經錢線文化事業有限公司
E-mail：sonbookservice@gmail.com
粉絲頁　　　　　網　址：
地　址：台北市中正區延平南路六十一號五樓一室
8F.-815, No.61, Sec. 1, Chongqing S. Rd., Zhongzheng Dist., Taipei City 100, Taiwan (R.O.C.)
電　話：(02)2370-3310　傳　真：(02) 2370-3210
總經銷：紅螞蟻圖書有限公司
地　址：台北市內湖區舊宗路二段 121 巷 19 號
電　話:02-2795-3656　傳真:02-2795-4100　網址：
印　刷：京峯彩色印刷有限公司（京峰數位）

　　本書版權為西南財經大學出版社所有授權崧博出版事業有限公司獨家發行電子書及繁體書繁體版。若有其他相關權利及授權需求請與本公司聯繫。

定價：350元

發行日期：2018 年 10 月第一版

◎ 本書以POD印製發行